交通运输行业高层次人才培养项目著作书系

黄成涛　江　凌　刘林双　等　著

新水沙条件下长江中下游航道系统治理研究与实践

Research and Practice of Waterway System Regulation in Middle and Lower Yangtze River Under new Water and Sediment Conditions

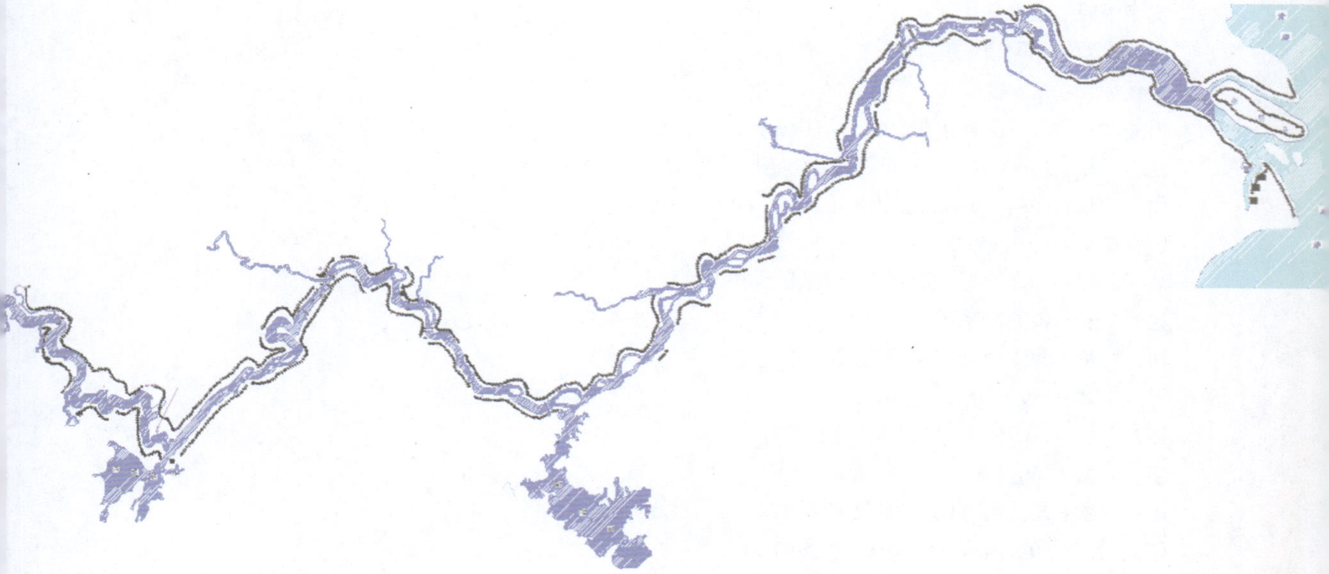

人民交通出版社股份有限公司
北京

内 容 提 要

本书主要依托长江中游宜昌至昌门溪河段航道整治一期和二期工程、长江中游荆江河段航道整治工程、长江干线武汉至安庆河段6m水深航道整治工程，围绕长江黄金水道建设，以系统提高长江中下游河段通过能力、推进长江航道绿色发展为目标，重点介绍了三峡工程蓄水后长江中下游水沙、河道、航道变化特点，航道系统治理方案，生态航道治理方法，工程实践和效果等。

本书可供从事航道整治工程前期研究和设计工作的技术人员使用，也可供高等院校相关专业师生参考。

图书在版编目(CIP)数据

新水沙条件下长江中下游航道系统治理研究与实践 / 黄成涛等著. — 北京 : 人民交通出版社股份有限公司, 2021.11

ISBN 978-7-114-17620-3

Ⅰ.①新… Ⅱ.①黄… Ⅲ.①长江中下游—航道整治—研究 Ⅳ.①U617

中国版本图书馆CIP数据核字(2021)第190440号

交通运输行业高层次人才培养项目著作书系

Xin Shuisha Tiaojianxia Chang Jiang Zhongxiayou Hangdao Xitong Zhili Yanjiu yu Shijian

书　　名：新水沙条件下长江中下游航道系统治理研究与实践
著 作 者：黄成涛　江　凌　刘林双　等
责任编辑：牛家鸣
文字编辑：钱悦良
责任校对：孙国靖　龙　雪
责任印制：张　凯
出版发行：人民交通出版社股份有限公司
地　　址：(100011)北京市朝阳区安定门外外馆斜街3号
网　　址：http://www.ccpcl.com.cn
销售电话：(010)59757973
总 经 销：人民交通出版社股份有限公司发行部
经　　销：各地新华书店
印　　刷：北京市密东印刷有限公司
开　　本：787×1092　1/16
印　　张：12.75
字　　数：280千
版　　次：2021年11月　第1版
印　　次：2021年11月　第1次印刷
书　　号：ISBN 978-7-114-17620-3
定　　价：100.00元

交通运输行业高层次人才培养项目著作书系
编审委员会

书系前言

Preface of Series

进入21世纪以来，党中央、国务院高度重视人才工作，提出人才资源是第一资源的战略思想，先后两次召开全国人才工作会议，围绕人才强国战略实施做出一系列重大决策部署。党的十八大着眼于全面建成小康社会的奋斗目标，提出要进一步深入实践人才强国战略，加快推动我国由人才大国迈向人才强国，将人才工作作为"全面提高党的建设科学化水平"八项任务之一。十八届三中全会强调指出，全面深化改革，需要有力的组织保证和人才支撑。要建立集聚人才体制机制，择天下英才而用之。这些都充分体现了党中央、国务院对人才工作的高度重视，为人才成长发展进一步营造出良好的政策和舆论环境，极大激发了人才干事创业的积极性。

国以才立，业以才兴。面对风云变幻的国际形势，综合国力竞争日趋激烈，我国在全面建成社会主义小康社会的历史进程中机遇和挑战并存，人才作为第一资源的特征和作用日益凸显。只有深入实施人才强国战略，确立国家人才竞争优势，充分发挥人才对国民经济和社会发展的重要支撑作用，才能在国际形势、国内条件深刻变化中赢得主动、赢得优势、赢得未来。

近年来，交通运输行业深入贯彻落实人才强交战略，围绕建设综合交通、智慧交通、绿色交通、平安交通的战略部署和中心任务，加大人才发展体制机制改革与政策创新力度，行业人才工作不断取得新进展，逐步形成了一支专业结构日趋合理、整体素质基本适应的人才队伍，为交通运输事业全面、协调、可持续发展提供了有力的人才保障与智力支持。

"交通青年科技英才"是交通运输行业优秀青年科技人才的代表群体，培养选拔"交通青年科技英才"是交通运输行业实施人才强交战略的"品牌工程"之一，1999年至今已培养选拔282人。他们活跃在科研、生产、教学一线，奋发有为、锐意进取，取得了突出业绩，创造了显著效益，形成了一系列较高水平的科研成果。为加大行业高层次人才培养力度，"十二五"期间，交通运输部设立人才培养专项经费，重点资助包含"交通青年科技英才"在内的高层次人才。

人民交通出版社以服务交通运输行业改革创新、促进交通科技成果推广应用、支持交通行业高端人才发展为目的，配合人才强交战略设立"交通运输行业高层次人才培养项目著作书系"（以下简称"著作书系"）。该书系面向包括"交通青年科技英才"在内的交通运输行业高层次人才，旨在为行业人才培养搭建一个学术交流、成果展示和技术积累的平台，是推动加强交通运输人才队伍建设的重要载体，在推动科技创新、技术交流、加强高层次人才培养力度等方面均将起到积极作用。凡在"交通青年科技英才培养项目"和"交通运输部新世纪十百千人才培养项目"申请中获得资助的出版项目，均可列入"著作书系"。对于虽然未列入培养项目，但同样能代表行业水平的著作，经申请、评审后，也可酌情纳入"著作书系"。

高层次人才是创新驱动的核心要素，创新驱动是推动科学发展的不懈动力。希望"著作书系"能够充分发挥服务行业、服务社会、服务国家的积极作用，助力科技创新步伐，促进行业高层次人才特别是中青年人才健康快速成长，为建设综合交通、智慧交通、绿色交通、平安交通做出不懈努力和突出贡献。

交通运输行业高层次人才培养项目
著作书系编审委员会
2014 年 3 月

作者简介

Author Introduction

黄成涛,1974年出生于湖北随州,1997年毕业于武汉水利水电学院(现属武汉大学),教授级高级工程师,曾任长江航道规划设计研究院航道所所长,现任长江航道勘察设计院(武汉)有限公司副总经理、总工程师,水运行业专家库专家、中国水运建设行业协会科学技术专家库入库专家。

主要从事内河航道规划、设计和科研等工作。主持长江干线荆江河段、武汉至安庆河段、宜昌至昌门溪河段等国家重大工程可行性研究、设计项目共三十余项,主持或参与国家重点研发项目、西部重大专项、三峡工程科技攻关、长江航道局重点科研项目共二十余项,内容涉及航道规划与工程可行性研究、设计、数值模拟与物理模型研究、生态航道、航道养护与智能航道等多方面。

获得全国交通行业青年岗位能手、交通运输青年科技英才、长江航务管理局"十一五"期长江水运建设项目优秀设计师、长航青年科技标兵、长江航道局首届青年科技能手、优秀项目负责人以及先进生产工作者等荣誉称号,成果获得省、部、局级科技奖励三十余项,获得专利七项,发表论文二十余篇。

前言

Foreword

笔者在20多年的航道工程可行性研究、设计、专题研究及管理工作中，培养并建立了一支素质高、能力强、经验丰富的航道工程研究团队。

本书根据“十二五”期、“十三五”期长江中下游宜昌至安庆河段实施的航道整治工程的前期研究和设计成果编写。全书共分8章，由作者及其团队成员组成编写组共同完成，分别如下：第1章绪论（执笔人：刘林双、王云波、李思伟）；第2章三峡工程运行后中下游水沙条件及河道变化特点[执笔人：徐敏、余文钧、郑力（女）]；第3章三峡工程运行后中下游航道条件变化特点（执笔人：黄成涛、徐敏、何碧、杨利红）；第4章长江中下游航道系统治理方案[执笔人：江凌、郑力（男）、刘林双]；第5章航道工程结构（执笔人：柴华峰、赵凤亚、童凡、潘美元）；第6章航道治理生态措施及技术（执笔人：李明、柴华峰、刘奇、周成成）；第7章工程实践与效果（执笔人：李长铃、柴华峰、董丽瑾）；第8章结语（执笔人：黄成涛、江凌）。

本书出版得到“交通运输行业高层次技术人才培养项目”和“国家重点研发计划课题（2016YFC0402105）”的共同资助，同时得到了交通运输部、长江航务管理局、长江航道局、长江航道规划设计研究院等单位的领导和专家的关心和大力支持，也得到国内许多同行专家的帮助和指正，编写组谨此致谢。

鉴于长江中下游航道系统治理复杂性，加之时间仓促、水平有限，书中疏漏之处在所难免，真诚欢迎读者批评指正。

黄成涛

2020年6月

目录
Contents

1 绪　　论

1.1　长江中下游宜昌至安庆段航道概况

长江发源于“世界屋脊”——青藏高原的唐古拉山脉各拉丹冬峰西南侧，干流自西向东流经青海、西藏、四川、云南、重庆、湖北、湖南、江西、安徽、江苏、上海 11 个省（自治区、直辖市），横贯我国西南、华中、华东地区，于崇明岛以东注入东海，全长 6300 余千米，总落差 5400m。长江在世界大河中长度仅次于非洲的尼罗河和南美洲的亚马孙河，居世界第三位；流域面积达 180 万 km^2，约占我国国土面积的 18.8%，是我国第一大河。长江源远流长，水量充沛，终年不冻，水运条件优越，素有“黄金水道”的称誉。

长江干线航道上起云南水富，下至长江入海口，全长 2838km，连接了重庆、武汉、南京、上海等大型交通枢纽城市以及其他 33 个中小城市，是长江经济带综合立体交通走廊的重要依托，也是我国唯一贯穿东、中、西部地区的水路运输大通道。2018 年长江干线年货物通过量达到 26.9 亿 t，已连续多年稳居世界内河首位。

长江中下游宜昌至安庆河段，上起宜昌中水门、下至安庆皖河口，全长约 1030km，占长江干线航道的三分之一以上（图 1-1）。该段航道地处中游城市群，流经湖北、湖南、江西、安徽四省，上承成渝城市群，下接长三角城市群，是长江干线承上启下的主体，是沟通长江流域东中西地区的交通运输主动脉。该段航道共由 88 个水道组成（表 1-1），按照河道特性，可划分为以下四段：

宜昌至枝城段，航道长 63.5km，由 9 个水道组成，是山区河流航道进入平原河流航道的过渡段，两岸有低山、丘陵和阶地控制，河岸抗冲能力强，河床组成物较粗。河道多为顺直微弯河型，河床稳定，航道条件较好。

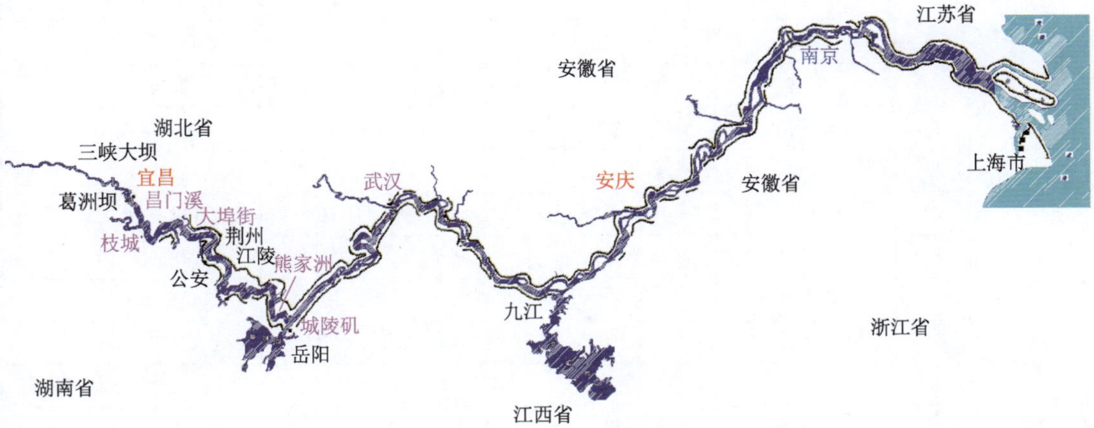

图 1-1　长江中下游宜昌至安庆河段河势示意图

长江中下游宜昌至安庆河段各水道情况表 表 1-1

河段	序号	水道名称	位置			平面形态	江心洲(滩)名称
			起点(上游)	止点(下游)	全长(km)		
宜昌—枝城 58km	1	宜昌	中水门	宝塔河	4.5	单一微弯	
	2	白沙脑	宝塔河	孔主溪	10	顺直分汊	胭脂坝
	3	虎牙峡	孔主溪	虎牙	5	单一微弯	
	4	古老背	虎牙	红花套	5	单一顺直	
	5	云池	红花套	西偏坡	8	单一顺直	
	6	宜都	西偏坡	宜都	8	弯曲分汊	南阳碛
	7	白洋	宜都	梅子溪	8.4	单一弯曲	
	8	龙窝	梅子溪	白水港	8.6	单一微弯	
	9	枝城	白水港	石灰窑	6	单一微弯	
枝城—城陵矶(荆江河段)338km	10	关洲	石灰窑	跨宝山	10.9	弯曲分汊	关洲
	11	芦家河	跨宝山	昌门溪	11.1	微弯放宽	
	12	枝江	昌门溪	马家店	10	顺直分汊	水陆洲
	13	刘巷	马家店	杨家河	5.6	单一顺直	
	14	江口	杨家河	阮家湾	7.5	弯曲分汊	柳条洲
	15	大布街	阮家湾	汪家台	11.3	顺直分汊	火箭洲
	16	涴市	汪家台	腰店子	17.1	弯曲分汊	马羊洲
	17	太平口	腰店子	柳林洲	17.5	弯曲分汊	太平口、三八滩
	18	瓦口子	柳林洲	冯家台	9.1	微弯分汊	金城洲
	19	马家咀	冯家台	白家台	12.5	微弯分汊	南星洲
	20	陡湖堤	白家台	朱家湾	9.9	单一微弯	
	21	马家寨	朱家湾	灵官庙	9.8	单一微弯	
	22	郝穴	灵官庙	郝穴镇	6.7	单一微弯	
	23	周公堤	郝穴镇	胡汾沟	10.1	顺直分汊	
	24	天星洲	胡汾沟	古长堤	16.9	微弯放宽	
	25	藕池口	古长堤	鲁家台	7	微弯分汊	倒口窑
	26	石首	鲁家台	孙家拐	10	弯曲型	
	27	碾子湾	孙家拐	鲁家湾	17	单一微弯	
	28	河口	鲁家湾	南堤上	5	弯曲型	
	29	调关	南堤上	八十丈	16	弯曲型	
	30	莱家铺	八十丈	北湖	12	弯曲放宽	
	31	塔市驿	北湖	西山	9	单一微弯	
	32	窑集佬	西山	烟家铺	7	顺直放宽	
	33	监利	烟家铺	顺尖村	9.5	鹅头分汊	乌龟洲
	34	大马洲	顺尖村	集成	10.5	单一微弯	
	35	砖桥	集成	四十丈	9	单一弯曲	

续上表

河段	序号	水道名称	位置			平面形态	江心洲(滩)名称
			起点(上游)	止点(下游)	全长(km)		
枝城—城陵矶(荆江河段)338km	36	铁铺	四十丈	新堤子	12	单一顺直	
	37	反咀	新堤子	侯家湾	6.5	单一弯曲	
	38	熊家洲	侯家湾	潘阳	7.5	单一顺直	
	39	尺八口	潘阳	袜子湾	14	单一微弯	
	40	八仙洲	袜子湾	夏家墩	8	单一弯曲	
	41	观音洲	夏家墩	城陵矶	10	单一弯曲	
城陵矶—武汉227.5km	42	仙峰	城陵矶	白尾	8	单一顺直	
	43	道人矶	白尾	禾场咀	5.2	单一顺直	
	44	杨林岩	禾场咀	龙头山	6.8	顺直分汊	南阳洲
	45	螺山	龙头山	袁家湾	11	单一顺直	
	46	界牌	袁家湾	下蔑洲	19	顺直分汊	新淤洲
	47	新堤	下蔑洲	叶家洲	9	顺直分汊	南门洲
	48	石头关	叶家洲	赤壁山	9	单一顺直	
	49	陆溪口	赤壁山	茅草岭	11	弯曲分汊	新洲
	50	龙口	茅草岭	上姚家墩	9	单一弯曲	
	51	嘉鱼	上姚家墩	莫家河	19	顺直分汊	护县洲、复兴洲
	52	王家渡	莫家河	天门堤	6	单一顺直	
	53	燕子窝	天门堤	东堤角	7.6	顺直分汊	新洲
	54	汉金关	东堤角	姚湖	10.9	单一弯曲	
	55	花口	姚湖	牌洲镇	11.5	单一顺直	
	56	簰洲	牌洲镇	水洪沟	14	鹅头分汊	团洲
	57	水洪口	水洪沟	大沟	11	单一顺直	
	58	邓家口	大沟	大咀	11	单一弯曲	
	59	煤炭洲	大咀	杨灯头	10	单一弯曲	
	60	金口	杨灯头	小军山	15	顺直分汊	铁板洲
	61	沌口	小军山	官闸营	12	微弯	
	62	白沙洲	官闸营	省船	7	顺直分汊	白沙洲
	63	武桥	省船	17码头	7.5	顺直分汊	
武汉—安庆402.5km	64	汉口	17码头	余家头	6.7	微弯	
	65	青山夹	余家头	王家屋	14	微弯分汊	天兴洲
	66	阳逻	王家屋	周阳港	18	单一微弯	
	67	牧鹅洲	周阳港	白浒镇	10	单一弯曲	
	68	湖广	白浒镇	泥矶	11	单一顺直	

续上表

河段	序号	水道名称	位置			平面形态	江心洲（滩）名称
			起点（上游）	止点（下游）	全长（km）		
武汉—安庆 402.5km	69	罗湖洲	泥矶	三江口	18	鹅头分汊	罗湖洲
	70	沙洲	三江口	大脚石	20	微弯分汊	黄州
	71	巴河	大脚石	燕矶	10	顺直放宽	
	72	戴家洲	燕矶	迴风矶	18	弯曲分汊	戴家洲
	73	黄石	迴风矶	西塞山	13.5	单一微弯	
	74	牯牛沙	西塞山	棋盘洲	15.5	单一微弯	
	75	蕲春	棋盘洲	黄颡口	16	顺直放宽	
	76	搁排矶	黄颡口	半边山	16	微弯放宽	
	77	鲤鱼山	半边山	仙姑山	12	弯曲放宽	鲤鱼山
	78	武穴	巢湖	胡芦山	15.5	顺直放宽	
	79	新洲	胡芦山	徐家湾	13.5	鹅头分汊	新洲
	80	九江	徐家湾	拦江矶	30.2	上段分汊，下段弯曲	鳊鱼洲
	81	张家洲	拦江矶	张家洲尾	21.8	顺直分汊（南水道）	张家洲
	82	湖口	张家洲尾	永和州	9	单一顺直	
	83	东北	永和州	小孤山	24.6	顺直分汊	上、下三号洲
	84	马当南	小孤山	马当矶头	13.4	顺直分汊	新洲、棉外洲
	85	马当阻塞线	马当矶头	娘娘庙	8	弯曲分汊	瓜子号洲
	86	东流直	娘娘庙	香口镇	8	单一微弯	
	87	东流	香口镇	吉阳矶	31	顺直分汊	老虎滩、玉带洲
	88	官洲	吉阳矶	皖河口	26	鹅头分汊	官洲

枝城至城陵矶段，又称荆江河段，航道长 336km，由 32 个水道组成，流经江汉平原与洞庭湖平原之间。荆江河段北岸有支流沮漳河入汇，南岸沿程有松滋口、太平口、藕池口和调弦口（已于 1959 年建闸控制）分别流入洞庭湖，洞庭湖又集湘、资、沅、澧四水于城陵矶处汇入长江，构成非常复杂的江湖关系。荆江河段以藕池口为界分上、下荆江，上荆江为微弯河段，多弯曲分汊；下荆江蜿蜒曲折，历史上裁弯切滩频繁，现为限制性弯道。目前荆江河段大部分严重崩岸已通过人工护岸得到控制，总体上河势已趋稳定，但少数河段崩岸仍然严重。由于荆江河段九曲回肠、滩多水浅，历来是长江防洪的重要险段和航道建设维护的重点与难点，是长江黄金水道上的“瓶颈”。

城陵矶至武汉长江大桥段,航道全长227.5km,由22个水道组成,洞庭湖在城陵矶汇入长江后,河道流量增大,江面较宽;加上两岸沿程山矶节点较多,河道较顺直、宽窄相间。窄段一般有节点控制,河道单一、稳定;宽段河道内有洲滩,形成分汊。该段总体河势较荆江稳定,呈现顺直段主流摆动以及汊道主、支交替消长的河道演变特点。

武汉长江大桥至安庆皖河口段,航道长约402.7km,由25个水道组成,主要有汉江、鄱阳湖水系汇入,江面进一步展宽;两岸地势更趋平坦,右岸阶地较狭窄、左岸阶地和河漫滩宽阔,河谷两岸明显不对称,多为弯曲或微弯的两汊或多汊河道。该段航道条件总体优于上段,分汊河道内洲滩冲淤、主流摆动、各支汊交替发展的河道演变特点较突出。

目前宜昌至武汉可通航2000~5000吨级内河船舶,武汉至安庆可通航5000吨级海船。2019年宜昌至安庆航道维护尺度标准见表1-2。为充分利用航道自然水深,增加船舶载货量,提高运输效益,航道管理部门根据水位季节性变化情况,按月向社会发布长江干线航道计划维护水深,2019年宜昌至安庆航道分月维护水深见表1-3。同时,航道管理部门还按周向社会发布重点航段的航道实际维护尺度。另外,城陵矶以下还开通了海轮航道。

2019年长江中下游宜昌至安庆段航道维护尺度标准 表1-2

河段	里程(km)	最小维护标准尺度(水深×航宽×弯曲半径)(m×m×m)	保证率(%)
宜昌(中水门)—下临江坪	14.5	4.5×100×750	98
下临江坪—荆州四码头	137	3.5×100×750	98
荆州四码头—城陵矶	248	3.8×150×1000	98
城陵矶—武汉(长江大桥)	227.5	4.2×150×1000(试运行)	—
武汉(长江大桥)—黄石(上巢湖)	201.7	4.5×200×1050	98
黄石(上巢湖)—安庆(吉阳矶)	175	5×200×1050(试运行)	—
安庆吉阳矶—安庆皖河口	26	6.0×200×1050	98

2019年长江中下游宜昌至安庆段航道分月维护水深计划表 表1-3

航段	分月维护水深(m)											
	1月	2月	3月	4月	5月	6月	7月	8月	9月	10月	11月	12月
宜昌中水门—宜昌下临江坪	4.5	4.5	4.5	4.5	4.5	4.5	4.5	4.5	4.5	4.5	4.5	4.5
宜昌下临江坪—大埠街	3.5	3.5	3.5	3.5	4	5	5	5	4	3.5	3.5	3.5
大埠街—荆州四码头	3.5	3.5	3.5	3.8	4.5	5	5	5	4	3.5	3.5	3.5
荆州四码头—城陵矶	3.8	3.8	3.8	3.8	4.5	5	5	5	4	3.8	3.8	3.8
城陵矶—武汉(长江大桥)	4.2	4.2	4.2	4.5	4.5	5	5	5	5	4.5	4.2	4.2
武汉(长江大桥)—黄石(上巢湖)	4.5	4.5	4.5	4.5	5.5	7	7	7	6.5	5.5	4.5	4.5
黄石(上巢湖)—安庆(吉阳矶)	5	5	5	5	5.5	7	7	7	6.5	5.5	5	5
安庆吉阳矶—安庆皖河口	6	6	6	6.5	7.5	8.5	9	9	8	7	6.5	6

1.2 长江中下游水文特性和外部环境

1.2.1 水文特性

(1)主要水文站分布情况

目前长江上游干流已建控制性水库自上而下有溪洛渡水电站(2013 年 5 月下闸蓄水)、向家坝水电站(2012 年 10 月下闸蓄水,2014 年全部建成发电)、三峡水库(2003 年 6 月开始试验性蓄水)。

长江中下游主要控制水文站有宜昌、枝城、沙市、监利、螺山、汉口和大通站(图 1-2)。宜昌站位于长江上游和中游的交界处,且位于三峡大坝下游,是长江上游干流出口控制站;枝城、沙市、监利站位于宜昌至城陵矶之间,分别为清江入汇、松滋口和太平口分流、藕池口分流后的水沙控制站;螺山站位于城陵矶与汉口之间,为长江干流与洞庭湖交汇的江湖关系控制站;汉口站为长江接纳洞庭湖水系及汉江后的控制站;大通站位于下游与河口潮汐影响的分界点,控制着鄱阳湖水系及下游大部分区间来水。

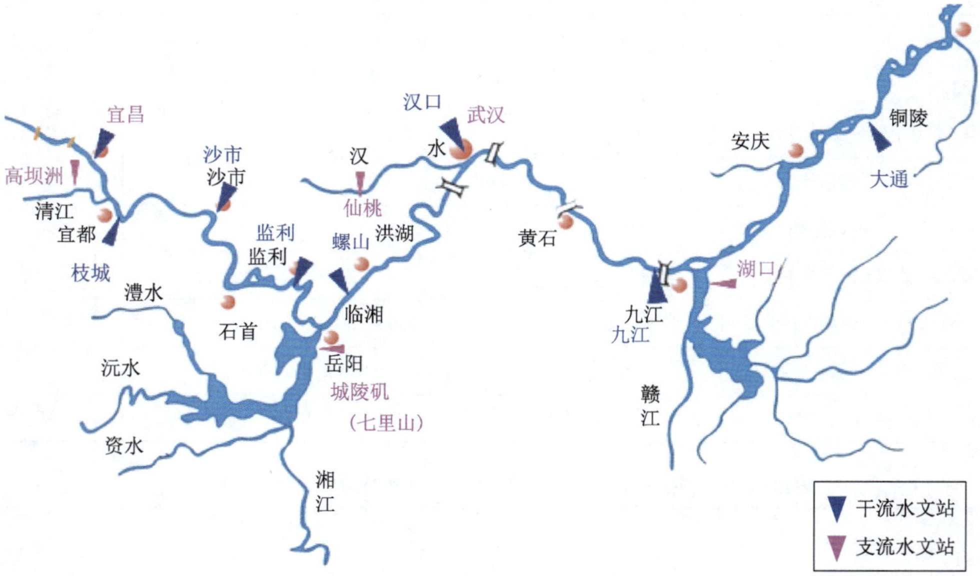

图 1-2 宜昌至安庆河段主要水文站分布示意图

(2)径流年际、年内变化特点

长江中下游水量丰沛,径流及其变化主要由上游及区间汇流所决定。三峡水库蓄水前,宜昌站多年平均径流量为 4368 亿 m^3,受清江入汇影响,枝城站径流量增加至 4450 亿 m^3;枝城至城陵矶河段受三口分流影响,径流量沿程递减,沙市站、监利站多年平均径流量分别为 3942 亿 m^3、3576 亿 m^3;城陵矶以下主要由于沿程洞庭湖、汉江、鄱阳湖水系入汇,径流量沿程递增,螺山站、汉口站、大通站径流量分别为 6460 亿 m^3、7111 亿 m^3、9052 亿 m^3。三峡水库蓄水后,除荆江河段因三口分流的进一步减少,造成沙市、监利站多年平均径流量较蓄水前有所增加外,增幅分别为 2.4%、9.4%,其他各站多年平均径流量与蓄水前相当,变化率不到 1.5%。

长江中下游径流年内分配不均,主要集中在汛期5—10月。三峡水库蓄水前,汛期径流量约占全年的71%~79%;三峡水库蓄水后,受水库调节大洪峰、9—10月份蓄水以及枯水期流量补偿的调度方式影响,5—10月径流量较蓄水前有所减小,占全年的66%~71%,非汛期径流量则增加,特别是宜昌至城陵矶河段最枯期流量增加明显。

(3)输沙量年际、年内变化特点

三峡水库蓄水前,长江中下游泥沙主要来自宜昌以上,宜昌站多年平均输沙量4.92亿t,为大通站输沙量的1.15倍;汉口站多年平均输沙量3.98亿t,约为大通站的93%。三峡水库蓄水后,宜昌下泄沙量明显减少,而区间来沙、河床补给的泥沙成为中下游输沙的重要组成部分。2003—2018年长江中下游各站多年平均输沙量较三峡水库蓄水前减少73%~97%,其中,宜昌站多年平均输沙量0.15亿t,仅为大通站的13%;沿程输沙量递增,至汉口站年均输沙量增至0.76亿t,是大通站的66%。

输沙量的年内分配比径流量更为集中,中下游各站5—10月输沙量一般占全年输沙量的85%以上,且大多集中于7—9月。

(4)分汇流变化特点

荆江河段有松滋、太平、藕池、调弦四口(调弦口已于1959年封堵)从长江干流分泄江水入洞庭湖。20世纪50年代以来,受葛洲坝水利枢纽和三峡水库的兴建等导致干流河床冲刷下切、同流量下水位下降,三口分流道河床淤积,以及三口口门段河势调整等因素影响,荆江三口分流分沙能力一直处于衰减之中(表1-4)。

不同时段三口径流量、沙量对比表 表1-4

起止年份(年)	三口分流		三口分沙	
	径流量($\times10^8m^3$)	分流比(%)	沙量($\times10^4t$)	分沙比(%)
1956—1966	1331.6	29	19590	35
1967—1972	1021.4	24	14190	28
1973—1980	834.3	19	11090	22
1981—1998	698.6	16	9300	19
1999—2002	625.3	14	5670	16
2003—2015	490.3	12	1079	19

城陵矶至安庆河段有洞庭湖、汉江、鄱阳湖入汇,三峡水库蓄水前入汇的年均径流量分别为2968亿m^3、388亿m^3、1521亿m^3,分别是同期大通站年均径流量的30%、4%、16%;三峡水库蓄水后入汇的年均径流量分别为2399亿m^3、370亿m^3、1413亿m^3,均较蓄水前有所减小。

1.2.2 外部环境

1.2.2.1 堤防和护岸工程

堤防是长江干流防洪的基础设施。据统计,宜昌至安庆段干流两岸堤防长约1828km,根据确保重点,兼顾一般的原则,对长江中下游堤防分等级进行建设,目前已基本完成达标建设。宜昌至安庆段干流两岸江堤共计18段,其中荆江大堤、岳阳长江干堤城区段、武汉市江堤城区段、黄石市堤4段为一级堤防,其余14段为二级堤防。

为了保障河势稳定及防洪安全，自20世纪50年代以来，开展了一系列以护岸工程为主要工程措施的长江中下游河道治理工作。据统计，截至2010年，长江干流宜昌至安庆段累计完成护岸工程约830km，其中湖北省630km、湖南省80km、江西省92km、安徽省28km。通过护岸工程，基本稳定了河势，保护了堤防安全。

1.2.2.2 涉河工程

(1)港口

本河段主要涉及宜昌、荆州、赤壁、嘉鱼、岳阳、武汉、鄂州、黄冈、黄石、九江、安庆、池州等港口，共占用长江两侧岸线1812km，泊位2240个。

(2)跨河建筑物

①桥梁、隧道

长江干线宜昌至安庆段，已建桥梁20座，隧道2座；在建桥梁2座。已建、在建桥梁通航净空高度在18～24m之间，其中宜昌至武汉长江大桥区间均为18m，武汉长江大桥至安庆区间除武汉长江二桥为22m以外，其余均为24m。通航净空宽度在128～1280m之间。

另外，长江干线宜昌至安庆段规划过江通道35座。其中宜昌至武汉区间19座，武汉至安庆区间16座。

②过江管线(包括水上、水下)

长江干线宜昌至安庆段，主要架空管线28处。根据现有数据统计，架空管线通航净空高度在34.843～71.22m。主要水下管线55处。

(3)锚地

截至2014年底，本河段沿江共有锚地34处，其中危险品锚地9处，联检锚地2处，避风锚地1处，其余为干散货等综合锚地，同时工程河段的9个港口规划有42处拟建锚地和1个安徽段的航行配套锚地。

(4)采砂工程

根据水利部长江水利委员会2010年9月编制的《长江中下游干流河道采砂规划报告(2008年修订)》，规划期为2011—2015年。长江干线宜昌至安庆段共设置23个可采区，年度控制开采量2330万t，其中，湖北省规划可采区10个，年度控制开采量1060万t；江西省规划可采区4个，年度控制开采量340万t；安徽省规划可采区6个，年度控制开采量590万t；省际边界重点河段规划可采区3个，年度控制开采量340万t。

(5)取排水口

根据长江航道测量中心2014年2—3月1:1000水深图，对长江宜昌至安庆河段内的取排水口进行统计，已建取排水口共421多处，其中宜昌至武汉段为245处，武汉至安庆段176处。

(6)汽渡

长江宜昌至安庆河段内共有汽渡121个，其中人渡86个，车渡21个，人车混合渡16个；主航道汽渡106个，支汊汽渡15个。

1.2.2.3 生态保护区

宜昌至安庆河段共有自然保护区12处，其中国家级4处、省级4处、市级4处，保护区分布见表1-5；有国家级水产种质资源保护区7处，保护区分布见表1-6；有取水口及水源地保护区38处。

长江中下游宜昌至安庆河段内自然保护区情况 表1-5

序号	保护区	级别	涉及水道
1	长江宜昌中华鲟自然保护区	省级	涉及宜昌至芦家河水道
2	湖北长江天鹅洲白鱀豚国家级自然保护区	国家级	涉及天星洲至塔市驿水道
3	石首麋鹿国家级自然保护区	国家级	临近碾子湾、河口水道
4	湖南东洞庭湖国家级自然保护区	国家级	涉及大马洲至道人矶水道
5	湖南岳阳集成麋鹿及生物多样性湿地自然保护区	省级	临近大马洲、砖桥水道
6	何王庙长江江豚省级自然保护区	省级	
7	华容集成长江故道江豚省级自然保护区	省级	
8	岳阳市东洞庭湖江豚自然保护区	市级	涉及观音洲、仙峰水道
9	长江新螺段白鱀豚国家级自然保护区	国家级	涉及杨林岩至簰洲水道
10	涨渡湖市级湿地自然保护区	市级	临近湖广水道
11	湖北武穴长江外滩省级湿地公园	市级	涉及鲤鱼山、武穴水道
12	安庆长江江豚市级自然保护区	市级	涉及张家洲至官洲水道

长江中下游宜昌至安庆河段内水产种质资源保护区情况 表1-6

序号	保护区	涉及水道	主要保护对象
1	长江监利段四大家鱼国家级水产种质资源保护区	窑集佬至熊家洲水道	青、草、鲢、鳙“四大家鱼”
2	洞庭湖口铜鱼短颌鲚国家级水产种质资源保护区	观音洲至仙峰水道	铜鱼、短颌鲚
3	长江黄石段四大家鱼国家级水产种质资源保护区	黄石、牯牛沙水道	青、草、鲢、鳙“四大家鱼”
4	长江江西段四大家鱼国家级水产种质资源保护区	武穴、新洲水道	青、草、鲢、鳙“四大家鱼”
5	长江八里江段长吻鮠鲶国家级水产种质资源保护区	张家洲、东北水道	长吻鮠鲶
6	长江安庆段四大家鱼国家级水产种质资源保护区	马当南至东流水道	青、草、鲢、鳙“四大家鱼”
7	长江安庆段长吻鮠大口鲶鳜鱼国家级水产种质资源保护区	官洲水道	大口鲶、长吻鮠、鳜鱼

根据《中华人民共和国自然保护区管理条例》：“禁止任何人进入自然保护区的核心区”“禁止在自然保护区的缓冲区开展旅游和生产经营活动”“在自然保护区的核心区和缓冲区内，不得建设任何生产设施”。根据《饮用水水源保护区污染防治管理规定》：“饮用水源一级保护区内禁止建设与取水设施无关的建筑物”。而且，根据《饮用水水源保护区划分技术规范》：“一般河流水源地，一级保护区水域长度为取水口上游不小于1000米、下游不小于100米内的河道水域”。

1.3 长江中下游航道治理情况

1.3.1 航道建设规划

2003年1月，交通部正式批复实施《长江干线航道发展规划》。这是我国内河航道建设史上第一个被交通部批准的规划。该规划与国务院1990年批准的《长江流域综合规划》相衔接,明确了长江干线航道发展的指导思想、原则、总体规划目标和建设重点,成为今后一个时期长江航道建设发展的依据和蓝图。规划明确了长江干线航道发展的总体目标是:通过系统建设、精心养护和科学管理,到2020年将长江干线航道建设成为一条安全、畅通、便捷、高效的现代化航道,更好地服务长江水系航运,促进流域国民经济的进一步发展,适应全面建设小康社会的要求。该规划提出的长江干线航道分段建设标准为:水富至重庆段,Ⅲ级航道标准,通航由1000吨级驳船组成的船队;重庆至城陵矶河段,Ⅰ级航道标准,通航由2000吨级驳船组成的6000~10000吨船队;城陵矶至武汉河段,Ⅰ级航道标准,通航由3500吨油驳组成的万吨油运船队,可利用航道自然水深通航3000吨级海船;武汉至铜陵河段,Ⅰ级航道标准,通航由2000~5000吨驳船组成的2万~4万吨船队,可利用航道自然水深通航5000吨级海船;铜陵至南京河段,Ⅰ级航道标准,通航5000吨级海船,可利用航道自然水深通航10000吨级海船;南京至浏河口河段,通航50000吨级海船;浏河口至长江口河段,可通航第五代以上超大型集装箱及10万吨级以上大型散货船。

为贯彻落实国务院领导指示精神,进一步加强长江航道建设,发挥长江水运优势,促进流域经济社会可持续发展,交通运输部会同国家发展改革委、水利部、财政部,在已有《长江干线航道发展规划》及相关规划基础上,进一步对长江航道的现状、存在问题、面临的形势和发展目标等进行了梳理和研究,并对长江航道建设情况进行了调研,编制了《长江干线航道总体规划纲要》,对长江干线航道规划标准和建设方案进行了局部调整。《长江干线航道总体规划纲要》于2009年3月正式获得国务院同意,提出的干线航道总体规划目标为:到2020年,长江干线航道得到全面、系统治理,航道通航能力有较大提高,航道条件有明显改善;长江口深水航道逐步向上延伸,中游航道通航标准进一步提高并基本畅通,上游航道通航条件全面改善,长江航道日常维护和应急抢险保通能力适应航道正常安全运行要求,长江水运基本适应沿江经济社会发展需求。2020年长江干线航道规划建设标准见表1-7。

《长江干线航道总体规划纲要》明确的2020年航道规划标准 表1-7

河　段	里程(km)	最小维护标准尺度(水深×航宽×弯曲半径)(m×m×m)	保证率	通航代表船舶(队)
水富—重庆	402	3.7×50×560	98%	通航由1000吨级驳船组成的船队,结合小南海、朱杨溪等枢纽建设,可将航道标准提高到Ⅰ级
重庆—城陵矶	1066	3.5×150×1000	98%	通航由2000~3000吨级驳船组成的6000~10000吨级船队
城陵矶—武汉	227.5	3.7×150×1000	98%	通航由3000吨级油驳船组成的万吨级油运船队,利用自然水深通航3000吨级海船
武汉—安庆	402.5	4.5×200×1050	98%	通航由2000吨或5000吨驳船组成的2万~4万吨级船队;利用自然水深通航5000吨级海船

续上表

河 段	里程(km)	最小维护标准尺度(水深×航宽×弯曲半径)(m×m×m)	保证率	通航代表船舶(队)
安庆—南京	306	6.0×200×1050	98%	通航2万~4万吨级船队和5000吨级海船,利用自然水深通航1万吨级海船
南京—太仓	289	专题论证后确定	—	通航3万~5万吨级海船
太仓—长江口	143	专题论证后确定	—	通航5万吨级集装箱船,10万吨级散货船可满载乘潮通航

2011年1月,国务院印发了《关于加快长江等内河水运发展的意见》(国发〔2011〕2号),对加快内河水运发展与建设做出了总体部署,明确提出要利用10年左右的时间,建成畅通、高效、平安、绿色的现代化内河水运体系,建成1.9万km国家高等级航道。为贯彻落实国务院《关于加快长江等内河水运发展的意见》的精神和要求,实现长江干线航道总体规划目标,加快航道建设步伐,明确"十二五"期长江干线航道的建设思路和建设重点,促进长江水运又好又快发展,交通运输部编制了《长江干线航道建设规划(2011—2015年)》。2012年5月,《国家发展改革委关于"十二五"长江干线航道建设方案的批复》(发改基础〔2012〕1526号)中指出,"到2015年,长江干线航道得到系统治理,航道通航条件明显改善。在满足环境保护和水生生物资源养护要求下,水富至宜宾段航道标准争取达到Ⅲ级,航道水深提高至2.7米;宜昌至城陵矶段,航道水深提高至3.5米;城陵矶至武汉段航道水深提高至3.7米;武汉至安庆段航道水深提高至4.5米;安庆至芜湖段航道水深提高至6米,芜湖至南京段航道水深提高至7.5米以上;长江口12.5米深水航道逐步上延至南京。"

2014年9月,国务院印发了《关于依托黄金水道推动长江经济带发展的指导意见》,强调了长江通道在区域发展总体格局中具有重要的战略地位。

2016年5月,交通运输部印发了《水运"十三五"发展规划》,明确了"十三五"期内河水运发展的指导思路、基本原则、发展目标、主要任务等。其中,"打造黄金水道"是"十三五"水运发展的主要任务之一,需要"提高干线通航条件,继续加快推进长江干线航道系统治理,全面缓解通航瓶颈,继续推进南京以下12.5米深水航道建设工程,进一步提升长江干线宜宾至重庆段、宜昌至武汉段、武汉至安庆段航道尺度和技术标准。研究实施长江口深水航道减淤治理工程。"规划的建设重点为"实施上游宜宾至重庆段重点浅滩、九龙坡至朝天门、三峡库区及库尾、两坝间等航道整治工程,中游宜昌至昌门溪二期、昌门溪至城陵矶、武汉至安庆6米水深航道、鲤鱼山水道、蕲春水道、新洲至九江二期等航道整治工程,下游东北水道、安庆水道二期、土桥水道二期、黑沙洲水道二期、江心洲水道、芜裕河段等航道整治工程和南京以下12.5米深水航道建设工程,长江口深水航道减淤工程,研究长江口北港、南槽等航道综合整治开发。"

2016年9月,《长江经济带发展规划纲要》正式印发,其围绕"生态优先、绿色发展"的基本思路,设立了到2020年、到2030年两个阶段的战略目标,明确了长江经济带"一轴、两翼、三极、多点"的发展新格局,是依托黄金水道推动长江经济带发展重大国家战略的纲领性文件，对长江航运发展具有重要的指导意义。

2019 年 7 月，交通运输部印发了《交通运输部关于推进长江航运高质量发展的意见》（交水发〔2019〕87 号），以“共抓大保护、不搞大开发”“生态优先、绿色发展”为根本遵循，以改革创新为动力，提出到 2025 年、到 2035 年的总体发展目标，着力推进设施装备升级、夯实安全基础、提高服务品质、提升治理能力，将长江航运打造成交通强国建设先行区、内河水运绿色发展示范区和高质量发展样板区，为推动长江经济带高质量发展提供坚实支撑和有力保障。其中，在“强化设施装备升级，促进航运顺畅发展”方面，提出推进航道网络化，其涉及的主要任务有推进航道区段标准统一，加快推进干支航道系统建设；积极推动实施三峡枢纽水运新通道和葛洲坝航运扩能工程，打通瓶颈制约；推进长江干线航道扩能提升工程，实现长江干线 3000 吨级船舶直达宜宾、5000 吨级船舶直达重庆、万吨级船舶直达武汉、5 万吨级船舶直达南京；结合长江上游水库群联合调度，提高通航保证率等。

1.3.2 航道治理情况

20 世纪 90 年代以前，长江中下游航道主要利用自然水深通航，在局部河段需年年“战枯水”，采取维护措施，保障航道畅通。

20 世纪 90 年代至 2002 年，长江中下游航道建设以疏通重点碍航浅水道为主，宜昌至安庆段仅实施了长江中游界牌河段综合治理工程、长江下游马当河段沉船打捞工程、长江航道清淤应急工程、长江中游碾子湾水道航道整治工程、长江下游张家洲水道航道整治工程 5 个项目。

2003 年《长江干线航道发展规划》颁布以来，长江中下游航道建设拉开了序幕。至 2019 年年底，长江中下游宜昌至安庆河段共实施航道整治工程 45 项，投资约 170 亿元（表 1-8）。

长江中下游宜昌至安庆段航道整治工程统计表　　表 1-8

河段	序号	项目名称	建设时间	投资（亿元）	建设标准（m×m×m）
宜昌—城陵矶	1	长江航道清淤应急工程（周天河段、碾子湾水道）	2001—2006		—
	2	长江中游宜昌—昌门溪航道整治一期工程	2014—2017	4.32	3.5×150×1000
	3	长江中游宜昌—昌门溪航道整治二期工程	2018—2021	2.74	
	4	长江中游枝江—江口河段航道整治一期工程	2009—2013	2	2.9×150×1000
	5	长江中游沙市河段三八滩应急守护工程	2004—2005		2.9×80×750
	6	长江中游沙市河段航道整治一期工程	2009—2012	1.03	2.9×80×750
	7	长江中游沙市河段腊林洲守护工程	2010—2013	1.69	3.2×150×1000
	8	长江中游瓦口子水道航道整治控导工程	2008—2011	1.08	3.2×150×1000
	9	长江中游马家咀水道航道整治一期工程	2006—2010	0.82	2.9×80×750
	10	长江中游瓦口子—马家咀河段航道整治工程	2010—2013	2.76	3.5×150×1000
	11	长江中游周天河段航道整治控导工程	2006—2011	0.9	2.9×150×1000
	12	长江中游藕池口水道航道整治一期工程	2010—2013	2.09	2.9×80×750
	13	长江中游碾子湾水道航道整治工程	2002—2008	0.43	3.5×150×1000
	14	长江中游窑监河段航道整治一期工程	2009—2012	1.96	2.9×80×750
	15	长江中游窑监河段乌龟洲守护工程	2010—2013	1.26	2.9×80×750
	16	长江中游荆江河段航道整治工程昌门溪至熊家洲段工程	2013—2017	43.31	3.5×150×1000

续上表

河段	序号	项目名称	建设时间	投资（亿元）	建设标准（m×m×m）
城陵矶—武汉	17	长江中游杨林岩水道航道整治工程	2013—2016	2.74	3.7×150×1000
	18	长江中游界牌河段综合治理工程	1994—2000	0.93	3.7×80×1000
	19	长江中游界牌河段航道整治二期工程	2011—2013	3.45	3.7×150×1000
	20	长江中游陆溪口水道航道整治工程	2004—2011	1	3.7×150×1000
	21	长江中游嘉鱼—燕子窝河段航道整治工程	2006—2010	0.84	3.7×150×1000
	22	长江中游赤壁—潘家湾河段（燕子窝水道）航道整治工程	2015—2017	2.88	3.7×150×1000
	23	长江中游武桥水道航道整治工程	2011—2013	1.74	3.7×150×1000
武汉—安庆	24	长江中游天兴洲河段航道整治工程	2013—2016	3.34	4.5×200×1050
	25	长江中游罗湖洲水道航道整治工程	2005—2008	1.33	4.5×200×1050
	26	长江中游湖广—罗湖洲河段航道整治工程	2013—2016	2.73	4.5×200×1050
	27	长江中游戴家洲河段航道整治一期工程	2009—2012	1.71	4.5×100×1050
	28	长江中游戴家洲河段右缘中下段守护工程	2010—2013	1.29	4.5×100×1050
	29	长江中游戴家洲河段航道整治二期工程	2012—2015	3.25	4.5×200×1050
	30	长江中游牯牛沙水道航道整治一期工程	2009—2012	1.44	4.5×150×1050
	31	长江中游牯牛沙水道航道整治二期工程	2013—2016	1.51	4.5×150×1050
	32	长江中游蕲春水道航道整治工程	2017—2020	3.9	6.0×200×1050
	33	长江中游鲤鱼山水道航道整治工程	2015—2018	3.5	4.5×150×1050
	34	长江下游武穴水道航道整治工程	2007—2012	1.09	4.5×150×1050
	35	长江中游新洲—九江河段航道整治工程	2012—2016	4.32	4.5×200×1050
	36	长江中游新洲—九江河段航道整治二期工程	2018—2021	4.83	6.0×(110~200)×1050
	37	长江下游张家洲水道航道整治工程	2002—2007	0.53	4.0×120×1050
	38	长江下游张家洲南港上浅区航道整治工程	2009—2013	1.49	4.5×200×1050
	39	长江下游东北水道航道整治工程	2016—2019	3.71	4.5×200×1050
	40	长江下游马当河段沉船打捞工程	2000—2005	0.26	4.5×200×1050
	41	长江下游马当河段航道整治一期工程	2009—2011	2.91	4.5×200×1050
	42	长江下游马当南水道航道整治工程	2011—2016	3.89	4.5×200×1050
	43	长江下游东流水道航道整治工程	2004—2008	1.80	4.5×200×1050
	44	长江下游东流水道航道整治二期工程	2012—2016	3.18	4.5×200×1050
	45	长江干线武汉—安庆河段6m水深航道整治工程	2018—2022	37.45	6.0×(110~200)×1050

1.3.3 航道治理成效

经过不同时期的航道治理，宜昌至安庆段通航条件不断改善，实现了规划目标。宜昌至城陵矶段,航道维护尺度标准在 2009 年以前的 56 年一直为 2.9m×80m×750m,2009 年 11 月提高至 3.0m×80m×750m,2010 年 11 月提高至 3.2m×80m×750m,2015 年 11 月提高至 3.5m×100m×750m,2016 年 11 月荆州至城陵矶段进一步提高至 3.8m×150m×1000m。城陵矶至武汉段,航道维护尺度标准在 2010 年以前为 3.2m×80m×750m,2010 年 11 月提高至 3.7m×80m×750m,2016 年 7 月提高至 4.0m×150m×1000m,2018 年 11 月提高至 4.2m×150m×1000m。武汉至安庆段,航道维护尺度标准在 2014 年以前为 4.0m×100m×1050m,2014 年 1 月提高至 4.5m×200m×1050m,2015 年 12 月安庆吉阳矶至皖河口提高至 6m×200m×1050m,2017 年 11 月黄石上巢湖至安庆吉阳矶段提高至 5m×200m×1050m。

航道治理实践中初步掌握了三峡工程蓄水后长江中下游河道演变规律及碍航特性。随着大量河势控制工程及护岸工程的实施,长江中下游河道总体河势稳定,但由于河床抗冲性较弱,受来水来沙条件波动影响,滩槽形态多变,航道条件极不稳定。长江中下游主要存在弯曲、分汊、顺直三种河型浅滩,航道条件好坏与洲滩规模、汊道分流密切相关。三峡水库蓄水后,长江中下游河段的枯水流量有不同程度增加,有利于枯水位的维持。对于一些洲滩边界稳定、洪枯水主流较一致的浅滩段,下泄沙量减少造成枯水河槽不断刷深,水深有所增加。但受水库"清水下泄"影响,近坝段河床冲刷明显,造成同流量枯水位下降,又削弱了三峡枯水期下泄补偿效应,三峡工程蓄水后大埠街以上砂卵石河段航道水浅、坡陡流急问题仍较突出。而且,对于洲滩、岸线稳定性差的浅滩段,长江中下游普遍出现局部岸线崩退、洲滩冲刷、断面展宽、支汊发展等航道边界不利变化,使航道条件变差或更不稳定。

航道治理实践中形成了适合大江大河的航道治理理念,并研发了适应新水沙条件的航道整治技术。基于对长江中下游大型平原河流滩槽易变、河床演变复杂、江湖关系复杂、防洪压力大、岸线利用程度高、环境敏感点多等认识,通过多年的单滩治理,逐步形成统筹兼顾、因势利导、分步实施、守护为主、局部调整的治理思路。而且,针对三峡水库蓄水后的一系列变化,进一步发展了系统治理、循序渐进、固滩稳槽的治理思路,并对不同类型的浅滩形成了针对性地治理对策。对于砂卵石河段浅滩,在改善各滩险自身航深条件和水流条件的同时,还要考虑到如何兼顾浅滩自身的水位控制能力,其治理应将改善航道条件与控制水位下降相结合。对于沙质河段浅滩,一是对于滩槽格局不稳、航道边界向不利方向发展的碍航水道,应守护其重要的洲滩岸线,稳定主流流路,利用三峡水库"清水"下泄作用起到冲刷航槽效果,从而实现航道治理目标;二是对滩槽形态较差、浅滩碍航严重的水道,在守护关键部位的基础上,采用低水整治建筑物调整浅区断面形态,适当调整水流结构,束水攻沙冲刷航槽,从而引导航道向有利方向发展,以达到治理目标。同时,形成了护底加糙、边滩守护、心滩守护、高滩守护等技术,研发了一批适应河床变形大、强冲刷条件、不良地质岸坡条件和适用于防洪险工段、取排水设施制约段等的整治建筑物新材料、新结构、新工艺。

党的十八大以来,长江航道高度重视生态航道建设,探索了航道治理与生态保护相融合的治理技术。从河流系统功能和航运功能相协调的角度,提出了生态航道的概念体系和评价方法体系。在揭示河床水生生境、岸滩植被生长与航道整治工程的响应关系的基础上,研发并应用了植入型生态固滩、植生型钢丝网格护坡、鱼巢砖护底、生态型压载等一系列生态环保的航道整治建筑物新结构及工艺,促进工程区生境修复。武汉至安庆段 6m 水深航道整治工程中利用疏浚弃土,进行生态固滩;试点建设生态涵养试验区,营造高等水生动物休养生息的场所。

1.4 长江中下游航道治理研究进展

1.4.1 长江中下游航道演变研究进展

1.4.1.1 长江中下游航道演变规律研究

航道治理的目的是利用整治建筑物调整水流和河床的关系,局部改变河床的演变过程,从而调整河床的冲淤,使水流冲刷发生在需要冲刷的地方、泥沙淤积在预想淤积的地方,并保持河床相对稳定。因此,深入认识河床演变规律,尤其是浅滩的演变特点,是航道治理的前提和重要基础。

2003 年三峡工程蓄水后,长江中下游航道的来水来沙条件发生了重大改变,河床相应发生调整,航道条件随之变化。对于类似的水沙条件变异下的河床演变对航道条件的影响,众多学者进行了广泛的研究。

贾锐敏从地形、地貌、河型、河床泥沙组成及河岸、河床的抗冲性等方面类比了三峡水库下游的宜昌至城陵矶河段与丹江口水库下游黄家港至皇庄河段,认为两者在水库蓄水运用后河床冲刷模式相似。基于这一观点,根据丹江口水库下游不同河段河床冲刷平均河底高程降低值与水位下降值的关系预测了三峡工程建成后对宜昌至城陵矶河道航道的影响,认为宜昌—江口段河岸抗冲性强,河床演变以冲刷下切与崩岸展宽为主,带来航深增加,航槽稳定,航道条件得到改善;上荆江河段预计河底冲刷下切与崩岸展宽并存,航深变化不大,但主泓因河道展宽摆动加强,给航道带来一定影响,应及时做好护滩工程使河道冲刷尽量限制在主河槽以内;下荆江河床演变预计以崩岸展宽为主,河底下降平均值小于水位下降值,航深减小,主槽多变对航道十分不利,应做好整治规划并及时进行航道整治工程与护岸工程。

李宪中等在贾锐敏的研究基础上,针对三峡水库蓄水后,改变了自然状态下的水沙条件,引起坝下河段航道冲刷下切、崩岸展宽、河势调整等一系列变化,着重分析了三峡枢纽蓄水后对长江中下游重点河段航道的影响,并提出了相应的对策。

江凌、李义天等分析了三峡工程蓄水以来近坝沙质河段不同类型河床的演变特性,预测计算了水库下游河床冲刷过程,进而探讨了河床演变趋势及其对航道的影响。研究分析表明,蓄水初期,上荆江深泓下切明显,但分汊放宽段航深不足问题突出;下荆江深泓冲淤相间,长顺直(微弯)河段的深槽过渡段下移,弯道进口处水流较分散,致使航槽不稳定。基于数学模型计算结果预测,蓄水 5 ~ 10 年,太平口—藕池口河段发生强烈冲刷,分汊放宽段中枯水河槽更宽浅,致使航道条件恶化,而且,支汊发展会影响主汊的通航条件;藕池口以下处于冲刷初期,过渡段浅滩碍航与否主要与退水过程有关,但弯道发展将使航槽位置发生变动。蓄水 15 ~ 20 年,藕池口以上冲刷基本完成,上荆江微弯分汊河型趋于稳定;藕池口以下发生强烈冲刷,过渡段浅滩高程降低,有利于航深的增加,弯道可能出现局部撇弯,致使航槽移位。

邓金运等人则认为,三峡水库蓄水运用后,由于水库的调节作用,水沙过程发生改变。考虑长江中下游浅滩可分为"洪淤枯冲"及"洪冲枯淤"两种类型。对"洪冲枯淤"类型的浅滩,汛期冲刷加大,而退水期流量、沙量同时减小,浅滩状况进一步好转;对"洪淤枯冲"类型的浅滩,退水期流量的减小较大,退水加快,洪水期低滩淤积的泥沙难以在退水期冲刷,从而使得冲刷不及时可能导致泥沙的累积性淤积,造成枯水流路摆动,航槽出浅,加剧原有的碍航状况。同时,下游河床将会发生长时间和长距离的冲刷,局部河段的河势可能出现剧烈的调整,主要表现在:顺直(微弯)放宽段可能出现主流摆动加大、航槽冲刷移位;较宽的弯道段可能出现小的心洲和边滩,也可能发生撇弯和切滩;分汊河道洲头冲刷切割,分流比变化,可能出现支汊发展、主支易位,还可能出现支汊萎缩,并洲并岸;砂卵石河段出现坡陡流急现象。局部河段河势明显变化,不仅可能造成水深减小,主流及航槽可能发生摆动,碍航现象加剧,而且还可能对已有及规划的航道整治工程产生重要影响。

唐金武、由星莹等分析了三峡水库蓄水后坝下河段水文及河道演变特点,认为宜昌 $5000m^3/s$ 以下流量基本消失,$5000 \sim 12000m^3/s$ 流量出现频率大幅增加,$12000m^3/s$ 以上流量出现频率有所减小,同时含沙量锐减。三峡建库后,崩岸长度、崩岸数量均明显增加,低滩切割频率增大,并且各种类型河段低滩均呈趋势性萎缩。航道条件恶化则主要是由于崩岸、切滩、低滩大幅度萎缩等洲滩剧烈变形所致。洲滩变形后航道是否碍航取决于归槽河宽的大小,当归槽河宽小于临界值时,航道不会出现碍航现象,而当归槽河宽大于临界值,水道就有可能碍航。

1.4.1.2 长江中下游航道条件变化趋势研究

河段航道条件的好坏直接取决于浅滩变化,因此,浅滩演变特性及变化趋势一直是航道工程界关注的重点。围绕长江中下游河段中各重点浅滩,相关科研机构开展了大量的研究工作,取得了较为丰富的研究成果,所获得的研究成果应用于工程建设,较好地实现了工程的预期效果。这些研究的进展主要体现在对单个滩段认知水准的深化、工程的功能定位和工程的结构等若干方面。长江中下游河段沿程各水道水沙条件、沿程河岸及河床组成、河道形态差异较大,浅滩演变具有共性和个性,致使航道条件各不相同。为了进一步认识浅滩演变的一般性规律,许多学者基于工程研究,总结、分析了不同类型浅滩演变机理,普遍认为浅滩作为一种局部河床形态,其出现原因应更多地归因于所在河段的河道边界条件,演变特性则取决于水沙条件与河床边界的共同作用。

浅滩的边界条件除河床、河岸以外,还包括分布在河槽两侧的边、心滩,这也是造成浅滩个体差异的诱因;水沙条件除来水、来沙量外,流量过程也是影响浅滩冲淤的重要因素,造成不同年份浅滩航道条件各不相同。由于研究问题的复杂性,水沙和河床边界自身还呈现相互依存、相互影响的关系,已有对于浅滩演变影响的研究仍没有将水沙条件、河床边界有机地结合起来。而对浅滩演变研究的关键在于能够对其变化趋势进行预判,上述认识的局限性在一定程度上制约了对浅滩航道条件变化趋势的准确判断。

由于边界条件受水沙条件变化影响明显,三峡工程蓄水运用对水沙条件的改变必然会引起浅滩成因及演变特点的变化,尽管浅滩年内冲淤规律得到了延续,但浅滩累积变形却出现了单向冲刷和单向淤积两类变化,这种延续性及差异性将直接关系到浅滩的演变趋势,而且随着边界条件变化,河道内可能出现新的浅滩。但由于浅滩碍航及发展的制约因素缺乏系统归纳,且由于长江中下游河段内各水道之间的联系较为紧密,上游水道的变化会引起下游河段的响应,再加上三峡水库蓄水运用后,水沙过程发生了重要变化,下游河床为了适应这种变化将较长时期内处于再造床过程,这种河床恢复平衡过程的不同阶段如何影响航道条件,航道条件的变化趋势如何,上下游水道间如何影响等,目前仍缺乏整体系统地认识。

1.4.2 长江中下游航道治理技术研究进展

1.4.2.1 航道整治参数

根据长江中游航道工程特点,航道工程主要分为调整型工程、守护型工程和疏浚工程,各类工程本质有所差别。

1)调整型工程整治参数确定方法

调整型工程整治参数即碍航浅滩航道整治中为达到通航标准要求,需要整治建筑物开始发挥作用时的河道尺度。由于以往河道治理工程主要以调整型工程为主,相应研究成果较多,主要包括整治水位和整治线宽度等内容。

(1)整治水位确定方法

传统调整型航道整治水位一般指与整治建筑物头部高程齐平的水位。随着治理航道、提高通航等级的实践经验不断积累,整治水位确定方法在某种程度上得到深入研究和应用,已有整治水位的确定方法主要有经验取值法、造床流量法、平滩水位法以及临界水位法等。

①经验取值法:经验取值法是参考与浅滩河段水沙条件相近的优良河段的边滩高程,结合工程经验来确定整治水位。该方法是建立在大量成功的整治工程基础之上,可靠性良好,其确定的整治水位具有一定参考价值。当所需整治河段的河床演变规律、浅滩冲淤特性、整治工程类型和航道等级要求与经验来源河段一致时,采用经验取值法较为适宜。我国长江中下游常用的经验取值为设计水位上 3 ~4m,汉江下游的常用经验取值为设计水位上 1.4 ~1.5m,赣江下游河段的常用经验取值为设计水位上 1.5 ~2m。

造床流量法:天然河流的流量是不断变化的,每级流量都可能参与河床的造床作用,所谓造床流量是指在流量过程中,存在某一级流量,这级流量对塑造河床形态所起的作用最大。B · M · 马卡维尔夫根据水文站实测的资料,点绘 $Q - Q^2JP$ 的关系曲线时发现,平原河流常出现两个较大的峰值,其中较大的峰值为第一造床流量 Q_1 ,约相当于多年平均最大洪水流量,其保证率为1% ~6% ,相当于水位与河漫滩相平时的流量,通常作为河道整治(洪水整治)水位的标准;另一个峰值对应的流量一般大于多年平均流量,其保证率一般为24% ~45% ,通常被称为第二造床流量 Q_2 ,此流量相当于水位与优良河段边滩相平时的流量,用它作为航道整治流量,其相应的水位被称为整治水位。造床流量法有一定的理论依据,但计算比较烦琐。

②平滩水位法:优良河段边滩具有较好的束水造床作用,退水期冲刷作用强,能维持枯水河槽达到一定水深要求。平滩水位法就是人为模拟优良河段边滩高程,以期整治河段能塑造出良好的河床形态。造床流量的水位大致与优良河段的边滩齐平,此时的造床作用最大。E · D · Andrew 分析 15 个水文站的资料表明,平滩流量与泥沙运动量最大的流量基本相当。丁君松等利用水槽试验分析漫滩水流的水流结构及其悬沙运动也得出结论:水流漫滩后,在一定水位范围内,河道的输水输沙能力都比平滩水位时小,且输沙能力比输水能力降低得更多,也就是说河道的输水输沙能力在平滩水位时是相当大的。因此对于接近平衡状态的河流,平滩情况下断面的宽深比接近最小,河道阻力最小,水沙输移效率最大。这就

论证了用平滩流量作为冲积平原河流造床流量的合理性，也为根据平滩水位确定整治水位提供了理论依据。所以，在实际工作中，也常直接采用与平滩水位相应的流量作为造床流量。平滩水位具体确定时，可根据与整治河段及其上、下游来水条件一致的优良河段实测地形资料，选取边滩中部的代表断面，自边滩全部淹没以上的某一水位至设计水位时，划分若干个水位及其相应的流量，计算平均流速，绘制水位与平均流速关系曲线，平均流速最大的水位，即为平滩水位。

③临界水位法：该方法主要思想是寻找浅滩开始冲刷的水位或者结束冲刷的水位，一般又可分为水位与航深关系法、深槽浅滩水位流速关系法等。其中，水位与航深关系法，适用于设计水位以上（如1～3m）出浅碍航而设计水位时又不出浅碍航的浅滩。此类浅滩因为汛期淤积量大，浅滩淤高较多，汛后水位降落较快，冲刷时间短，淤沙不能及时冲走，在设计水位以上1～3m形成碍航浅情；当水位降落至设计水位时，淤沙又可冲走，航深增大（可达维护航深）而不碍航。因而，可绘制涨水期与落水期浅滩航深随水位（高于设计水位）的关系图，见图1-3。由图可知，落水时航深随水位降落而增大，但至某一水位时达到最大值，然后航深不变或又有减小，说明落至这一水位时冲刷现象已停止，航深不可能达到要求。此时需要加大水流流速，继续维持航槽冲刷，使其达到设计航深要求。

④深槽浅滩水位流速关系法：是取拟整治浅滩及上下游相邻深槽各级水位下的实测资料，绘制水位—流速关系曲线，寻找浅滩开始冲刷时对应的水位。深槽与浅滩的两条曲线交于M点的水位称临界水位，该水位以下浅滩流速大于深槽流速，可将整治水位定在临界水位M附近。事实上在整治工程作用下，M点将提高到M'，表明整治后增加的浅滩冲刷作用在M点以上就显现出来（图1-4）。

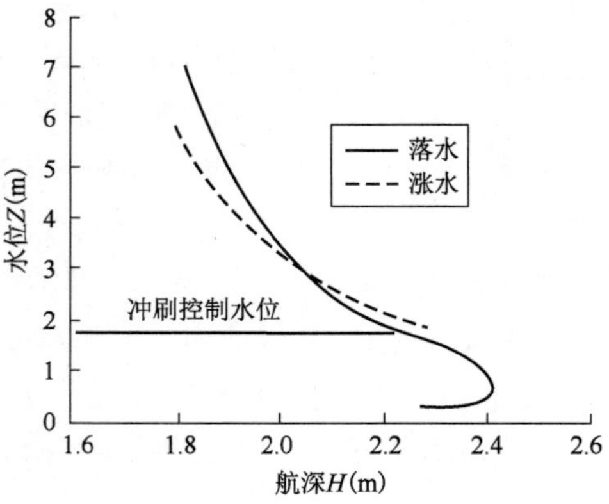

图1-3　水位—航深关系示意图

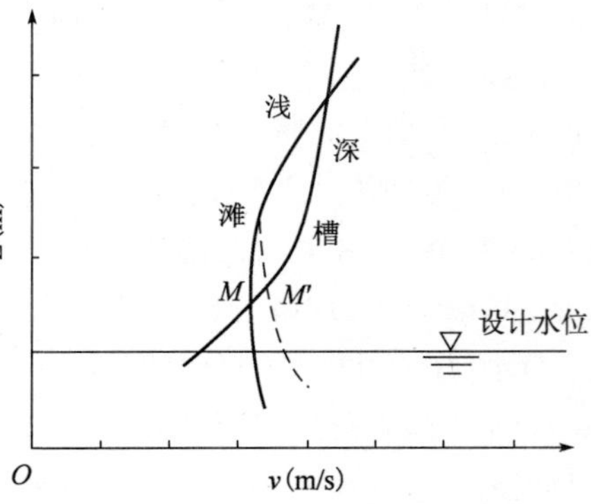

图1-4　水位—流速关系示意图

各种方法相比，四种整治水位确定方法基础是一致的，均是寻找河床冲刷水位，区别在于不同方法借助不同外在表现形式。经验取值法是在大量成功经验基础上确定，经验值法视经验值来源不同而有所变化；临界水位法则是直接观测冲刷情况，确定河床冲淤转折点；平滩水位法通过边滩形式间接反映河床冲淤情况；造床流量法试图取第二造床流量与优良河段边滩齐平的特点确定整治水位。原则上讲四种方法确定的水位应该不会差别很大，但由于水位判定条件存在出入，上述方法计算的结果往往差别较大。其中，造床流量法计算的第二造床流量一般与多年平均流量相近，但是已经有大量的工程实践证明第二造床流量确定的整治水位往往比较高,长江中下游甚至高出设计水位5m多。这主要是由于深槽河段第二造床流量与其边滩水位接近,浅滩河段滩槽高差小于深槽河段,第二造床流量法确定整治水位多属于前者,而难以适用到浅滩河段。刘建民认为第二造床流量偏高其原因是水文站的河型与优良河段不相同所引起的。根据卢汉才的分析,若采用优良河段来计算,所得到的第二造床流量对应水位与其边滩高程大体相同,接近于多年平均流量。平滩水位法确定整治水位时,深槽河段平滩水位、浅滩优良时期平滩水位及优良浅滩河段平滩水位是不相同的,若以深槽河段为整治标准,则平深槽河段边滩的水位与第二造床流量对应水位相接近;而以优良浅滩河段为整治标准,则平优良浅滩河段边滩高程的水位一般低于第二造床流量对应水位。当选择整治目标为深槽河段时应选择深槽河段平滩水位作为整治水位,整治目标为不碍航浅滩河段时,选择优良浅滩河段或优良时期平滩水位作为整治水位。通过临界水位法确定整治水位时,确定临界水位应该选择边滩完整,冲刷良好年份发生明显冲刷的起始水位作为整治水位,这一点与根据完整边滩条件确定整治水位的平滩水位法是一致的,其与平滩水位法是同一问题的不同表现形式。

(2)整治线宽度确定方法

整治线宽度是与整治水位相对应的,二者综合作用的结果是航道满足通航条件要求。目前整治线宽度确定方法主要有:经验分析法、水力学公式法及河流动力学公式法三种。各方法对比见表1-9。

整治线宽度确定方法总结 表1-9

方法	代表人物或单位	依据原理	公式形式	备注
经验分析法	阿尔图宁	河相关系	$\frac{B^m}{H}=\zeta$	B为河宽;H为断面平均水深;ζ为随河床形态而变的系数
	广东省航道局	优良河段整治水位的河宽B_2与浅滩河宽B_1之间的比值关系	$B_2=AB_1\left(\frac{H_1}{H_2}\right)^y$	B_1、B_2为整治前后的河宽;H_1、H_2为整治前后的断面平均水深;A、y为待定参数
水力学方法	罗辛斯基	明渠恒定均匀流的连续方程和阻力方程	$B_2=\frac{1}{CH_2^{\frac{3}{2}}}\frac{Q}{J_2^{\frac{1}{2}}}$	J_2为整治后水面比降;C为谢才系数
			$B_2=(K_a^5n^3)^{\frac{2}{11}}\left(\frac{Q}{J^{\frac{1}{2}}}\right)^{\frac{6}{11}}$	K_a为与河型有关的系数;n为曼宁糙率系数
	格里沙宁		$B_2=\left(\frac{J_1}{J_2}\right)^{\frac{1}{3}}\left(\frac{\alpha_1}{\alpha_2}\right)B_1\left(\frac{H_1}{\eta_2 t_2}\right)^{\frac{3}{2}}$	α_1、α_2分别是整治前后与河床形态有关的系数

续上表

方法	代表人物或单位	依据原理	公式形式	备注
河流动力学方法	格里沙宁	浅滩缩窄整治后，从浅滩上冲刷至下深槽的泥沙数量应等于每年淤积在航道底标高以上的泥沙数量	$\left(\frac{v_2}{v_1}\right)^3\left(\frac{v_2}{v_1}-\frac{v_{02}}{v_{01}}\right)=\frac{\Delta Y_2}{\Delta Y_1}\left(\frac{v_{02}}{v_{01}}\right)^2\left(\frac{d_1}{d_2}\right)\left(1-\frac{v_{01}}{v_{02}}\right)$	v_0 为泥沙颗粒止动流速；d 为河床平均粒径；v 为断面平均流速；ΔY 为航道底标高以上的泥沙淤积深度。其中下标 1 表示整治工程前，下标 2 表示整治工程后
	贡炳生	挟沙水流能量相对平衡	$B_s\Delta H\gamma_s=\int_{T_1}^{T_2}\Delta g\mathrm{d}t$	在理论上较为严整，存在不足是虑上游来水来沙；其次冲刷过程并不仅仅在整治水位与设计水位之间；三是计算较为复杂
	斯屈奥伯	从河道沿程输沙平衡观点长距离河道缩窄后流量、输沙率不变	$\frac{H_2}{H_1}=\left(\frac{B_1}{B_2}\right)^{\frac{3}{7}}\cdot\left\{\frac{-\frac{\tau_c}{\tau_1}+\left[\left(\frac{\tau_c}{\tau_1}\right)^2+4\left(1-\frac{\tau_c}{\tau_1}\right)\left(\frac{B_1}{B_2}\right)^{\frac{1}{2}}\right]}{2\left(1-\frac{\tau_c}{\tau_1}\right)}\right\}^{\frac{3}{7}}$	τ_1 为床面切应力；τ_c 为泥沙起动临界切应力。不足是公式运用的流量级不明确，同一断面整治前后形态的调整是否与沿程断面调整的机理完全相同
	窦国仁	整治前后输沙平衡原理	$B_2=B_1^m\left(\frac{H_1^m}{\eta_2 t_2}\right)^{1.5}$	m 为随河道流量、泥沙颗粒沉速、缩窄率而变化的变系数
	张沛文、刘建民		$B_2=\left(\frac{a_2}{a_1}\right)^{Ya}\left(\frac{d_1}{d_2}\right)^{Yd}\left(\frac{Q_2}{Q_1}\right)^{YQ}B_1\left(\frac{H_1}{\eta_2 t_2}\right)^{YH}$	考虑了分流、渗流等影响的整治前后的流量；整治前后底沙粒径变化可借相邻滩实测粗化程度计算
	长江航道局、武汉大学		$\frac{B_2}{B_1}=A\left(\frac{H_1}{H_2}\right)^y$	考虑了输沙不平衡

①经验分析法：冲积河流在一定的来水来沙和地质条件下，河床与水沙经过长期相互作用平衡后，具有较稳定的断面形态和宽深比关系，其中符合航道尺度要求的河段即可视为优良河段（或模范河段）。浅滩河段经过整治后，也可重塑优良河段的断面形态和宽深比关系，这是经验分析方法的基本出发点，具体途径就是根据河道实测资料，找出优良河段河宽水深之间的关系，得到经验公式或确定方法。这其中又有三种方法。

利用河相关系公式确定是方法之一。如较有影响的河相关系式是拉塞（Lacey）公式：

$$W=1.248\frac{Q^{\frac{5}{6}}}{f^{\frac{1}{3}}} \tag{1-1}$$

和阿尔图宁（Алтуин）公式：

$$\frac{B^m}{H}=\zeta \tag{1-2}$$

式中，W 为断面面积；Q 为流量；f 为河道阻力系数；B 为河宽；H 为断面平均水深；ζ 为随河床形态而变的系数。利用河道自身的资料确定公式中的系数，然后就可求得与整治流量（或水深）相应的河宽。

另一种方法是根据实测资料及有关公式形式，提出优良河段整治水位的河宽 B_2 与浅滩河宽 B_1 之间的比值关系，确定公式中的待定系数。广东省航道局是这种方法的典型代表，他们认为整治线宽度公式的一般形式为：

$$B_2 = AB_1\left(\frac{H_1}{H_2}\right)^y \tag{1-3}$$

式中，B_1 为整治前河宽；B_2 为整治后河宽，即整治线宽度；H_1、H_2 为整治前后的断面平均水深；A、y 为待定系数。根据东江、北江、韩江已实施整治河段的实测资料，建立了 B_2/B_1 和 H_1/H_2 的函数关系，确定了 A 和 y 的数值，从而得到经验公式。

还有一种方法是根据河道实测资料，找出优良河段整治水位时河宽与断面平均水深之间的函数关系，即 $B_2=f(H_2)$，且 $H_2=\eta_2 t_2$，其中 η_2 为与断面形态有关的系数；t_2 为航道边缘水深。或是直接统计整治水位时满足 t_2 的断面宽度 B_2，找出 B_2-t_2 之间的函数关系。唐存本所提出的河床断面法就是这种方法的高度概括和发展，他认为：冲积河流在各种水沙组合条件下所塑造出的枯水河床断面形态是在一定范围内变化的，同时也是航道尺度的具体表现。他依据西江、黄河北干流及湘江某些河段的实测资料，点绘出 B_2-t_2 曲线，指出所有曲线的点据相对集中并都落在各自的包络线内，而其内侧线则表示在绘图水位（或流量）保证率情况下，能产生与 B_2 对应的航道水深所发生的概率为 1，外侧线则表示相应的概率为 0，这种概率的出现原因正是由于河道年际、年内来水来沙过程及其组合的不同所造成的，因而为使整治后的航道达到水深要求，必须结合浅滩的河床质组成情况，选用内侧线确定整治线宽度。他的这一思想方法无疑是正确的，考虑的因素也较为全面。

②水力学公式法：水力学方法的基本出发点就是以河道水力学为基础，联解有关水力学方程得到整治线宽度公式。最早的也是最普遍的方法就是联解明渠恒定均匀流的连续方程和阻力方程，即得：

$$B_2 = \frac{1}{CH_2^{\frac{3}{2}}}\frac{Q}{J_2^{\frac{1}{2}}} \tag{1-4}$$

式中，J_2 为整治后水面比降；C 为谢才系数。之后有人认为既然整治后的浅滩可重塑优良河段的断面形态，因而引入河相关系式共同联解，如罗辛斯基（Россинкии）推荐的如下公式：

$$B_2 = (K_a^5 n^3)^{\frac{2}{11}}\left(\frac{Q}{J^{\frac{1}{2}}}\right)^{\frac{6}{11}} \tag{1-5}$$

式中，K_a 为与河型有关的系数，n 为满宁糙率系数。经过一段时期的工程实践和理论积累，人们渐渐认识到浅滩整治前后流量必然相等这一重要概念，将其引入与前述联解。如格里沙宁推出的如下公式：

$$B_2 = \left(\frac{J_1}{J_2}\right)^{\frac{1}{3}}\left(\frac{\alpha_2}{\alpha_1}\right)B_1\left(\frac{H_1}{\eta_2 t_2}\right)^{\frac{3}{2}} \tag{1-6}$$

式中，α_1、α_2 分别是整治前后与河床形态有关的系数。类似的公式还有，但出发点和公式形式大同小异。

黄克中、钟恩清从最小单位水流功率原理出发，认为当河道单位水流功率 VJ 达到最小值时，河槽达到相对稳定，并且假定整治后河槽达到相对平衡的 VJ 最小值与整治前相等，即 $(VJ)_1=(VJ)_2$，同样将其与连续方程和满宁公式联解，即可得：

$$B_2 = B_1\left(\frac{Q_2}{Q_1}\right)\left(\frac{H_1}{H_2}\right)^{\frac{13}{7}} \tag{1-7}$$

可见，虽然他们的出发点有所不同，但结果极为相似，式(1-6)与式(1-7)是基本上相同的。

邓金运、张幸农等通过对三峡水库蓄水后水沙变化、浅滩演变特征的分析，研究荆江河段设计水位及航道整治参数确定方法，分别提出了三峡水库蓄水后荆江河段守护型工程和调整型工程的整治参数确定方法。对于守护型工程整治水位，提出了浅滩河段边心滩高程控制法。整治线宽度确定的浅滩优良时期河宽法。对于调整型工程整治水位，建议采用临界水位法。调整型工程整治线宽度，提出了具有一定重现期意义的设计碍航淤积量(厚度)计算方法，完善了调整型工程整治线宽度的确定方法。

高凯春、黄颖等针对受三峡水库蓄水影响的长江中游航道，通过相关的理论分析，考虑枢纽下游河段非恒定输沙、河床单向下切两个主要特点，推导出得了航道整治线宽度计算公式，并对式中系数和指数的分析和讨论；结合长江中游的浅滩特点，得出适用于长江中游的航道整治线宽度计算公式：

$$\frac{B_2}{B_1} = \left(\frac{H_1}{H_2}\right)^P \tag{1-8}$$

其中：

$$P = \frac{4}{3} + \frac{2}{15}P_1 + \frac{7}{30}P_2$$

式中，P_1、P_2 分别为由 $\frac{1}{K}$ 及 $\frac{d_1}{d_2}$ 转化为 $\frac{H_1}{H_2}$ 的指数形式时所得的值；B_1、B_2 分别为整治前后的河道宽度；$\frac{1}{K}$ 为枢纽下游河床下切过程中，出现浅滩下切较慢，深槽下切较快情况时，为使浅滩与深槽同步下切，对浅滩河床束窄系数；d_1、d_2 分别为整治前后的床沙粒径；H_1、H_2 为整治前后的水深。

③河流动力学公式法：其实质就是考虑了水流与河床的相互作用与变化，根据泥沙运动理论及河床演变的某些规律推求整治线宽度公式。概括而言主要有以下三类方法：

第一种方法是根据河床变形计算法推求整治线宽度。1959 年格里沙宁提出：浅滩缩窄整治后，河道输沙能力增加，从浅滩上冲刷至下深槽的泥沙数量应等于每年淤积在航道底高程以上的泥沙数量。从此原则出发，则时段 T 内冲刷的土层厚度与输沙量应有下列关系：

$$\Delta Y = \frac{q_s \cdot T}{\rho(1-\varepsilon)L} \tag{1-9}$$

选用以下底沙输沙公式：

$$q_s = K\left(\frac{d}{H}\right)^m\left(\frac{v}{v_0}\right)^3(v-v_0)d \tag{1-10}$$

并且假定 $\Delta Y_2/\Delta Y_1 = q_{s1}/q_{s2}$，从而导出：

$$\left(\frac{v_2}{v_1}\right)^3\left(\frac{v_2}{v_1}-\frac{v_{02}}{v_{01}}\right)=\frac{\Delta Y_2}{\Delta Y_1}\left(\frac{v_{02}}{v_{01}}\right)^2\left(\frac{d_1}{d_2}\right)\left(1-\frac{v_{01}}{v_1}\right) \tag{1-11}$$

式中，v_0 为泥沙颗粒止动流速；L 为冲刷土层长度；ε 为土层土壤孔隙率；ρ 为不均匀冲刷系数；K、m 为待定系(指)数。通过假定不同的整治线宽度 B_2，用式(1-11)计算出浅滩上的流速 v_2 与 v_{02} 相对比，两者相应所假定的 B_2 即为所求整治线宽度。格里沙宁解决问题的思路是正确的，但他在推导过程中并未考虑河道上游的来水来沙这一重要因素，因而是有缺陷的，另外按式(1-10)计算确定整治线宽度程序也较为复杂。

贡炳生采用与格里沙宁相同的方法，根据挟沙水流能量相对平衡的理论，充分考虑河道水文特征对浅滩整治后整个冲刷过程的影响，推导出以悬沙为主的输沙能力公式以及相应的整治线宽度公式。近年来季永华沿此途径继续探索且有所创新，他认为浅滩整治后在退水过程中，河床冲刷始于整治水位，终于设计水位，也即当水位降至设计水位时河床不再冲刷，只要维持输沙平衡，因此冲刷过程中的底沙输沙增量为：

$$G=\sum\Delta g\Delta L=\int_{T_1}^{T_2}\Delta g\mathrm{d}t \tag{1-12}$$

式中，T_1、T_2 分别为对应整治水位和设计水位的时刻，Δg 为整治前后河道输沙率增量，同样假定整个断面上的输沙总增量应与被冲刷的沙量相等，则单位长度上有以下关系：

$$B_s\Delta H\gamma_s=\int_{T_1}^{T_2}\Delta g\mathrm{d}t \tag{1-13}$$

式中，B_s 为整治后设计水位时的河宽，通过对上式右边积分进行时间与水位关系的积分转换，采用数值计算方法处理后，可求出整治水位与设计水位的超高值，然后根据河道边坡关系求得整治线宽度。

第二种方法是从河道沿程输沙平衡观点出发，认为在不太长的一段河道内，流量、输沙率以河床沿程基本上是处于平衡状态的。早在1935—1940年间斯屈奥伯就提出“长河段缩窄能冲多深”的理论解，他采用满宁公式和杜伯斯(Dobrus)输沙公式作为联解方程组，即：

$$Q=BH\frac{1.49}{n}H^{\frac{2}{3}}J^{\frac{1}{2}} \tag{1-14}$$

$$Q_s=BK\tau_0(\tau_0-\tau_c)$$

式中，τ_0 为床面切应力；τ_c 为泥沙起动临界切应力；K 为待定系数。假定缩窄后的河道糙率不变，且 $\tau_0\geqslant\tau_c$，则在中到大水情形下，有 $Q_{s1}=Q_{s2}$ 及 $Q_1=Q_2$，由此导出：

$$\frac{H_2}{H_1}=\left(\frac{B_1}{B_2}\right)^{\frac{3}{7}}\left\{\frac{-\frac{\tau_c}{\tau_1}+\left[\left(\frac{\tau_c}{\tau_1}\right)^2+4\left(1-\frac{\tau_c}{\tau_1}\right)\left(\frac{B_1}{B_2}\right)^{\frac{1}{2}}\right]^{\frac{1}{2}}}{2\left(1-\frac{\tau_c}{\tau_1}\right)}\right\}^{\frac{3}{7}} \tag{1-15}$$

其中的 B_2 就是缩窄段的河宽，即可认为是整治线宽度。之后劳森等人对斯屈奥伯的理论作了进一步的深化研究，经过一系列复杂的推导，最后得出以缩窄水深比率、比降比率或断面平均流速比率的公式形式，下面列出水深比率公式形式：

$$\frac{H_2}{H_1}=\left(\frac{Q_t}{Q_0}\right)^{\frac{6}{7}}\left(\frac{B_1}{B_2}\right)^{\frac{6}{7}\frac{a+2}{a+3}}\left(\frac{n_2}{n_1}\right)^{\frac{7}{6}\frac{9}{a+3}}\left(\frac{C_2}{C_1}\right)^{\frac{6}{7}\frac{1}{a+3}}\left(\frac{K_1}{K_2}\right)^{\frac{1}{7}\frac{a}{a+3}} \tag{1-16}$$

1987年苏祖凯等人认为，由丁坝群缩窄河道与长距离河岸缩窄河道引起的冲刷有所不同,其河宽 B_2' 应视丁坝间距进行调整,即 $B_2' = \lambda B_2$,其中 λ 是随丁坝分布比率而变的系数。

近期乐培九、李旺生从沿程河床相对可动性为常数,也就是沿程床沙动或不动的概率相同的观点出发,联立求解水流连续方程、运动方程及输沙平衡方程组,分别得到以悬沙为主的公式和以底沙为主的公式。从其推导过程可看出,实质是与上述公式一致的。

从上可见,这种方法是有一定理论根据的,但同样存在不足,一是公式运用在哪级流量不明确,似乎各级流量均可采用;二是同一断面整治前后形态的调整是否与沿程断面调整的机理完全相同,还值得探讨。

第三种方法是 1957 年窦国仁首先提出的整治前后输沙能力平衡法,其基本观点是:浅滩整治前后通过的流量不变,河道输沙能力不变,以及达到设计水位后,临底流速等于正常输沙流速。他略去复杂的冲刷过程不予考虑,应用扩散理论,采用卡拉乌舍夫悬沙输沙公式,经过一系列的复杂推导过程,最终得到如下整治线宽度公式:

$$B_2 = B_1^m \left(\frac{H_1^m}{\eta_2 t_2}\right)^{1.5} \tag{1-17}$$

其中:

$$m = \frac{2.12a^{1.5}Q^{1.5} + 0.34\omega B_1^{1.5}H_1^{1.5}}{2.12a^{1.5}Q^{1.5} + 0.34\omega B_2 H_2^{1.5}}$$

式中,ω 为泥沙颗粒沉速,a 为待定系数。虽然冗长,实用起来较为烦琐,但这种理论方法与以往的方法相比,的确是前进了一大步,并对后来的研究(尤其是国内的研究)产生了较大的影响。1963 年卢汉才、刘建民在认同输沙平衡原理的同时,指出式(1-17)引用的输沙公式未尽合理,并且在计算方法上没有论证应该根据哪一级流量来计算。他们根据相同的假定,采用窦国仁底沙输沙率公式,推导出底沙为主的整治线宽度公式:

$$B_2 = B_1 \left(\frac{H_1^m}{\eta_2 t_2}\right)^y \tag{1-18}$$

式中,y 为随相对流速 v/v_0 而变的指数,也即为 B_2、H_2、v_2、d 的函数。

20 世纪 70 年代末 80 年代初,张沛文、刘建民等人用这种方法做了更深入的研究,他们几乎同时提出:由于整治后存在丁坝渗流以及河床粗化等因素,因而在公式推导过程中,$Q_2 \neq Q_1$、$d_2 \neq d_1$,如张沛文采用沙莫夫底沙输沙率公式,最终导出:

$$B_2 = \left(\frac{a_2}{a_1}\right)^{y_a} \left(\frac{d_2}{d_1}\right)^{y_d} \left(\frac{Q_2}{Q_1}\right)^{y_Q} B_1 \left(\frac{H_1}{\eta_2 t_2}\right)^{y_H} \tag{1-19}$$

其中,系数$(a_2/a_1)^{y_a}$、指数 y_d、y_Q 和 y_H 均与 v/v_0 有关,$Q_2 = Q_1 - Q_{渗}$,可见式(1-19)仍需试算。

对于长江中下游河段,多年来,航道整治参数仍然在“束水攻沙”理论的基础上,推导航道相应整治参数。长江航道局、武汉大学等单位,结合多年工程实践,在考虑到长江河道流量大、流速大,航道整治工程种类多,工程对河道的影响复杂等因素,在将航道整治工程划分为守护型和调整型的基础上,初步提出了两种类型工程整治参数确定方法。守护型工程整治水位推荐采用浅滩河段高程控制法,整治线宽度建议采用浅滩优良时期河宽法。调整型工程整治水位确定建议采用临界水位法,资料较少时可采用整治流量推求整治水位;整治线宽度确定考虑局部不平衡输沙关系、有效冲刷时段以及碍航淤积量等要素，建立了整治线宽度公式。整治线宽度确定方法总结见表1-9。

2）守护型工程整治参数确定方法

已有整治水位确定方法在西江、湘江和松花江河道整治工程实践中发挥了重要作用，并且也运用于长江河道整治中，但其本质是适用于调整型工程，寻求冲刷能力最大的整治建筑物头部水位。而近年来研究成果表明，坝下河段由于清水下泄，一般为强冲刷环境，不利的航道条件一般也是由于局部滩体的冲刷造成的，相应的航道整治工程除了调整型工程外，还包括大量的守护型工程，其本质在于守护冲刷河段的滩体，从而达到维持相对较好航道条件的目的，但相应的航道整治参数研究则较少。

（1）整治水位确定方法

目前已有方法中，造床流量法、平滩水位法、临界水位法从塑造优良河槽的角度，提出了整治水位的确定方法。其中造床流量法的第二造床流量大于多年平均流量，其对应水位与深槽河段边滩高程接近。已有大量工程实践证明第二造床流量确定的整治水位往往比较高，长江中下游甚至高出设计水位5m多。这主要是由于深槽河段第二造床流量与其边滩水位接近，浅滩河段滩槽高差小于深槽河段，造床流量法确定整治水位多属于前者，而难以适用到浅滩河段。原有平滩水位法、临界水位法的本质也是寻找浅滩冲刷能力最大的水位。平滩水位法认为水流平滩时冲刷能力最大，往往根据与整治河段来水条件一致的优良河段实测地形资料，选取代表断面，绘制水位与平均流速关系曲线，平均流速最大的水位，即取为平滩水位。临界水位法也是通过点绘水位与航深关系、深槽浅滩水位流速曲线，获得浅滩开始冲刷的水位。经验关系法是在上述的基础上，直接凭以往的经验来确定冲刷能力最大时的水位。考虑到守护型航道整治工程的性质，即在航道尚优良的有利时期，通过一定工程措施（多为护滩工程，如边滩守护工程、心滩守护工程等），维持现有较好的滩槽格局，避免洲滩冲散造成浅滩段的不利变化，该种条件下，对于浅滩冲刷、增加水深的要求并不是首要的，因此上述方法难以适用守护型工程。

对此，邓金运等人在长时期的长江中游河道治理积累基础上，探索性地提出了守护型工程的整治水位确定方法——浅滩河段边心滩高程控制法。该方法主要针对现状较为良好的洲滩格局，以及出现的不利演变趋势或可能，确定主体守护洲滩，比如边滩、心滩或洲头低滩等。将所需守护洲滩的滩面高程或岸坡高度作为整治水位，其目的是控制主体守护洲滩不冲蚀，维持滩槽格局，并进而间接实现增强河床下切，促使航道条件维持或进一步向有利条件转化。

（2）整治线宽度确定方法

目前常用的整治线宽度确定方法主要有经验分析方法、水力学方法或河流动力学方法，但上述各种整治线宽度公式主要适用于调整型工程。而守护型工程主要是在无须调整断面形态及水流结构的条件下，利用现有岸线或滩体，维持良好滩槽格局，实现治理目标。根据守护型工程的整治思想以及其本质内涵，邓金运等人提出了整治线宽度确定方法——浅滩优良时期河宽法。其主要思路是：通过选取近几年中浅滩优良时期的该河段洲滩资料，统计浅滩断面岸线与洲滩边线的间距（定义为优良时期河宽）；点绘优良时期河宽～最小航深的关系曲线，确定下包线；确定不同航深尺度下的优良时期河宽值，将其作为守护型工程的整治线宽度。并指出荆江河段各治理水道的整治宽度线宽度在 800～1000m 之间。

对比上述各种方法：经验分析方法认为浅滩河段经过整治后，可重塑优良河段的断面形态和宽深比关系，这是其基本出发点。具体途径是根据河道实测资料，找出优良河段河宽、水深之间的关系，得到经验值或经验公式。该方法的河相关系公式需要大量优良河段实测资料做基础，但由于受河相关系理论发展的局限，统计某些河流或河段的河相特征不足以推广应用于众多河流。因各浅滩的演变特性、冲淤规律、整治工程类型、航道等级要求等不相同，工程实践证明直接运用这些公式将会带来较大误差。长江中下游浅滩河段采取低水整治，整治流量较造床流量小很多，来水来沙条件和航深要求与其他河段也相差很多，该类工程不能直接应用某些经验分析法获得的公式，但仍然可以参考附近条件相似的优良浅滩河段或本河段优良时期整治水位时的河宽。水力学方法的基本出发点是联解有关水力学方程得到整治线宽度公式。虽然有不同形式的公式存在，但该类公式的本质是统一的，区别仅是对某些量的处理方法不同，公式之间可以相互转化。该方法曾经在欧美国家早期的航道整治工程中广泛应用，我国 20 世纪 50—60 年代也常用。但是水力学方法的缺陷也十分明显，即忽略了水流与河床的相互作用、相互变化这一重要因素，这就无法与河床演变特性、浅滩冲淤规律及整治工程类型相结合，因而在理论上是不严谨的，实际应用中也会出现较大误差，目前仅山区石质性河流中采用，其他地方应用较少。河流动力学方法考虑了水流与河床的相互作用，根据泥沙运动理论及河床演变的某些规律推求整治线宽度公式，为部分经验公式赋予了理论意义。河流动力学方法是目前理论上最为严谨的一种方法，它不仅考虑了浅滩整治前后通过河道的水流变化，而且也考虑了泥沙运动引起的河床变化，并且综合了丁坝渗流、河床粗化等因素，因而这种方法工程中运用最多，与实际情况符合较好。但是，各公式虽然形式相似，推导依据假定却各不相同，得出的系数、指数也不相同，同一河段计算时仍会出现较大差异，如何选用公式没有明确原则。而且，河床动力学公式用于计算正常过渡段浅滩时，一般这种河槽断面呈抛物线形，主流过滩，效果较好，但用于计算弯道河段浅滩和分汊河段浅滩时，因河槽断面形态为三角形或 W 形，水流二维特性强，效果较差，以至根据实测资料计算后出现河宽不仅无须缩窄，反而需要加宽的现象。这主要是由于现有整治线宽度确定方法与河床演变特点和浅滩碍航特性联系不够紧密，只能反映浅滩共性，而无法根据河段具体特点进行调整。

3）疏浚工程参数确定方法

疏浚技术在世界范围内广泛应用，在我国已有上千年历史，其原理主要应用人力、机械等进行水下土石方开挖，以达到扩宽水域、疏通航道、提高排洪能力等目的。对于航道工程而言，疏浚技术一般分为基建性疏浚和维护性疏浚，对于长江中下游河道，近年来，疏浚主要以维护疏浚为主，基建性疏浚较少，相关的研究也较少。长江干线航道维护性疏浚从新中国成立初期的人力疏浚，到形成了水力式、机械式和气动泵式等多套疏浚装备，2018 年长江干线（宜宾道—浏河口）航道维护性疏浚总量已达到 2788.16 万 m^3，有效保障了长江全线航道的畅通。

对于航道基建性疏浚技术的核心问题主要集中在设计水位的确定、维护尺度、疏浚槽的布置、疏浚槽结构、抛泥区位置等方面，但由于受河道坝体修建水沙条件变异，地质条件多样、河床演变剧烈、外部条件限制等复杂因素影响，导致维护性疏浚技术仍存在较多问题，如强冲刷河段水位急剧下降情况下设计水位和航槽底坡的如何确定,复杂地质情况下,河道边坡、纵坡选取方法,以及回淤量的确定方法等,导致部分疏浚施工仍根据现场经验开展,缺乏相应的设计参数,部分重点碍航河段的航道维护性疏浚技术水平仍无法满足维护要求。

1.4.2.2 航道整治平面布置方法

我国早在20世纪30年代就在西江实施了航道整治工程,之后东江、北盘江、湘江、赣江、汉江等中小河流也均逐步对航道进行了整治。从20世纪90年代开始,长江中下游航道整治开始逐步展开,根据河型不同一般可分为弯曲、分汊和顺直河段航道整治工程。

1)弯曲河段

弯曲河段广泛分布在长江中下游河段中,按河道平面形态,弯曲河段凹进一侧的河岸称为凹岸,凸出一侧的河岸称为凸岸。弯曲河段由于其河道形态阻力大、滩体易动态发展,是长江中游防洪、航道等治理的重点。已有的航道治理方法主要包括"裁弯取直"和"凸岸边滩守护"。

(1)裁弯取直

弯曲型河道在演变过程中,河床土质不均匀使河弯发展受到限制时,会形成曲率很大的锐弯。由于阻力大,主流将脱离原河弯凹岸,转向凸岸,导致河道水流分散和航槽不稳,为减轻防洪和通航压力,可采用人工裁弯取直。20世纪60年代我国在长江下荆江段中洲子及上车湾两处进行了裁弯取直。其工程布置的基本内容包括:导渠设计、施工组织、河道控制工程、护坡工程和下游水势控制工程等。

导渠布置关乎整个裁弯取直工程的成败,主要包括导渠平面布置,导渠起至位置、导渠长和导渠线路的选择,以及导渠断面设计。其设计要保证导渠能引导足够水流扩展开河堤,并确保新河的通航能力。导渠的平面形式不应设计成单一直线或弯曲度过大的曲线,通常采用圆弧和切线组合成的曲线形式,导渠进出口条件,应该符合平稳、顺畅的原则,进口要与上一个弯道保持一定距离。导渠长度可以参考原河道长度及工程地质情况,按照一定比例设定。为了能充分利用水流的冲刷作用,在设计上应尽量提高裁弯比,以减少工程量和造价。同时设计也应将裁弯比过大造成的负面作用考虑进去,减轻变形和冲刷对下游下的不利影响。长江下荆江2处裁弯工程,裁弯比7.8~9.3;工程地质条件是规划导渠路线的关键因素,导渠适合开挖于黏性土结构的地区。导渠断面不是该段河流的设计开挖断面,而是水流冲刷挤压最终发展而成的。同时导渠开挖工程需要考虑河流的通航能力,保证枯水期河道能够通航。

2处裁弯取直,外加1972年7月位于监利县的沙滩子又发生自然裁弯和切滩,弯曲系数由3.19降至2.02。总计增加泄量约5000m^3/s,相应减少了藕池口、太平口等入洞庭湖的分流及分沙量,三处裁弯共缩短航程78km,并裁掉妨碍通航的浅滩4处,有效改善了荆江河段防洪和通航条件。

(2)凸岸边滩守护

自然条件下,由于弯道环流效应,长江中下游弯曲河段总体呈现"凸淤凹冲"的演变规律,但三峡蓄水后,清水下泄,坝下河段冲刷明显,弯曲河段呈现"凸冲凹淤"或凸岸冲刷加剧的现象。部分弯曲河段原本稳定的航道条件,由于凸岸冲刷,河道展宽,航道条件趋于恶化。

因此，提出了守护凸岸边滩，利用清水下泄有利条件，冲刷航槽，改善航道条件的思路。

长江中下游弯曲河段相对较多，目前主要在马家咀水道、周公堤水道、藕池口水道、碾子湾水道、牯牛沙水道、蕲春水道、鲤鱼山等水道开展了航道整治工程。

工程平面布置主要利用护滩带、丁坝、护岸措施等措施，通过改善滩面附近流速，防止滩岸冲刷，促进滩体落淤，达到对凸岸边滩及后侧岸体进行守护。根据滩体冲刷位置不同，工程平面布置也略有差异。对于头冲尾淤型滩体，一般重点将护滩带布置在头部和中部，以促进头部冲刷，减轻尾部淤积泥沙来源；对于普遍冲刷严重滩体，在守护头部中部同时，可采用护滩带、丁坝等措施，对窜沟进行封堵，以维持滩体稳定。护滩带或丁坝在布置时，应同时结合护岸工程措施，并保证护滩带或坝体与护岸工程无缝衔接，以防止近岸测滩体出现窜沟。此外，对于部分凹岸航槽淤积较为严重的复杂弯曲河段，也可配合采用疏浚等工程措施，减轻通航压力。

2）分汊河段

长江中下游分汊河段相对最多，其包含了顺直分汊、弯曲分汊等河型，主要在枝江—江口、太平口、瓦口子、窑监、杨林岩、界牌、陆溪口、嘉鱼、燕子窝、武桥、天兴洲、罗湖洲、戴家洲、新洲—九江、张家洲、东北、马当和东流等水道（河段）开展了航道整治工程。从现有的整治工程来看，关于汊道浅滩的整治，可分为以下几种类型：

（1）稳定汊道现状

当汊道发展演变至对航运等国民经济各部门和生态环境有利状态时，采取工程措施将这种有利的状态稳定下来。其措施：在分汊河段上游节点处、汊道入口处、汊道中部受冲刷崩退的滩岸处、江心洲（滩）头、尾处分别修建整治建筑物。

（2）堵汊工程

此法主要的思路是堵塞正处于逐渐衰退的汊道，起塞支强干作用或促进正处于衰退汊道淤积，从而达到集中水流冲刷或增加浅滩段水深的目的。此法多用于中小河流，这些河流两岸多为丘陵高地，防洪问题不突出。即使在汉江中游、西江中游的冲积河段，尽管河道宽度较大，但由于防洪与航运之间的矛盾较小，早期的航道整治仍采用了这种“塞支强干”的方式。

（3）调整汊道分流比

当汊道发展演变过程出现与航运等国民经济各部门的要求不相适应的情况，而又不允许或不可能通过塞支强干来加以治理时，可采取调整汊道分流比的方法解决存在的问题。目前国内外常采用的措施为：在分汊河段上游节点处修建控导工程或在汊道入口，或汊道内修建丁坝、顺坝等，调整汊道分流比，起到束水攻沙，冲刷浅滩的作用。西欧和北美一些国家主要靠挖泥疏浚措施来调整汊道分流比或解决浅滩碍航问题，我国在一些江河浅滩治理中也常用此法，但有时根据通航要求挖槽方向与水沙运动方向不一致时，挖后回淤严重，难以达到整治目的。

3）顺直河段

在长期的河床演变过程中，河段能保持顺直表明其外界河势约束条件较为强烈，但河道作为水沙输移的通道，顺直河道内部的剧烈河床演变不可避免，甚至相较于其他河段更为剧烈。顺直河流的形态特征主要表现在两个方面，深浅相间的河床纵剖面和两岸交错分布的边滩。作为一种复杂且对河势影响较大的河道形式，顺直河段的研究引起了专家学者的广泛关注，并从不同角度开展了研究，但成果主要集中于顺直河段的形成机理，演变特性，以及水沙输移特性等方面的研究，对于河道整治措施研究则较少。

长江中下游完全顺直单一河段相对较少，目前开主要在天星洲水道、武穴水道等开展了航道整治工程，此外也有部分以顺直分汊等形式存在的河道，目前在东流、界牌等河段开展了航道整治工程。其建筑物布置方法主要包括：

(1)掌握时机，工程布置重点在控制滩槽格局

此类水道滩槽多变，部分水道如界牌河段甚至呈现周期性变化规律，航槽位置摆动频繁，因此要在河床演变规律的基础上先弄清河道演变规律，在掌握时机确定工程布置。界牌河段的顺直外形自20世纪30年代开始就保持不变，但河道内洲、滩变化频繁。其演变具有明显的周期性，习惯上以河道左侧的螺山边滩为参照物，来界定演变的周期，每个周期可划分为三个演变过程：螺山边滩开始下移—螺山边滩消亡—螺山边滩再度形成，河道的剧烈演变过程也导致航槽的不稳，在河势总体稳定的前提下，抓住时机，维持较好的滩槽格局和稳定的航槽显得尤为关键，因此，界牌二期航道整治工程实施过程中，选取界牌河段上复粮洲一带过渡槽形成的关键时期，对洲滩加以控制，初步形成了良好的滩槽格局，为良好航道条件的形成提供了基础。

(2)合理规划航槽，依靠整治建筑物相互配合控制航道边界

顺直河段河演剧烈，部分河道依靠单一建筑物较难达到整治效果，因此依靠建筑物群控制航道边界尤为重要。此类水道滩槽多变，航槽位置摆动频繁，因此要在河床演变规律的基础上合理规划航槽。确定航道边界后，通过两侧天然节点和固定洲滩的整治建筑物群来共同确保航道边界的稳定。如东流水道航道整治中，在进口天然节点控制下，利用左岸丁坝群工程、老虎滩守护及滩尾顺坝工程以及天沙洲头鱼嘴工程来配合守护航道两侧边界，取得了良好的整治效果。再如界牌水道，为维持良好滩槽格局，在界牌河段综合治理工程和界牌河段航道整治二期工程中，在开展了新淤洲前沿过渡段低滩和洲头分别修建了鱼嘴，在新淤洲和南门洲间修建1座锁坝，在右岸上边滩上修建14道丁坝工程，以及左右岸总长达23.5km的护岸工程，通过众多建筑物的相互配合有效保证了河道的航道条件。

1.4.2.3 *航道整治建筑物结构*

科学的航道建筑物形式是保证整治效果得以发挥的前提，建筑物结构则是组成航道整治建筑物的基础单元。20世纪90年代，长江中下游航道整治工程拉开序幕，随着对长江航道认识的深入，航道科技逐渐发展，初步形成一套适用于长江中下游航道整治的建筑物和结构体系。长江中下游用到的航道整治建筑物主要有坝体、护滩(底)、护岸三类。

1)坝体

坝体类航道整治建筑物在航道整治过程中主要用于固滩导流、束水归槽，控制航槽摆动。在航道整治工程中，广泛采用坝体结构，按照坝体形态主要分为丁坝、顺坝、潜坝、锁坝和鱼骨坝，按坝体的材质组成，主要形式有：堆石坝(抛石坝)、浆砌块石坝、桩板坝、大型混凝土预制件坝、沙枕填芯—块石护面混合坝(以下简称沙枕—块石坝)、沙枕填芯—模袋混凝土护面混合坝(以下简称沙枕—模袋混凝土坝)等。这些坝体形式各有特点，适用条件也有所不同，见表1-10。

国内已建坝体结构形式一览表　　表 1-10

坝体形式	结构特点	优越性	存在的问题	适用条件
堆石坝	坝体全部由石块构成	对于河床变形的适应性好，且施工维修方便，在石料来源丰富地区造价较低	其缺点是坝体的整体性差；当水流力和波浪力较大时，容易局部失稳	适用于块石来源比较丰富、河床变形大的河段
抛石棱体与浆砌石墩混合坝	是一种改进的抛石坝，上部为矩形浆砌体，下部为梯形抛石体	外形美观，顶部整体性强，不易损坏，在一定坝高条件下，能节省石料、节省投资	工程须分汛前、汛后两次施工，不能一气呵成，当坝体发生沉陷时，浆砌石墩容易断裂崩毁	适用于河床变形不大、施工水位较低的河段
桩板坝	坝体由立桩与板体构成	结构整体性强	在水流和风浪的冲击下，容易发生往复震动，招致疲劳性破坏，混凝土挡水板比较单薄，受民船撞击容易遭到损坏，同时板体与桩的连接要求精度高，施工难度大	适用于河床水深和变形不大的河段。桩板坝近期已较少采用
大型混凝土预制件坝	坝体由大型混凝土预制件构成	主要靠坝的自重维持稳定，坝体整体性较强，抵御台风和海浪的冲击性能较好，适于潮汐河口的整治	这种坝体结构在内河航道整治中，混凝土件的预制、浮运和沉放均有一定困难，同时这种坝体在河床变形较大和沉陷不均匀时，受力不均，混凝土预制件间容易断裂和倾倒	适用于河床变形不大但波浪力大的河段
沙枕—块石坝	这是一种改进的堆石坝，以沙枕代替部分块石	工程造价相对较低，坝体既具有较好的整体性，又具有一定的柔韧性，能适应沙质河床的变形	当河床发生局部冲刷后盖面块石容易滚落，造成沙枕外露，使沙枕容易遭受破坏	适用于河床变形较大的河段
沙枕—模袋混凝土坝	沙枕—块石坝的改进型，以模袋混凝土代替护面块石	整体性较强，建成后能抵御台风和海浪的冲击	但坝芯局部变形易引起模袋混凝土护面的断裂	适用于河床变形较小、块石来源较少的河段

由于长江中下游河段地处内陆，风浪较小，且本工程中坝体数量少，高度较低，一般在4m左右。因此，形式上，丁坝、顺坝、潜坝、锁坝和鱼骨坝都有应用，而材质上一般选择堆石坝作为本工程坝体的主要结构形式。

2）护滩（底）结构

三峡工程蓄水以来，长江中下游河段呈现出较为显著的冲刷趋势，重要边滩、心滩发生大幅度的冲蚀，导致多个浅滩河段滩槽格局发生调整，航道条件向不利方向变化。近年来陆续对一些重要浅险碍航浅滩河段的关键洲滩先期实施了控导守护性工程对关键洲滩采用工程措施加以控制守护，以稳定有利的滩槽形势和航道条件，目前在长江中下游有应用到的护滩（底）结构主要有软体排和边缘防护结构等。

（1）软体排结构

软体排对滩面变形有一定的适应性、不影响行洪、造价低廉等诸多优点，在长江中下游乃至长江口均有广泛的运用。自20世纪90年代以来,软体排护滩结构在长江中下游航道整治工程中的应用越来越广泛,排体结构也在不断地改进、更新,实践中广泛运用的主要有以下几类:

①散体压载软体排

散体压载软体排(土工布护底、块石压载),结构简单,加工方便,主要用于水深较小的(一般小于3m)、流速不大(一般小于1.5m/s)、河床变形较小的河段和变形不大的露水滩体。

②系结压载软体排

系结压载软体排是在土工织物上缝制加筋条,以提高排布的强度,然后按一定间距设系结条,排上压载物通过系结条连成整体,柔性好,能适宜河床起伏变化,包括:系沙袋压载软体排、混凝土块压载软体排(包括X型、D型系混凝土块软体排等)和CSB软体排。

③联锁块压载软体排

联锁块压载软体排是将压载块固定在土工织物软体排上,形成土工织物与混凝土块的混合排,包括:(a)混凝土连锁块软体排:具有整体性强、抗冲刷、施工进度快、护底和压载一次完成的优点,但造价较高,对施工机具有一定要求,混凝土联锁块软体排适用于水深、流急、风浪较大的河口、港口等地方;(b)混凝土块穿绳排;(c)CSB块穿绳排。

在工程实践中各种软体排结构一般均能满足本水域河床稳定防护的要求,但是其结构特点、适用环境、工程造价等存在一定的差异,在工程设计中需根据具体条件选取不同的软体排结构(表1-11)。其中系沙袋软体排、沙肋软体排、D型排及混凝土联锁块软体排等主要用于水下护底,X型排、铰链排和混凝土联锁块软体排可用于水上护滩,在长江中游应用较广。

各种软体排结构的特点比较 表1-11

护底类别	性 能	适用条件	适用部位	造 价
系沙袋软体排	整体性较好、适应河床变形、刺破失稳、不耐阳光	水下护底,适应河床变形,水深较小,流速小于1m/s	水下护底	较高
砂肋软体排	整体性较好、不宜沉陷塌陷、刺破失稳、不耐阳光	水深小于25m的水下,流速小于1.5m/s,主要用于有掩护、变形小的部位	水下护底	较低
D型排	整体性好、适应河床变形、边缘变形大时,缝隙过大,陆上易老化损坏	水深小于20m的水下,或是陆上均可,适应河床变形,主要用于有掩护部位,水深流速小于1.5m/s	水下护底	较低
混凝土联锁块软体排	整体性较好,耐久性强,适应河床变形,抗冲刷,可机械化施工,施工效率高	水深小于20m的水下,或是陆上均可,水深流速小于2.5m/s	陆上或水下	较高
铰链排	整体性好、不设排垫时易淘空破坏	用于陆上护滩,河床变形小的部位,流速小于1.5m/s	陆上护滩	较高
X型排	整体性好、适应河床变形、边缘变形大时,缝隙过大,宜老化损坏	用于陆上护滩,能适应变形,流速小于2m/s	陆上护滩	较低

(2)边缘防护结构

从目前国内外护滩边缘所使用的防冲促淤结构来看,主要有块石、四面六边透水框架群、钻孔灌注桩防护墙等,其中四面六边透水框架群运用最为广泛。

3)护岸结构

护岸工程通常建在原有岸坡不够稳定,易发生崩岸和垮塌的部位。我国相关部门根据不同地域江河的河道特性及设计实施护岸工程的经验,将护岸形式分为坡式护岸、墙式护岸、坝式护岸、桩式护岸和生物护岸五类。其中,坡式护岸被广泛地运用于长江中下游的航道整治工程中,是沿河流岸坡抵御水流冲刷的防护工程,通过将构筑物和材料直接铺护在滩岸临水坡面,以防止水流对岸坡的冲刷。工程实施后,岸线比较平顺,因此,坡式护岸也被称为平顺护岸。平顺护岸按其结构形式又可分为排体护岸工程和散抛粒体护岸工程,前者主要包括混凝土铰链排护岸工程、柴排护岸工程、土工布软体排护岸工程等,后者主要包括抛石护岸工程、钢丝笼护岸工程、混凝土块护岸工程、模袋混凝土护岸工程及土工织物沙枕护岸工程等。

从目前整治建筑物整治效果来看,各类建筑物均取得了较好的航道整治效果。但由于长江中下游河道水流峰高量大、河床演变剧烈,且受三峡影响较大,各种结构在不同水道、不同位置的适应性仍有较大差异,且河道是一个集防洪、航运、生态、灌溉、饮水等多方面综合功能的系统,随着人类社会发展,对建筑物的其他功能,如防洪、生态功能的要求也逐步提高,因此,进一步开发航道整治工程结构,在提高建筑物整治效益、稳定性等基础上,进一步开发有利于综合功能的整治建筑物形式和结构也势在必行。

2　三峡工程运行后中下游水沙条件及河道变化特点

宜昌至安庆河段上游主要建有溪洛渡、向家坝、三峡、葛洲坝四级梯级水电站。葛洲坝水电站位于宜昌市内，是长江上第一座大型水电站，是三峡水电站的反调节水库，也是世界上最大的低水头大流量、径流式水电站，于1988年12月全部竣工。三峡水电站位于葛洲坝上游38km，是目前世界上规模最大的水电站，于2003年6月开始蓄水发电，进入围堰发电期，汛后按蓄水位135m运行；于2006年5月全线完工，进入初期运行期，汛后按蓄水位156m运行；于2008年9月，进入试验性蓄水期，汛后按正常蓄水位175m运行。向家坝水电站位于三峡大坝上游1030km，于2012年10月开始蓄水，2014年7月全面投产发电。溪洛渡水电站位于向家坝水电站上游157km，于2013年5月开始蓄水。宜昌至安庆河段的来水来沙和河道变化主要受三峡工程蓄水运行影响，因此，本章主要揭示三峡工程蓄水后水沙条件和河道变化特点。

2.1　水沙条件变化特点

2.1.1　径流量变化

2.1.1.1　年径流量变化

(1)三峡蓄水前后，各水文站年径流总量丰枯基本一致，年际间由于水文过程的随机性有大有小，但无趋势性变化。

从宜昌站、汉口站、大通站三峡蓄水前后历年年径流量的变化来看，三峡蓄水进程对年径流总量的影响不大；三峡上游梯级水库，向家坝及溪洛渡水电站的投入运行，也未对长江中下游年径流量产生趋势性影响，具体见图2-1、图2-2。表2-1给出了各时段的径流总量变化情况。

(2)2003—2007年，长江中游各站的多年平均径流量较蓄水前偏枯5%～10%；进入试验性蓄水期后，2008—2018年的年均径流量较蓄水前有所降低，但较初蓄阶段有明显的增加。

2008—2012各年，各水文站年径流量与2002年前多年平均相比，除监利站偏大3.5%，其余各站偏枯3%～8%；与2003—2007年相比，汉口站基本持平，其余各站略有增加，增幅2%～6%。2013—2018年间，三峡水库加大了下泄流量，除宜昌站及枝城站的年均径流量小于三峡蓄水前，各水文站的年径流量都较蓄水前有小幅度提升，比初蓄阶段和2008—2013年的年均径流增大较为明显。

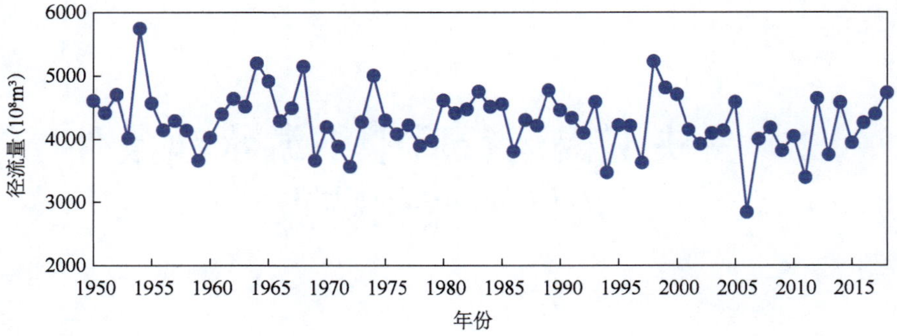

a) 宜昌

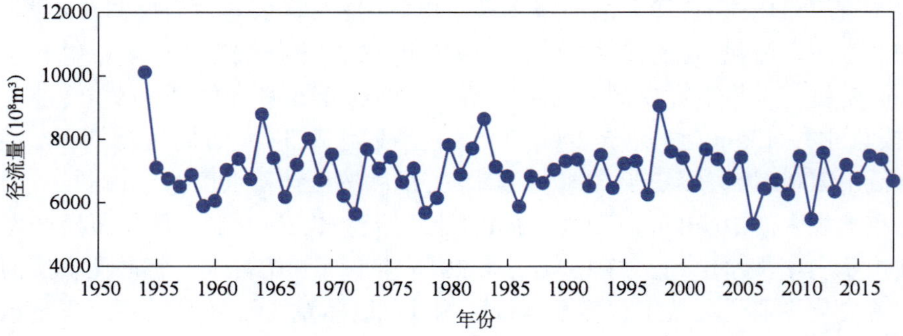

b) 汉口

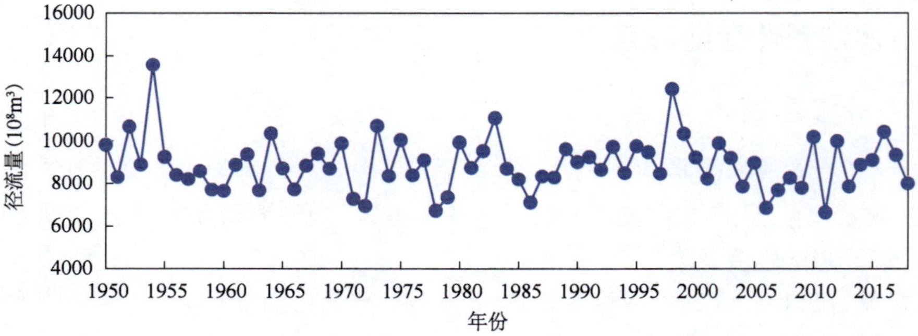

c) 大通

图 2-1　代表水文站年径流量历年变化过程

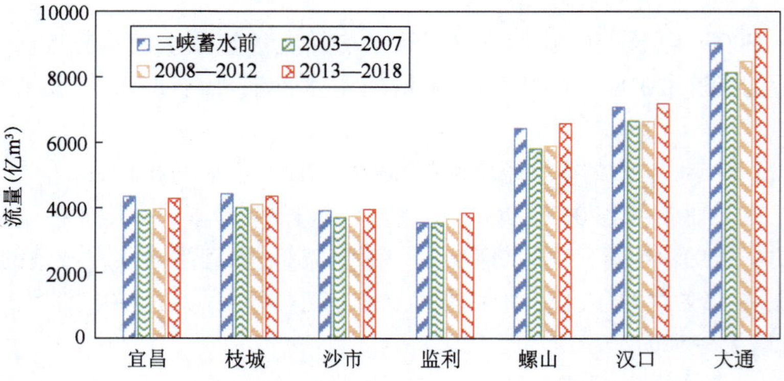

图 2-2　长江中下游主要水文站不同时期年均径流量变化

长江中下游主要水文站年径流量统计表(单位:亿 m^3)　　表 2-1

时段		水文站						
		宜昌	枝城	沙市	监利	螺山	汉口	大通
2002 年前平均径流量		4369	4450	3942	3576	6460	7111	9052
2003—2007 年平均	径流量	3936	4021	3720	3560	5823	6677	8148
	变化率 1(%)	-9.90	-9.65	-5.63	-0.45	-9.86	-6.10	-9.98
2008—2012 年平均	径流量	3975	4108	3752	3662	5897	6650	8485
	变化率 1(%)	-9.02	-7.69	-4.82	2.40	-8.72	-6.48	-6.26
	变化率 2(%)	0.99	2.16	0.86	2.87	1.27	-0.40	4.14
2013—2018 年平均	径流量	4383	4448.6	4035.6	3912.4	6503.6	7101.4	9182.8
	变化率 1(%)	0.32	-0.03	2.37	9.41	0.67	-0.14	1.44
	变化率 2(%)	11.36	10.63	8.48	9.90	11.69	6.36	12.70
	变化率 3(%)	10.26	8.29	7.56	6.84	10.29	6.79	8.22
2008—2018 年平均	径流量	4162	4269	3884	3781	6178	6856	8822
	变化率 1(%)	-4.74	-4.08	-1.48	5.73	-4.37	-3.59	-2.54
	变化率 2(%)	5.74	6.16	4.40	6.21	6.09	2.68	8.27

注:变化率 1、2、3 分别为与 2002 年前均值、2003—2008 年均值、2008—2013 年均值的相对变化率。

2.1.1.2　径流过程变化

(1)从年内来流变化过程来看,长江中下游各站点流量变化规律基本一致,各年来流过程基本相当,但年内流量分布略有差异。

从宜昌站、沙市站及监利站年内径流量过程线(图 2-3)来看,不同水文站在同一水文年的径流过程基本相当。例如 2018 年宜昌站、沙市站及监利站 6 月达到极大值,随后有所减小。

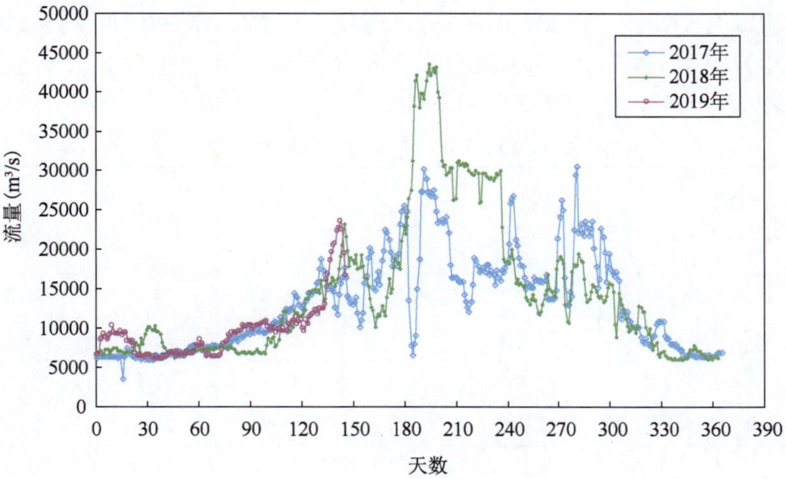

a)宜昌站

图　2-3

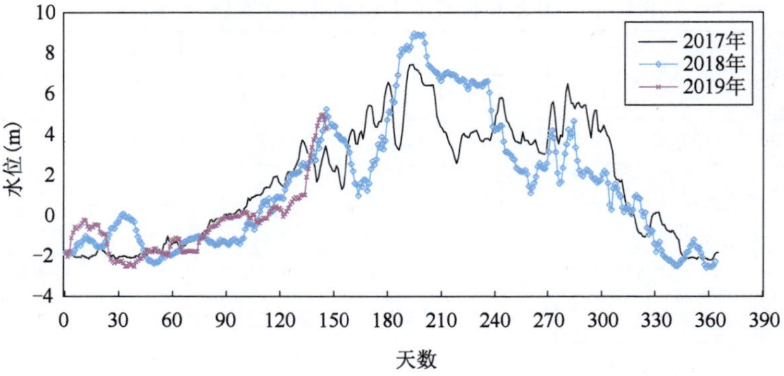

b)沙市站

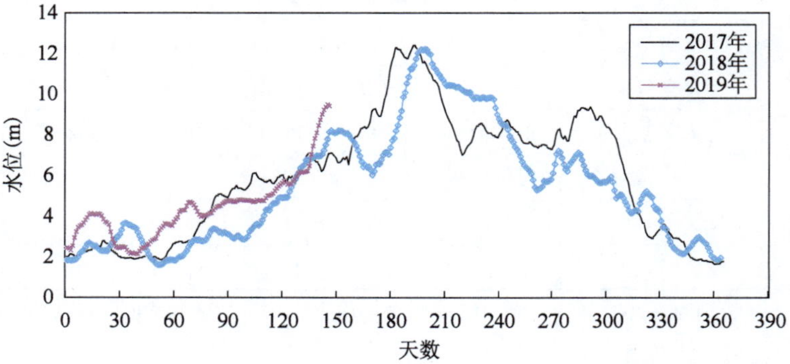

c)监利站

图 2-3　中下游水文站近期流量过程变化图

(2)随着三峡工程蓄水进程的推进,水库对下游“削峰补枯”作用不断显现,非汛期径流占年径流量的百分比逐渐增大。

统计长江中下游各水文站汛期(5—10 月)和非汛期(11—4 月)径流量占年径流量的百分比(表 2-2),可以看出 2003—2007 年各站平均汛期径流总量占年径流量的百分比均略有减少,2008—2012 年较 2003—2007 年进一步显著减小,而 2013—2018 年再度减小。例如宜昌站,2003—2007 年各站平均汛期径流总量占年径流量的百分比为 76.2%,2008—2012 年减小为 73.8%,至 2013—2018 年仅为 71.3%。

各水文站汛期、非汛期径流量百分比　　表 2-2

不同时段 径流量占全年百分比(%)		宜昌	枝城	沙市	螺山	汉口	大通
1956—1990	汛期	79.0	—	76.8	74.0	73.5	71.0
	非汛期	21.0	—	23.2	26.0	26.5	29.0
1991—2002	汛期	77.9	78.0	75.3	73.0	72.2	70.2
	非汛期	22.1	22.0	24.7	27.0	27.8	29.8
2003—2007	汛期	76.2	75.4	73.0	71.0	70.2	68.5
	非汛期	23.8	24.6	27.0	29.0	29.8	31.5

续上表

不同时段 径流量占全年百分比(%)		宜昌	枝城	沙市	螺山	汉口	大通
2008—2012	汛期	73.8	73.0	70.8	69.7	70.5	66.4
	非汛期	26.2	27.0	29.2	30.3	29.5	33.6
2013—2018	汛期	71.3	70.5	68.8	68.1	66.8	66.2
	非汛期	28.7	29.5	31.2	31.9	33.2	33.8
2008—2018	汛期	72.5	71.7	69.7	69.4	68	67.1
	非汛期	27.5	28.3	30.3	30.6	32	32.9

(3)水库的调节作用沿程衰减,靠近枢纽的宜昌站径流过程的改变最显著,而由于区间支流的汇入,水库调节的影响程度从上至下衰减。

宜昌站非汛期径流总量占年径流量的百分比由蓄水前的22.1%增加至初蓄期间的23.8%,试验性蓄水期的27.5%,近5年非汛期的百分比提高至28.7%,较蓄水前增加6.6%。枝城、沙市、螺山、汉口及大通站非汛期径流百分比增加值沿程呈减小趋势,分别为6.3%、5.6%、3.6%、4.2%和3.1%,具体见图2-4。

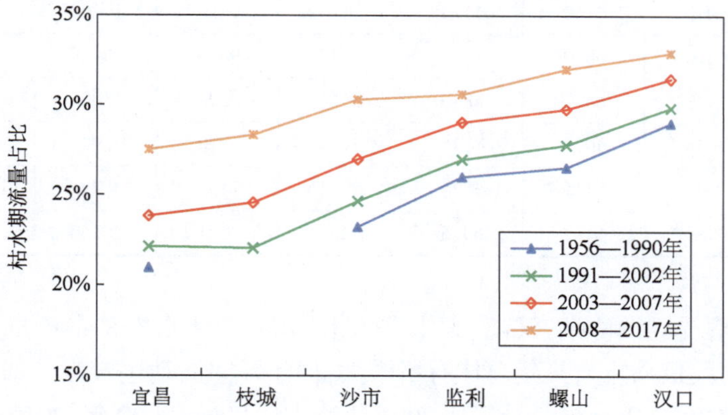

图2-4　不同时期长江中下游枯水期流量占年均流量的百分比变化

(4)随着三峡蓄水进程的推进,水库调蓄作用的增强,三峡水库调度对下游水文站的影响逐渐下延,目前对大通站影响也已较为明显,非汛期径流总量占年径流量的百分比已由蓄水前的29.8%增加至32.9%。

2.1.1.3　最枯流量变化

三峡工程蓄水以来,随着坝前蓄水水位不断抬升,水库枯水补偿调节直接引起坝下游河段的枯水流量发生不同程度的增加,特别是宜昌至城陵矶河段最枯流量增加明显。

三峡水库运行以来宜昌至大通河段各水文站的年最枯流量统计见表2-3。以宜昌站为例,2003年初最枯流量仅为2950m^3/s;三峡试验性蓄水前的平均最枯枯水流量为3940m^3/s,较蓄水前增大约1000m^3/s;进入试验性蓄水期后,最枯枯水流量进一步加大,2008—2012年的均值为5308m^3/s,而2013年以来的最枯枯水流量平均值达5982m^3/s,相比蓄水前增加了约一倍,近些年宜昌站最枯流量基本保证在6000m^3/s以上。

宜昌至大通河段主要水文站最枯流量变化(单位:m^3/s)　　表 2-3

年　份	宜昌	枝城	沙市	监利	螺山	汉口	九江	大通
2003	2950	3220	3270	3520	8050	9650	10700	13900
2004	3670	3890	4150	3920	5340	7290	7920	8380
2005	3730	4100	4400	4130	7390	9640	9720	9730
2006	3890	4390	4500	4370	6500	8330	8710	9650
2007	4030	4540	4550	4630	6770	7780	8440	10000
2008	4380	4770	4730	5080	6660	8080	8760	10300
2009	4710	5280	5280	5770	7610	9310	9830	10900
2010	5080	5410	5660	5830	6780	9150	9030	11200
2011	5430	5660	5990	5800	7100	9700	9790	12900
2012	5640	5960	5970	6180	7810	10300	10300	11400
2013	5680	5950	6060	6080	9660	10800	10800	14300
2014	5620	5580	5830	5930	8200	9120	9320	10400
2015	6080	6370	6190	6450	8120	9590	10200	11300
2016	5960	6580	6280	6340	10200	11300	11900	16000
2017	6060	6130	6110	6450	9410	10200	11000	12800
2018	6200	6330	6220	6740	9090	9810	10200	11900
2019	5970	6440	5840	6510	9590	11000	11600	16400
2003—2007	3654	4028	4174	4114	6810	8538	9098	10332
2008—2012	5048	5416	5526	5732	7192	9308	9542	11340
2013—2019	5939	6197	6076	6357	9181	10260	10717	13300

注:年份指当年初及上一年末的枯水期。

但是由于沿程受到洞庭湖、汉江、鄱阳湖入汇影响,三峡水库枯水流量补偿作用沿程减弱,城陵矶以下河段最枯流量虽然总体有所增大,但年际间波动也较大。如三峡水库试验性蓄水以来,螺山站 2015 年最枯流量仅比 2003 年略大,汉口站 2009 年、2010 年、2014 年、2015 年最枯流量甚至比 2003 年小,九江站、大通站大部分年份的最枯流量比 2003 年小。

2.1.2　输沙量变化

2.1.2.1　输沙量随时间的变化

三峡水库蓄水后,坝下游各水文站输沙量急剧减小;进入试验性蓄水期后,输沙量继续减小。表 2-4、图 2-5 给出了三峡水库蓄水后长江中下游主要水文站输沙量,可以看出:2002 年以前,坝下游宜昌、枝城、沙市、监利、螺山、汉口、大通站多年平均输沙量分别为 4.92×10^8t、5×10^8t、4.34×10^8t、3.58×10^8t、4.09×10^8t、3.98×10^8t、4.27×10^8t;三峡水库蓄水初期,2003—2007 年各站输沙量较蓄水前减小幅度在 67% ~91%;进入试验性蓄水期,2008—2018 年年均输沙量较初蓄阶段进一步减小 22% ~68%,仅为蓄水前的 4% ~29%。

其间,随着上游向家坝、溪洛渡梯级水库投入运行,输沙量进一步减小,并引起水沙组合特性发生变化。表 2-4 显示 2013—2018 年各站年均输沙量较 2008—2012 年再度减少13%～49%，仅为蓄水前的3%～27%。综合分析2013年以后的输沙情况，即使在年径流量较大的情况下，下游输沙仍基本不变，形成了典型的大水小沙年或中水小沙年的变化特点。例如2015年为典型的小水年，而2016年及2017年为典型的大水年，但各站输沙量都较小。

三峡水库蓄水后长江中下游主要水文站输沙量统计表（万t） 表2-4

时段		水文站						
		宜昌	枝城	沙市	监利	螺山	汉口	大通
2002年前平均输沙量		49200	50000	43400	35800	40900	39800	42700
2003—2007年平均	输沙量	6668	8168	9304	10196	11386	12932	15836
	变化率1(%)	-86.45	-83.66	-78.56	-71.52	-72.16	-67.51	-62.91
2008—2012年平均	输沙量	2974.6	3517	4548	6520	7910	9920	13196
	变化率1(%)	-93.95	-92.97	-89.52	-81.79	-80.66	-75.08	-69.10
	变化率2(%)	-55.39	-56.94	-51.12	-36.05	-30.53	-23.29	-16.67
2013—2018年平均	输沙量	1518.2	1799.7	2810	4621.7	6778.3	7578.3	11535
	变化率1(%)	-96.91	-96.40	-93.53	-87.09	-83.43	-80.96	-72.99
	变化率2(%)	-77.23	-77.97	-69.80	-54.67	-40.47	-41.40	-27.16
	变化率3(%)	-48.96	-48.83	-38.21	-29.12	-14.31	-23.61	-12.59
2008—2018年平均	输沙量	2180.2	2580.3	3600	5484.5	7292.7	8642.7	12290
	变化率1(%)	-95.57	-94.84	-91.71	-84.68	-82.17	-78.28	-71.22
	变化率2(%)	-67.30	-68.41	-61.31	-46.21	-35.95	-33.17	-22.39

注：变化率1、2、3分别为与2002年前均值、2003—2007年均值、2008—2012年均值的相对变化率。

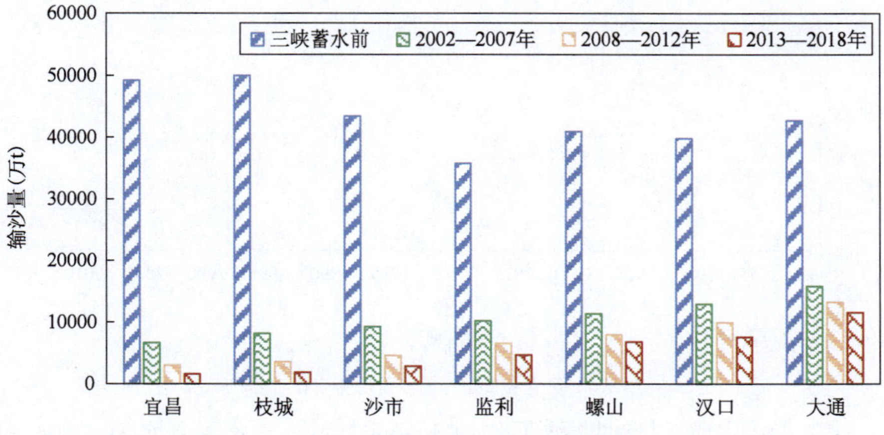

图2-5 长江中下游主要水文站不同时期年均输沙量变化

三峡水库蓄水后的年际间，各站输沙量无明显趋势性变化。图2-6为坝下游代表水文站历年输沙量情况，可以看出不论是宜昌站、汉口站抑或是大通站，年际间的年输沙量存在一定程度的波动，且无趋势性变化。

2.1.2.2 输沙量沿程的变化

三峡水库蓄水运行明显改变了中下游输沙量沿程变化特点。三峡水库蓄水前，输沙量的沿程变化主要受分汇流的影响。三峡水库蓄水后，坝下游输沙量显著减小，但随着沿程河床冲刷补给，输沙量逐渐增多。

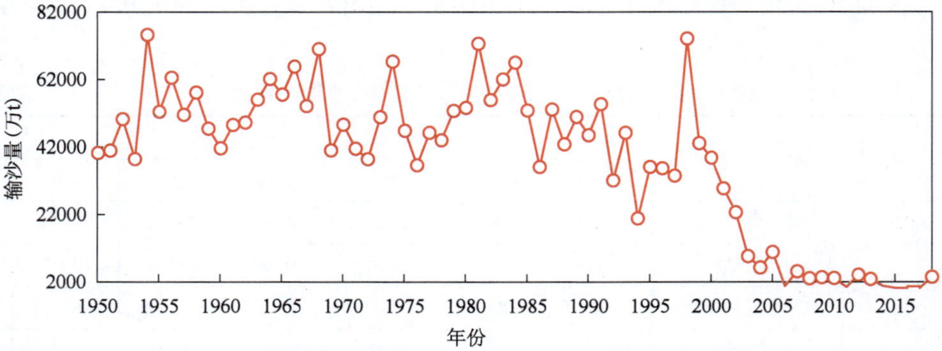

a)宜昌

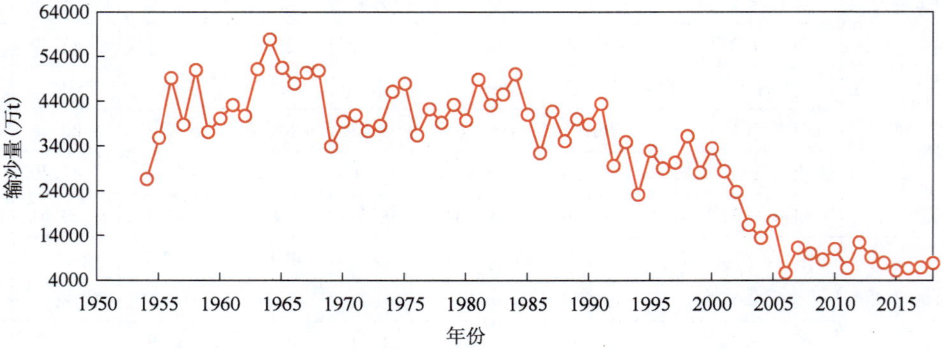

b)汉口

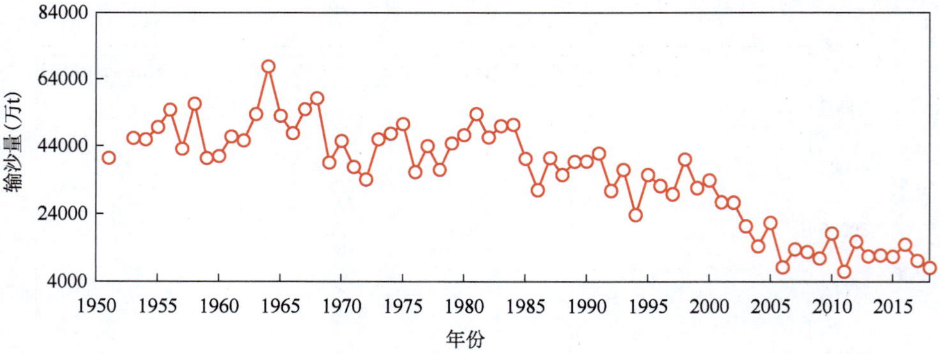

c)大通

图 2-6 代表水文站年输沙量历年变化过程

统计三峡工程蓄水前、试验性蓄水前(2003—2007 年)、向家坝蓄水前(2008—2012 年)及向家坝蓄水后(2013—2018 年)等四个时段长江中游宜昌站、枝城站、沙市站、监利站、螺山站、汉口站及大通站的多年平均输沙量(图 2-7)，可以看出：三峡水库蓄水前各站输沙量沿程变化规律与径流量基本一致，枝城站到监利站之间主要由于三口分流分沙使输沙量沿程递减，但监利以下河段受洞庭湖、鄱阳湖入汇影响，输沙量有所增加；三峡水库蓄水后，宜昌站输沙量锐减 90% 以上，而至大通站，输沙量减幅减小至 69% 左右。

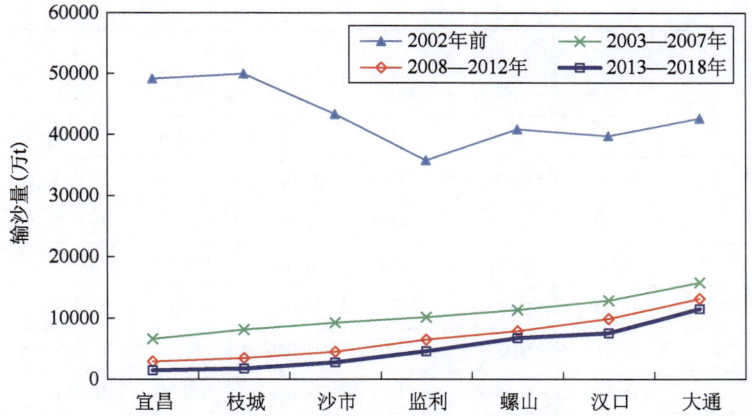

图 2-7 长江中下游主要水文站不同蓄水阶段输沙量变化

2.1.3 悬移质级配变化

2.1.3.1 悬沙级配随时间的变化

(1)受三峡拦蓄影响,宜昌站悬沙中值粒径较三峡蓄水前减小;随着沿程冲刷补给,沙市及以下水文站悬沙中值粒径较蓄水前有所增大。

2003—2007 年,宜昌站悬沙中值粒径从蓄水前年均 0.009mm,减小为 0.005mm,枝城站由 0.009mm 变为 0.008mm。2008—2012 年,黄陵庙站、宜昌站及枝城站中值粒径变化不大;2013—2018 年间,悬沙中值粒径有所增大,宜昌站中值粒径平均值增大至 0.009mm,枝城站为 0.013mm(表 2-5)。

沙市以下水文站悬沙中值粒径均有一定程度的增大。例如沙市站蓄水前的中值粒径为 0.012mm,2003—2007 年、2008—2012 年及 2013—2018 年的年平均中值粒径为 0.016mm、0.014mm和 0.029mm;其中监利站变化最显著,蓄水前、2003—2007 年和 2008—2012 年的多年平均值分别为 0.009mm,0.036mm 和 0.056mm,而 2013—2018 年的年平均中值粒径为三峡蓄水前的 13 倍,即 0.117mm。螺山、汉口和大通三站蓄水前后中值粒径的变化幅度相对较小,其中大通站中值粒径由蓄水前的 0.013mm 增大为试验性蓄水期的 0.012mm(表 2-5)。

三峡水库坝下主要水文站悬移质泥沙中值粒径(mm)　　表 2-5

年份	水文站							
	黄陵庙	宜昌	枝城	沙市	监利	螺山	汉口	大通
2002 年前	—	0.009	0.009	0.012	0.009	0.012	0.01	0.009
2003	0.007	0.007	0.011	0.018	0.021	0.014	0.012	0.01
2004	0.006	0.005	0.009	0.022	0.061	0.023	0.019	0.006
2005	0.005	0.005	0.007	0.013	0.025	0.01	0.011	0.008
2006	0.003	0.003	0.006	0.0099	0.015	0.026	0.011	0.008
2007	0.003	0.003	0.009	0.017	0.056	0.018	0.012	0.013
2008	0.003	0.003	0.006	0.017	0.109	0.012	0.01	0.012
2009	0.003	0.003	0.005	0.012	0.067	0.007	0.007	0.01

续上表

年份	水文站							
	黄陵庙	宜昌	枝城	沙市	监利	螺山	汉口	大通
2010	0.006	0.006	0.007	0.01	0.015	0.011	0.013	0.013
2011	0.008	0.007	0.008	0.018	0.065	0.014	0.021	0.009
2012	0.007	0.007	0.009	0.012	0.017	0.012	0.021	0.011
2013	0.009	0.009	0.01	0.012	0.019	0.012	0.013	0.009
2014	0.008	0.008	0.013	0.027	0.097	0.015	0.017	0.012
2015	0.011	0.009	0.018	0.046	0.18	0.013	0.015	0.011
2016	0.009	0.008	0.014	0.024	0.164	0.011	0.014	0.014
2017	0.011	0.01	0.013	0.049	0.2	0.014	0.019	0.016
2018	0.009	0.009	0.01	0.015	0.043	0.013	0.016	0.013
2003—2007	0.005	0.005	0.008	0.016	0.036	0.018	0.013	0.009
2008—2012	0.005	0.005	0.007	0.014	0.055	0.011	0.014	0.011
2013—2018	0.0095	0.009	0.013	0.029	0.117	0.013	0.016	0.013
2008—2018	0.008	0.007	0.010	0.022	0.089	0.012	0.015	0.012

注:(1)宜昌、监利站多年平均统计年份为1986—2002年;枝城站多年平均统计年份为1992—2002年;沙市站多年平均统计年份为1991—2002年;螺山、汉口、大通站多年平均统计年份为1987—2002年。

(2)2010—2018年长江干流各主要测站的悬移质泥沙颗粒分析均采用激光粒度仪。

(2)由于砂卵石河段河床粗化,悬沙粗颗粒泥沙沿程补给减少,宜昌站及枝城站粗粒泥沙($d>0.125$mm)的沙重百分数先后出现明显降低,沙市及以下水文站总体上表现为增大;且随着三峡蓄水进程的推进,粗颗粒沙重百分数再度减小。

2003—2007年,黄陵庙站和宜昌站悬沙中粗粒泥沙($d>0.125$mm)的沙重百分数由蓄水前的9%略减少到8%;2008—2012年,黄陵庙站和宜昌站的粗沙比例再次明显减小至0.4%和1.4%;2013—2018年略有变大(表2-6)。

三峡水库坝下主要水文站 $d>0.125$mm 悬沙沙重百分数(%) 表2-6

年份	水文站							
	黄陵庙	宜昌	枝城	沙市	监利	螺山	汉口	大通
2002年前	—	9	6.9	9.8	9.6	13.5	7.8	7.8
2003	10.8	14	25.8	26.6	19.4	21	16.2	0.4
2004	4.2	8.9	22.5	31.7	39.7	28	25	4.5
2005	1	5.4	12.6	23.9	28.4	22.9	18.6	7.6
2006	0.3	2.2	16.8	45.7	57	36.2	25.6	8.8
2007	1.4	2.5	19	32.2	41.5	29.1	24.3	10.4
2008	0.4	1.4	5.1	33.8	46.8	13.5	7.8	10.1
2009	0.2	1.5	9.6	29.5	43.6	22.5	18.7	10
2010	0.3	1.4	6.2	18.8	26.5	14.9	15.9	10.3
2011	2	1.1	7.3	26.8	41.7	20.6	21.6	3.5

续上表

年　份	水文站							
	黄陵庙	宜昌	枝城	沙市	监利	螺山	汉口	大通
2012	—	1.2	2.6	13.1	21.8	16.6	24.2	9
2013	0.4	0.9	1.5	11.9	23	14	14.7	6.3
2014	1.9	2.1	6.5	31.4	46.3	22.2	22.5	10.8
2015	3.9	2.5	8.4	38.9	62.3	19.2	19.3	10.6
2016	2.9	2.5	9.1	28.9	55.7	10.6	14.7	12
2017	2	2.7	6.6	39.6	67.9	14.8	18.1	15.4
2018	0.9	0.5	1.6	21.7	42.5	12.6	18.2	7.8
2003—2007	3.54	6.6	19.34	32.02	37.2	27.44	21.94	6.34
2008—2012	0.725	1.32	6.16	24.4	36.08	17.62	17.64	8.58
2013—2018	2	1.87	5.62	28.73	49.62	15.57	17.92	10.48
2008—2018	1.49	1.62	5.86	26.76	43.46	16.50	17.79	9.62

注：(1)宜昌、监利站多年平均统计年份为1986—2002年；枝城站多年平均统计年份为1992—2002年；沙市站多年平均统计年份为1991—2002年；螺山、汉口、大通站多年平均统计年份为1987—2002年。

(2)2010—2018年长江干流各主要测站的悬移质泥沙颗粒分析均采用激光粒度仪。

三峡蓄水前枝城站悬沙中粗粒泥沙($d>0.125$mm)的沙重百分数为6.9%；试验性蓄水前，由于宜昌至枝城河段河床冲刷，粗颗粒泥沙得到补给，2003—2007年悬沙中粗粒泥沙的百分数增大至19.34%；随着宜昌至枝城河段冲刷强度的下降，粗颗粒泥沙补给减小，至2008年枝城站粗颗粒百分比下降至5.1%(表2-6)。

枝城、沙市、监利、螺山及汉口站粗粒泥沙($d>0.125$mm)的沙重比例在三峡蓄水初期增大最为明显，进入试验性蓄水期出现有一定程度的下降(表2-6)。

2.1.3.2　悬沙级配沿程变化

三峡蓄水后，悬沙多年平均中值粒径及粗粒泥沙($d>0.125$mm)的沙重百分数沿程先增大后减小，在监利站达到最大值。

三峡蓄水前，宜昌站悬沙多年平均中值粒径为0.009mm，至螺山站悬沙多年平均中值粒径变粗为0.012mm，粒径大于0.125mm的泥沙含量由宜昌站的9.0%增大至13.5%；大通站悬沙中值粒径变细为0.009mm，粒径大于0.125mm的泥沙含量也减少至7.8%(表2-5、表2-6)。

三峡水库蓄水后，一方面大部分粗颗粒泥沙被拦截在库内，出库泥沙粒径明显偏细；随着宜昌至枝城河段河床冲刷，粗颗粒泥沙沿程得到补给，但冲泻质很难得到补充，因此悬沙级配迅速变粗，粗颗粒泥沙含量明显增多(除大通站变化不大外)，其中尤以监利站最为明显，2003—2008年其中值粒径由蓄水前的0.009mm变粗为0.036mm，粒径大于0.125mm的沙重比例也由9.6%增多至37.2%，2008—2013年进一步加大至43.46%(表2-5、表2-6)。

2003—2008年，至枝城悬沙中值粒径基本与蓄水前持平，但粗沙($d>0.125$mm)比例已经超过蓄水前；至监利站中值粒径以及粗沙($d>0.125$mm)比例均达到最大；监利以下悬沙级配转而又沿程细化，但仍然比蓄水前粗。2008—2018年，悬沙级配的沿程变化整体趋势并未改变，其中枝城站的粗沙（$d>0.125$mm）沙重百分数显著减小，可见在此阶段河床粗化已发展至枝城站以下。

2.2 河床冲淤变化特点

长江中下游航道以大埠街为界，大埠街以上110km河段，河床主要由砂卵石组成，局部基岩出露，同时两岸主要为丘陵阶地，河岸较为稳定，且经过葛洲坝蓄水运用、20世纪90年代来沙减少的冲刷作用，河床抗冲性较强；大埠街以下河段，河床由中细沙组成，除局部有山矶节点控制，两岸滩体、岸线稳定性相对较低，河床抗冲性差。三峡工程蓄水运行后，紧邻三峡、葛洲坝下游的砂卵石河段是受其影响最直接、最显著的河段，同时沙质河段也发生了较明显的冲淤变化。

2.2.1 纵向冲淤变化

2.2.1.1 *砂卵石河段纵向冲淤变化*

（1）三峡蓄水以来砂卵石河段总体上表现为冲刷，试验性蓄水后，砂卵石河段冲刷强度先增大后减小，目前砂卵石河段的冲淤强度趋缓。

将砂卵石河段划分为宜昌河段、宜都河段、枝江河段三大段，统计三峡水库蓄水以来各段河床冲淤量（平滩河槽）情况见表2-7。从冲刷量来看，三峡工程蓄水运用以来，坝下游河段以枯水河槽冲刷为主。试验性蓄水前砂卵石河段总体处于冲刷状态，平滩河槽（对应宜昌流量30000m^3/s）的累积冲刷量达1.0993亿m^3；试验性蓄水后，平滩河槽冲刷量为2.1614亿m^3。

从冲刷强度来看，三峡水库蓄水运用后的前4年（2002年10月—2006年10月），砂卵石河段冲刷强度在15.2万m^3/km·a；2006年10月至2008年10月的冲刷强度略有减小，为14.3万m^3/km·a；进入试验性蓄水期后，冲刷强度一度增大到33.1万m^3/km·a，从2014年开始冲刷强度基本在10万m^3/km·a以下，冲刷强度有所下降。

（2）砂卵石河段河床冲淤呈不均匀分布，且最强冲刷部位随着三峡蓄水进程的推进而下移。

在河床组成抗冲性较强的地方，冲刷量和冲刷幅度较小；在河床组成抗冲性较弱的地方，冲刷量和冲刷幅度大，砂卵石河段冲刷沿程呈不均匀变化的特点。从深泓纵剖面的变化可以看出，不同河段深泓冲刷下切程度差异较大：全河段内深泓变幅最大的位置，主要集中在虎牙滩—枝城河段，其中白洋弯道和龙窝李家溪单一段深泓下切尤其显著；2008年10月—2018年11月期间，深泓变化主要集中在关洲—芦家河，其中幅度最为明显的在白洋弯道和陈二口附近。显然，试验性蓄水前后，因河床组成等因素的影响，河床沿程冲刷不均匀。

三峡水库蓄水以来砂卵石河段河床冲淤量（平滩河槽）统计表 表2-7

年份	宜昌河段（19.4km）		宜都河段（39.6km）		枝江河段（64km）		砂卵石河段	
	冲淤量（万m^3）	冲淤强度（万m^3/km·a）	冲淤量（万m^3）	冲淤强度（万m^3/km·a）	冲淤量（万m^3）	冲淤强度（万m^3/km·a）	冲淤量（万m^3）	冲淤强度（万m^3/km·a）
2003—2004	-401	-20.7	-1653	-41.7	-1620	-25.3	-3674	-29.9
2004—2005	114	5.9	-2423	-61.2	-1150	-18	-3459	-28.1

续上表

年 份	宜昌河段(19.4km)		宜都河段(39.6km)		枝江河段(64km)		砂卵石河段	
	冲淤量（万 m^3）	冲淤强度（万 m^3/km·a）	冲淤量（万 m^3）	冲淤强度（万 m^3/km·a）	冲淤量（万 m^3）	冲淤强度（万 m^3/km·a）	冲淤量（万 m^3）	冲淤强度（万 m^3/km·a）
2005—2006	241	12.4	-251	-6.3	-320	-5	-330	-2.7
2006—2007	-334	-17.2	-1967	-49.7	-1290	-20.2	-3591	-29.2
2007—2008	227	11.7	-156	-3.9	-10	-0.2	61	0.5
2008—2009	-416	-21.4	-1070.5	-27	-480	-7.5	-1966.5	-16.0
2009—2010	125.6	6.5	-1164.9	-29.4	-1960	-30.6	-2999.3	-24.4
2010—2011	55	2.8	-866.4	-21.9	-3263	-51	-4074.4	-33.1
2011—2012	-117	-6	-690	-17.4	-2900	-45.3	-3707	-30.1
2012—2013	179.4	9.2	-12.9	-0.3	-1766	-27.6	-1599.5	-13.0
2013—2014	-76	-3.9	-1319.3	-33.3	-2444	-38.2	-3839.3	-31.2
2014—2015	-43	-2.2	-101	-2.6	-1076	-16.8	-1220	-9.9
2015—2016	-65	-3.4	-408	-10.3	-473	-7.4	-946	-7.7
2016—2017	-69	-3.6	-397	-10	-348	-5.4	-814	-6.6
2017—2018	-29	-1.5	161	4.1	-580	-9.1	-448	-3.6
2003—2006	-1391	-17.9	-6747	-42.6	-3090	-12.6	-7463	-15.2
2006—2008	-107	-2.75	-2123	-26.8	-1300	-23.0	-3530	-14.3
2008—2018	-455	-2.3	-5869	-14.8	-15290	-23.9	-21614	-17.6

从冲刷强度来看(图 2-8),在三峡投入运行的第一年(2002 年 9 月—2003 年 10 月),宜昌河段即进入了强冲刷状态,冲刷强度为 69.3 万 m^3/km · a,而后急剧减弱;宜都河段在 2002 年 9 月—2003 年 10 月期间的冲刷强度略弱于宜昌河段,但也处于强冲刷状态,冲刷强度达 61.1 万 m^3/km · a,而后冲刷强度呈减小趋势,截至 2008 年,其冲刷强度均大于宜昌河段和枝江河段;枝江河段冲刷强度在 2008 年 10 月—2009 年 10 月间呈现明显增大,2009 年 10 月—2016 年 10 月间的冲刷强度远大于宜昌河段和宜都河段,但冲刷强度呈减小趋势;至 2016 年冲刷强度趋于减缓。显然,宜昌河段、宜都河段和枝江河段的河床冲刷强度表明,随着水库蓄水运行,近坝段宜昌至枝城河段冲刷强度逐渐减弱,冲刷将进一步向下游发展。

2.2.1.2 沙质河段纵向冲淤变化

(1)三峡蓄水以来,沙质河床河段总体呈冲刷状态,以枯水河槽冲刷为主;进入试验性蓄水期后,冲刷强度呈增大趋势。

三峡工程蓄水运用以来,截至 2018 年 10 月,宜昌至湖口沙质河段累计冲刷21.03 亿 m^3,枯水河槽冲刷量约为 20.64 亿 m^3,占 98%。其中,荆江河段累计冲刷泥沙 10.4 亿 m^3,枯水河道冲刷占 92.4%,为 9.61 亿 m^3;城汉河段及汉口至湖口河段的滩河槽总冲刷量分别为 4.21 亿 m^3和 6.415 亿 m^3,枯水河槽冲刷量为 4.24 亿 m^3和 6.785 亿 m^3,枯水河槽以上略有冲刷。

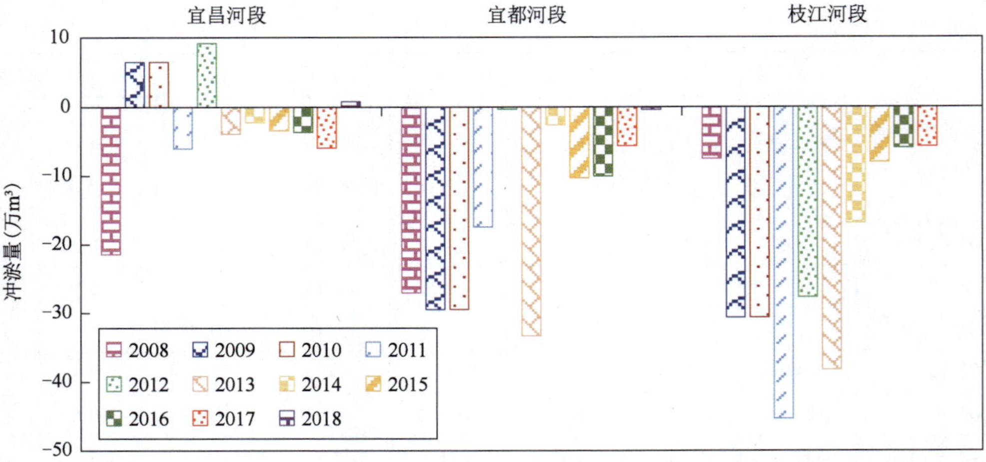

图 2-8　三峡水库蓄水以来砂卵石段河床冲刷强度(平滩河槽)

2003 年 10 月—2008 年 10 月期间,宜昌至湖口河段枯水河槽冲刷量达 4.11 亿 m^3,冲刷强度为 9.21 万 m^3/km·a;进入试验性蓄水期后,冲刷量为 16.53 亿 m^3,冲刷强度为 18.5 万 m^3/km·a,较试验性蓄水前增大了 1 倍。例如荆江河段,由于距三峡水库较近,受三峡水库"清水"下泄的影响最为明显。2003—2008 年间,荆江河段枯水河槽累计冲刷泥沙 2.28 亿 m^3,冲刷强度为 13.15 万 m^3/km·a;试验性蓄水期累计冲刷 7.32 亿 m^3,冲刷强度为 42.19 万 m^3/km·a,冲刷强度明显增大(表 2-8)。

三峡水库蓄水以来沙质河段河道泥沙冲淤统计表　　表 2-8

起止地点	长度(km)	时段	冲淤量(万 m^3)			枯水河槽冲刷强度(万 m^3/km·a)
			枯水河槽	基本河槽	平滩河槽	
枝城—藕池口(上荆江)	171.7	2003.10—2008.10	-11971	-12514	-13532	-13.9441
		2008.10—2018.10	-49571	-50766	-51989	-57.7414
		2003.10—2018.10	-61542	-63280	-65521	-23.8952
藕池口—城陵矶(下荆江)	175.5	2003.10—2008.10	-10859	-12151	-13045	-12.3749
		2008.10—2018.10	-23672	-24162	-25426	-26.9766
		2003.10—2018.10	-34531	-36313	-38471	-13.1172
枝城—城陵矶(荆江河段)	347.2	2003.10—2008.10	-22831	-24665	-26578	-13.1515
		2008.10—2018.10	-73243	-74928	-77415	-42.1907
		2003.10—2018.10	-96074	-99593	-103993	-18.4474
城陵矶—汉口	251	2003.10—2008.10	-5185	-3381	-995	-4.13147
		2008.10—2018.10	-37295	-40902	-41134	-29.7171
		2003.10—2018.10	-42480	-44283	-42129	-11.2829
汉口—湖口	295.4	2003.10—2008.10	-13119	-12154	-10657	-8.88219
		2008.10—2018.10	-54732	-52894	-53493	-37.0562
		2003.10—2018.10	-67851	-65048	-64150	-15.3128

注:(1)城陵矶至汉口河段枯水河槽、基本河槽、平滩河槽分别对应螺山流量 6500m^3/s、12000m^3/s、33000m^3/s。
(2)汉口至湖口河段枯水河槽、基本河槽、平滩河槽分别对应汉口流量 7000m^3/s、14000m^3/s、35000m^3/s。

(2)沙质河段沿程有冲有淤,以荆江河段的冲刷强度最大,汉口至湖口河段的冲刷强度次之,城陵矶至汉口河段的最小。

试验性蓄水前,坝下游沙质河段沿程呈现不均匀冲刷,沿程有冲有淤。以2006—2008年间的河段冲淤为例,荆江河段的监利河段、白螺矶河段、陆溪口河段、叶家洲河段、田家镇河段、龙坪河段、九江至湖口河段均表现为淤积;从2008—2018年的累计冲刷量来看,沙质河段均表现为冲刷(图2-9)。

试验性蓄水前后,均以荆江河段的冲刷强度最大、城汉河段的冲刷强度最小。2003—2008年间,荆江河段、城汉河段及汉口至湖口河段的冲刷强度分别为13.15万m^3/km·a、4.13万m^3/km·a和8.88万m^3/km·a;进入试验性蓄水前,各河段冲刷强度均有一定程度增大,变为42.19万m^3/km·a、29.71万m^3/km·a和37.06万m^3/km·a。

2.2.2 横向断面形态变化

2.2.2.1 砂卵石河段横向冲淤变化

不同河段断面形态的变化存在差异:枝城以上河段以白洋、宜都附近的主河槽冲刷下切最为明显,而虎牙滩以上断面形态基本稳定;枝城以下河段在2014年前断面形态变化较大,中洪水流路汊道冲刷发展显著,2014年后断面形态变化不大。

砂卵石河段两岸稳定,蓄水后岸线基本未变,其冲刷部位主要在枯水河槽,使得断面冲刷下切,基本河槽以上的河床甚至出现小幅的淤积。从各典型横断面变化来看宜昌至枝城河段河床横断面变化较小,两岸岸坡基本稳定。枝城以下分汊河段内部,由于支汊和洲滩范围内,河床组成仍有少量沙质覆盖,河床可动性较强,在近期主冲刷带下移后,枝城以下的砂卵石河段普遍出现了冲刷发展,冲刷主要以支汊发展及江心洲滩萎缩为主要变化特点,断面过水面积显著增大。2014年后,随着航道整治工程的陆续实施,河道内易冲滩体、岸线得到了有效控制,河道冲刷显著趋缓。

2.2.2.2 沙质河段横向冲淤变化

(1)河道宽度较小、断面较为窄深的顺直河段,断面形态相对较为稳定;河道宽度较大但岸线稳定的顺直河段,断面形态随着河道内成型淤积体的冲淤消涨而调整;河道宽度较大且岸线稳定性较差的顺直河段,断面形态改变剧烈。

顺直河段在宜昌至湖口河段分布较少,一般仅位于两弯道或分汊河段之间的衔接区域。武汉以下的河段内,由于分汊段长度较长,其中某一汊道平面形态上也表现出长顺直的特点,其演变也表现出典型的顺直河段的特点。由于河道宽度存在差异,断面形态存在一定的差异,相应断面冲淤调整特点也有所不同。

对于河道宽度较小、断面较为窄深的顺直河段,由于两岸侧往往有矶头等强控制节点控制,河道宽度较小,河道内部无明显的成型淤积体存在,河道断面较为窄深,长期以来断面稳定少变,冲淤调整幅度较小,航道条件较为优良,如道人矶水道进口矶头处、陆溪口水道进口赤壁山节点处、搁排矶水道等。由于两侧岸线长期较为稳定,河道的冲淤调整仅仅集中在河槽内部,三峡蓄水以来冲淤调整幅度较小,断面面积变化不大,主流长期处于较为稳定的态势。

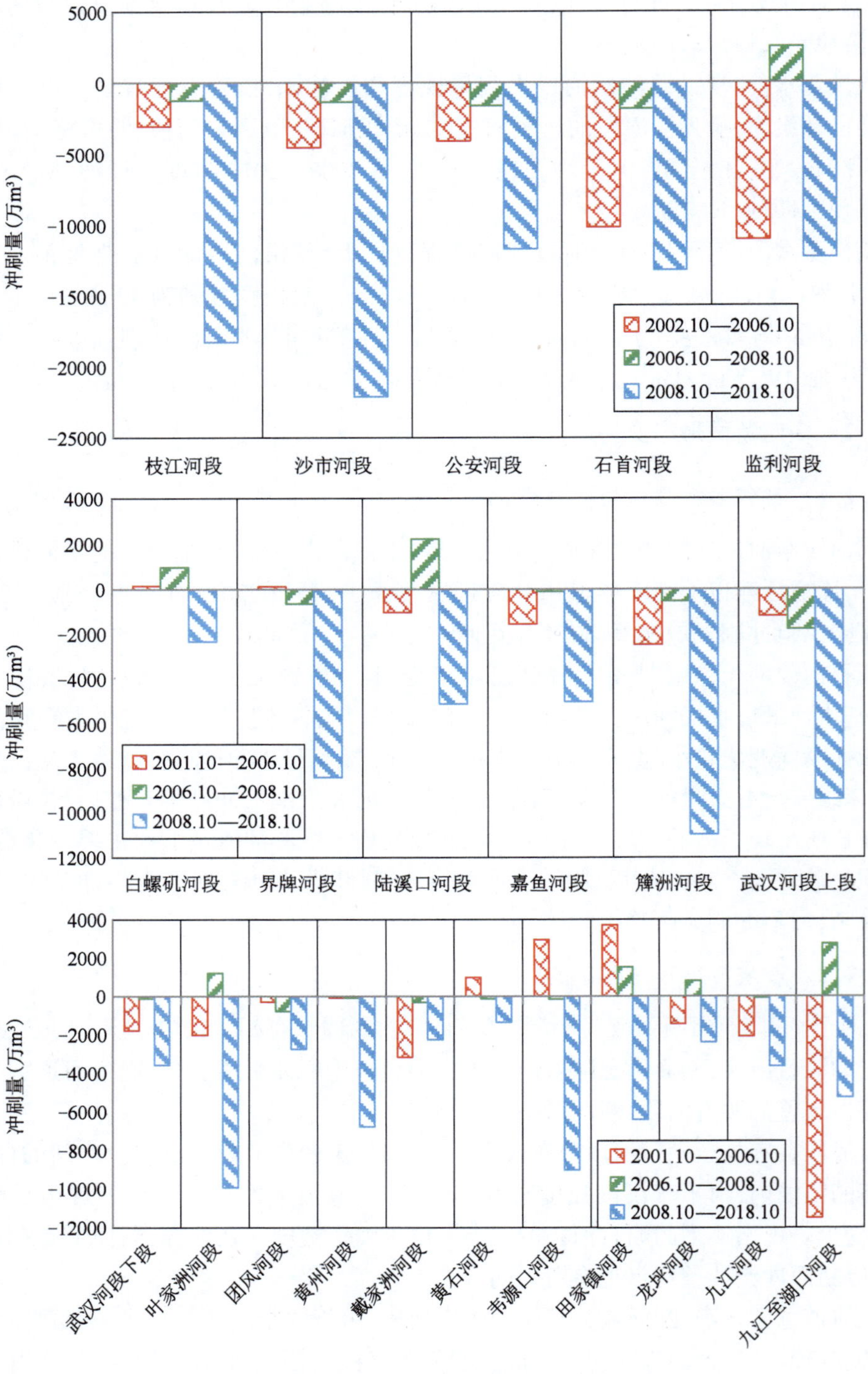

图 2-9　沙质河段不同时段冲淤量变化图(平滩河槽)

对于河道宽度较大但岸线稳定的顺直河段,河道内部往往存在一定的成型淤积体,由于断面上下游衔接区域的不同,成型淤积体既可以边滩形式存在,也可以河道中部的潜州的形式存在。随着来流的变化及上下游河道的调整,淤积体形态发生变化,断面形态随之发生调整,断面水深及航宽随之发生变化。对于河道内部存在边滩的河段而言,如周天河段蛟子渊段、汉口水道。断面的变化主要表现为边滩的冲淤消涨与主河槽内的淤冲交替,当边滩冲刷时,主河槽内部往往出现淤积,水深变浅;当边滩淤积涨大时,主河槽内部往往冲刷下切,水深变深。对于河道内部存在河心潜州的河段而言,如:界牌河段及张家洲水道的进口单一段等,断面形态的变化主要表现为河心潜州与主河槽内的对应冲淤变化。由于岸线的相对稳定,河道宽度长期在较为稳定的状态下,该类断面断面形态虽然有一定的差异,但年际间断面面积变化往往较小,且边(心)滩及河槽的位置往往较为稳定,摆动幅度一般在400m以内,部分河段虽存在一定的航道问题,但随着边(心)滩的稳定,航道问题将有效改善。

对于河道宽度较大且岸线稳定性较差的顺直河段,在水流的长期淘刷下,往往出现较为显著的岸线崩退的现象,随着岸线的逐渐崩退,河道展宽,滩体刷低、迁移,断面形态发生显著调整。如荆江河段的斗湖堤水道,三峡蓄水以来随着河道右侧的岸线的逐渐崩退(崩退幅度在100m以上),主流逐渐向右侧摆动,边滩冲刷下切,整体过流断面面积虽然显著增大,但主河槽淤浅,近期荆江工程实施左侧高滩守护后,岸线崩退得以控制,断面形态才趋于稳定。又如:下荆江大马洲水道,伴随着河道进口段主流的逐渐摆动,右岸岸线近期剧烈崩退,河道内部边滩的冲刷以滩体根部切割的态势迅速发展,目前已经形成枯水双槽态势。新洲至九江河段洲尾区域内,随着左岸侧高滩岸线的崩退,航槽逐渐向右侧移动,同时左侧边滩冲刷切割,航槽大幅变迁。该类河段受岸线崩退影响,断面形态调整幅度往往较大,主河槽往往向崩岸侧偏移,但同时有可能伴随滩体根部的切割发展,河道形势发生一定的调整,过水断面面积随着断面形态的调整显著增大,增大幅度一般在10%以上。

(2)三峡蓄水以来,宜昌至湖口段内大多弯曲河段断面形态基本保持稳定,部分弯道段由于凸岸边滩切割,凹岸淤积,断面形态调整幅度较大。

长期以来,弯曲河段断面形态往往呈现较为良好的偏V形态,主河槽一般位于凹岸侧,凸岸侧为边滩所在。

对于凸岸边滩完整性较强,凹岸侧岸线较为稳定的弯道段,断面形态长期保持较为稳定的态势,凹岸深槽变化幅度不大,航道条件较为稳定。如:石首弯道段弯道段、调关弯顶段、牧鹅洲水道弯道段断面。

部分弯道段河道边滩较为低矮,中洪水期滩体对水流的控制作用较弱,漫滩水流对滩面的切割作用较强,在三峡蓄水后清水持续冲刷条件下滩体稳定性降低,滩面冲刷较为剧烈,出现了凸岸边滩切割的现象,凹岸侧深槽反而有所淤积,造成了弯道段航道条件的恶化。如莱家铺水道桃花洲边滩区域,在三峡蓄水初期滩面大幅冲刷下切,平均冲刷5m以上,凹岸侧深槽淤积出潜包。对此类问题,守护凸岸边滩有较好的效果,荆江航道整治工程莱家铺水道工程实施以后,凸岸边滩回淤明显,同时凹岸侧深槽的浅滩有较为明显的萎缩。

(3)受三峡水库蓄水影响程度不同,沙质分汊河段断面形态的调整强度也不相同,主要受江心洲滩形态调整所影响。

大埠街至城陵矶段距离三峡较近,受三峡蓄水影响极为显著,分汊河段内部普遍出现了江心洲低滩冲刷、高滩崩退的变化态势,断面形态变化较为剧烈。太平口水道内部,心滩较为低矮,受水流冲蚀较为明显,断面面积显著增大。太平口心滩在2006—2012年间明显冲刷萎缩,两侧深槽有所淤积,近两年来心滩再度呈现稳定态势,两侧河槽变化不大,但过水断面面积较2006年增大约20%。三八滩分汊段内,三八滩滩体在三峡蓄水以来经历了较大幅度的变化,2006年以前,滩体居于河道右侧,滩体形态较为高大,2006年后随着三八滩南汊的冲刷发展,滩体逐渐左移,挤压北汊航道条件逐渐恶化,整个过程中,三八滩滩体宽度变化可达600m,滩体位置的摆动幅度可达1000m,断面形态调整十分剧烈,且过水断面面积增幅显著。瓦口子水道金成洲分汊段与马家咀水道南星洲分汊段断面形态变化与太平口水道较为相似,但由于滩体完整性较太平口水道有所增强,断面形态变化幅度有所减小。窑监河段内,乌龟洲洲体较为高大,主支汊分明,江心洲滩的变化以乌龟洲右缘的崩退为主要特征,伴随着洲体的崩退,右岸一带边滩逐渐淤长,主河槽向左侧偏移,过水断面面积也显著增加。

城陵矶以下分汊河段距离三峡相对较远,受三峡蓄水影响较荆江河段而言明显减弱,断面变化的剧烈程度相应也有所降低。分汊河段断面的变化主要由江心洲洲头低滩的冲淤调整引起,同时还伴随着主支汊的交替转换。随着整治工程的实施,大部分分汊河段洲头低滩稳定性有所增强,分汊段断面形态变化不大,如戴家洲水道江心洲洲头分汊段、九江水道鳊鱼滩滩头分叉段等,洲头低滩在蓄水初期冲刷显著,随着洲头低滩的稳定和淤长,两汊基本处于稳定态势,断面形态变化不大。

2.3 枯水位变化特点

枯水位变化是水位流量关系变化与枯水流量变化两者综合效应的反映,而且,近坝段枯水位还受到葛洲坝水电站日调整的影响。

2.3.1 同流量枯水位变化

三峡蓄水后,宜昌至武汉河段同流量枯水位总体呈下降之势,其中沙市站同流量枯水位下降速度最大,宜昌站次之;由于河床冲刷自上而下发展,九江、大通站水位流量关系变化较小。

2003年以来宜昌至武汉河段主要水文站枯水期同流量水位变化统计见表2-9。三峡蓄水后6000m^3/s流量对应水位,宜昌站累积下降约0.72m,沙市站累积下降约2.47m,是宜昌站水位下降幅度的3倍多。其中,试验性蓄水期,水库下泄泥沙进一步减小,下游河道冲刷加剧,枯水位进一步下降,如6000m^3/s流量对应水位,2003—2007年宜昌站、沙市站分别下降了0.22m、0.43m,下降速度分别为0.044m/a、0.086m/a;2008—2018年宜昌站、沙市站又分别下降了0.52m、1.97m,下降速度分别为0.052m/a、0.197m/a,有所变大。对于螺山站和汉口站,试验性蓄水期的同流量水位年际间存在有一定程度的变动,总体上水位呈继续下降趋势,且下降速度有所增大。

2003年以来各水文站同流量水位变化统计表(m) 表2-9

年 份	流量级(m^3/s)										
	宜昌站		沙市站			螺山站			汉口站		
	6000	7000	6000	7000	10000	10000	14000	16000	10000	15000	20000
2004	-0.07	-1.34	-0.31	-0.32	-0.34	-0.44	-0.55	-0.59	-0.17	-0.51	-0.63
2005	-0.17	-1.48	-0.31	-0.31	-0.23	-0.3	-0.43	-0.54	-0.25	-0.52	-0.55

续上表

年　份	流量级(m^3/s)										
	宜昌站		沙市站			螺山站			汉口站		
	6000	7000	6000	7000	10000	10000	14000	16000	10000	15000	20000
2006	-0.22	-1.61	-0.44	-0.4	-0.3	-0.47	-0.43	-0.51	-0.35	-0.52	-0.55
2007	-0.2	-1.57	-0.48	-0.44	-0.38	-0.47	-0.43	-0.51	-0.35	-0.59	-0.58
2008	-0.22	-1.58	-0.43	-0.36	-0.28	-0.42	-0.5	-0.58	-0.53	-0.61	-0.57
2009	-0.39	-1.66	-0.76	-0.73	-0.66	-0.42	-0.58	-0.65	-0.66	-0.71	-0.69
2010	-0.42	-1.69	-1.01	-0.82	-0.69	-0.47	-0.6	-0.66	-0.63	-0.5	-0.31
2011	-0.58	-1.89	-1.28	-1.15	-0.99	-0.67	-0.81	-0.89	-0.9	-0.96	-0.89
2012	-0.59	-1.98	-1.3	-1.2	-1.09	-0.79	-0.81	-0.83	-1.11	-0.98	-0.78
2013	-0.62	-1.98	-1.5	-1.34	-1.11	-0.81	-0.82	-0.84	-1.18	-1	-0.87
2014	-0.67	-2.08	-1.6	-1.43	-1.28	-0.99	-1.02	-1.06	-1.05	-1.05	-0.91
2015	-0.74	-2.14	-1.74	-1.64	-1.47	-0.91	-0.74	-0.73	-1.1	-0.95	-0.71
2016	-0.74	-2.06	-2.01	-1.93	-1.7	-1.21	-1.05	-1.01	-0.98	-0.87	-0.69
2017	-0.65	-1.98	-2.3	-2.23	-1.99	-1.48	-1.32	-1.28	-1.21	-1.15	-1.05
2018	-0.72	-2.11	-2.47	-2.43	-2.21	-1.64	-1.48	-1.41	-1.35	-1.33	-1.23
2008—2018	-0.5	-0.53	-1.99	-1.99	-1.83	-1.17	-1.05	-0.9	-1	-0.74	-0.65

注：-表示降低。

点绘2002年汛后至2017年汛前各枯水期(11月份至次年4月份)九江、大通站水位流量关系见图2-10。由图2-10可以看出，三峡运行以来，九江、大通站水位流量关系无趋势性变化，没有系统偏移。

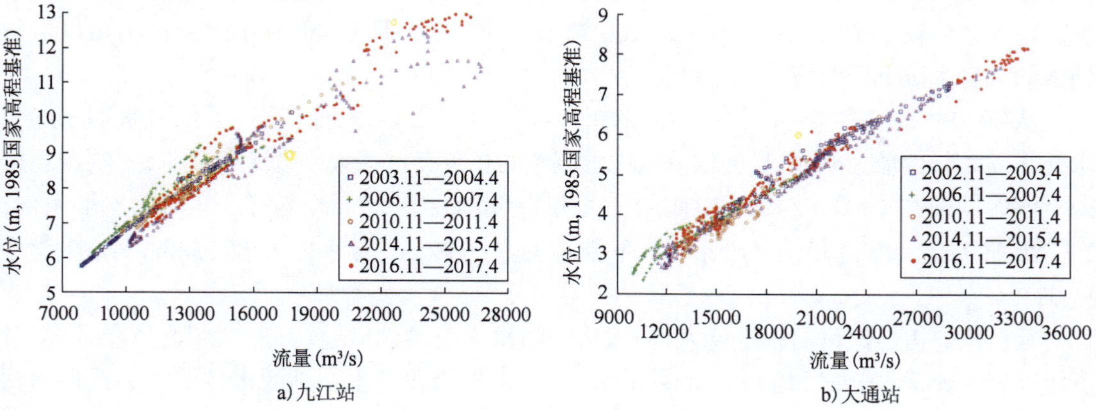

图2-10　九江、大通站枯水期水位流量关系图

其中，宜昌至城陵矶河段的同流量枯水位降幅的沿程变化特点为：大埠街附近最大，大埠街以上河段中部小、两端大，大埠街以下河段沿程减小。

图2-11为以6000m^3/s流量为代表统计的2003—2019年宜昌至监利河段各航道水尺的

水位降幅情况。由图可以看出:大埠街水位降幅最大,下降了2.61m;大埠街以上的砂卵石河段,枝城—陈二口水位降幅最小,下降了0.34~0.4m,其上游宜昌至红花套的水位下降了0.38~0.65m,其下游枝江站的水位下降了1.57m;大埠街以下的沙质河段,由于河床冲刷的差异以及受分汇流影响,水位降幅总体上沿程减小,监利站水位降幅仅约0.27m。

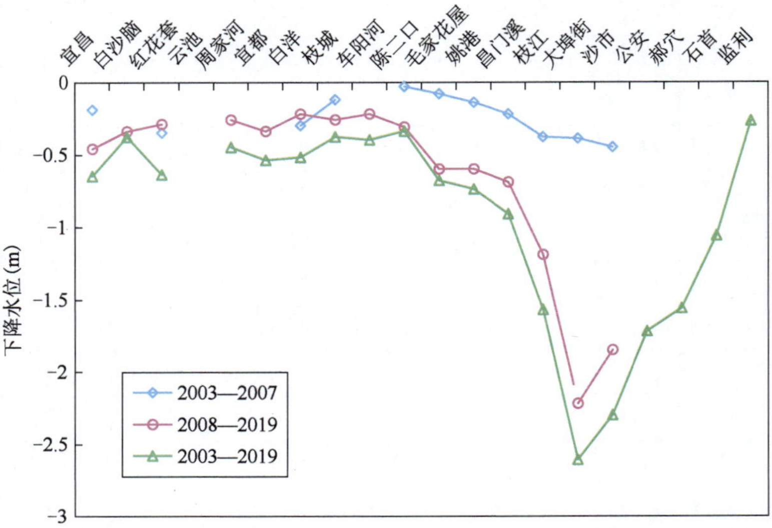

图2-11　宜昌至监利河段同流量枯水位降幅的沿程变化图

而且,由图2-11也可看出:不同蓄水阶段不同河段的同流量枯水位下降幅度也有所不同。枝城以上站,进入试验性蓄水阶段,水位降幅与三峡工程蓄水初期的变化不大;枝城及其以下各站,进入试验性蓄水阶段,水位降幅较三峡工程蓄水初期的明显增大。

2.3.2　三峡水库枯水流量补偿对水位的影响

三峡水库试验性蓄水以来,三峡补偿流量占总流量的权重有所增大,但是,除砂卵石河段的补水效应较枯水同流量水位下降效应略有盈余外,沙质河段的补水效应已不足以抵消枯水同流量水位下降效应。

从2010—2018年1—3月及12月的出、入库流量(表2-10)来看,试验性蓄水期三峡枯水补偿以2月份最为显著,且补偿流量占总流量的权重有所增大。近3年以来,三峡调蓄后的下泄流量都在6000m^3/s以上,而入库流量在4000~5000m^3/s左右。以2018年为例,2月20日上游入库流量为4100m^3/s,下泄流量为6680m^3/s,水库补偿2580m^3/s,补偿率达62.9%。

补偿流量占总流量的权重越大,补水抬升枯水水位的效应越明显。以保证宜昌站流量不小于6000m^3/s、三峡补偿均值1800m^3/s为例,根据沿程各水文站的水位流量关系得到枯水流量增加这一单因素对宜昌、沙市、螺山、汉口四站月均水位最大增幅分别约为1.0m、1.3m、0.9m、0.9m;同时,计算得到宜昌、沙市、螺山、汉口站各自枯水同流量下的水位降幅分别约为0.67m、2.01m、1.21m、0.98m。从这两者之间的关系可以看出,除砂卵石河段的补水效应较枯水同流量水位下降效应略有盈余外,沙质河段的沙市、螺山、汉口三站的补水效应已不足以抵消枯水同流量水位下降效应。

2010—2018 年三峡水库枯水补偿流量统计表 表 2-10

年份		1月		2月		3月		12月		最枯流量	
		入库	出库	入库	出库	入库	出库	入库	出库	入库	出库
2010	流量(m^3/s)	4374	5160	3657	4994	4197	5224	5592	5337	3500 (2月9日)	5025
	补偿率(%)	18.0		36.6		24.5		-4.6		43.6	
2011	流量(m^3/s)	5681	6358	4238	5528	5556	5962	5975	5417	3700 (2月10日)	5563
	补偿率(%)	11.9		30.5		7.3		-9.3		50.4	
2012	流量(m^3/s)	5082	5359	4416	5268	4753	5192	5805	5382	3700 (2月21日)	5320
	补偿率(%)	5.5		19.3		9.2		-7.3		43.8	
2013	流量(m^3/s)	5155	5522	4000	5429	4918	5533	5376	5416	3700 (2月8日)	5370
	补偿率(%)	7.1		35.7		12.5		0.7		45.1	
2014	流量(m^3/s)	4789	5772	4605	5931	5310	5484	6277	7084	4000 (2月7日)	4800
	补偿率(%)	20.5		28.8		3.3		12.8		20.0	
2015	流量(m^3/s)	5719	5498	5214	5365	6124	6895	6421	6058	4600 (2月20日)	4900
	补偿率(%)	-3.9		2.9		12.6		-5.7		6.5	
2016	流量(m^3/s)	6248	6999	5975	5987	7247	7596	6294	7248	5000 (2月5日)	6000
	补偿率(%)	12.0		0.2		4.8		15.2		20.0	
2017	流量(m^3/s)	5305	5806	5525	6590	6734	7935	6797	6179	4400 (2月5日)	6325
	补偿率(%)	9.4		19.3		17.8		-9.1		43.8	
2018	流量(m^3/s)	6847	6737	5810	6453	5800	5796			4100 (2月20日)	6680
	补偿率(%)	-1.6		11.1		-0.1				62.9	

注:补偿率 =(出库流量 - 入库流量)/入库流量。

2.3.3 最枯水位变化

(1)宜昌至枝城河段,三峡水库的补水效较枯水同流量水位下降效应略有盈余,最枯水位上升趋势明显,但近几年最枯水位上升速度减缓。

统计 2002 年汛后至 2018 年汛前各枯水期(11 月份至次年 4 月份)宜昌、枝城站最枯水位见表 2-11。2003—2004 年枯水期至 2010—2011 年枯水期,宜昌、枝城站最枯水位年均抬升 0.09m、0.07m;2010—2011 年枯水期至 2017—2018 年枯水期,宜昌、枝城站最枯水位年均抬升 0.03m、0.01m。

三峡工程蓄水后主要水文站最枯水位统计表(m) 表 2-11

年份	站点								
	宜昌站	枝城站	沙市站	监利站	城陵矶莲花塘站	螺山站	汉口站	九江站	大通站
2003—2004	36.51	35.25	28.34	21.50	17.38	16.19	11.45	5.81	2.06
2004—2005	36.45	35.26	28.53	22.48	18.91	17.10	12.24	6.87	2.82
2005—2006	36.57	35.39	28.46	22.06	18.26	16.75	11.60	6.23	2.55

续上表

年份	站点								
	宜昌站	枝城站	沙市站	监利站	城陵矶莲花塘站	螺山站	汉口站	九江站	大通站
2006—2007	36.71	35.42	28.40	22.09	18.18	16.88	11.57	6.13	2.39
2007—2008	36.84	35.57	28.83	22.26	18.32	16.92	11.59	6.13	2.32
2008—2009	37.17	35.73	29.20	22.62	18.73	17.16	11.92	6.27	2.47
2009—2010	37.15	35.72	28.92	22.62	18.27	16.91	11.35	6.39	2.59
2010—2011	37.25	35.81	29.15	22.91	18.58	17.31	12.42	6.91	2.85
2011—2012	37.21	35.82	28.89	22.79	18.62	17.27	12.15	6.55	2.72
2012—2013	37.21	35.79	28.90	23.09	19.31	17.15	11.59	6.25	2.54
2013—2014	37.17	35.69	28.54	22.70	18.44	17.13	11.40	6.18	2.44
2014—2015	37.39	35.85	28.84	22.87	18.45	17.21	11.78	6.38	2.69
2015—2016	37.25	35.79	28.43	23.13	19.57	18.44	12.85	8.03	4.22
2016—2017	37.33	35.81	28.28	22.59	18.53	17.31	12.01	6.90	3.04
2017—2018	37.42	35.88	27.97	22.43	—	16.80	11.66	6.55	2.80

(2)枝城至城陵矶河段,由于枯水流量增加和河床冲刷影响程度发生变化,年最枯水位先升后降。

由表2-11可以看出:沙市站的最枯水位,2003—2004年枯水期至2010—2011年枯水期抬高0.81m,而后随着河床冲刷的加剧,发生下降,至2017—2018年枯水期下降0.92m,已低于2003—2004年枯水期,年均下降0.13m;监利站的最枯水位,2003—2004年枯水期至2015—2016年枯水期抬高1.63m,而后才发生下降,至2017—2018年枯水期下降0.7m,但仍较2003—2004年枯水期高0.93m。

(3)城陵矶以下河段,由于受到三峡枯水流量补偿作用较小,而且三峡工程蓄水以来河床冲刷强度尚不大,年最枯水位总体变化不大,略有抬升。

根据图2-12绘制城陵矶及其以下各水文(位)站最枯水位逐年变化图,可以看出:城陵矶、螺山站最枯水位总体有所抬升,但变化幅度不大;越往下游水位抬升趋势越不明显。

2.3.4 电站日调节对下游水位的影响

为研究葛洲坝电站日调节对下游水位的影响,对2015年2月17—23日及2016年2月8—14日、电站出力较大、三峡水库下泄流量6000m^3/s左右且流量较平稳时段的宜昌至沙市河段内9个水位观测站点的连续7天水位观测成果进行了整理和分析。总体而言,两年度观测到的日调节波波形与相位均较为一致,部分站点峰谷差存在一定的差异,但差别不大(图2-13)。

电站日调节对水位的影响主要表现为:

(1)引起的水位变幅沿程递减。受电站日调节影响,宜昌站水位变化幅度最大,平均峰谷差可达0.23m,最大峰谷差近0.3m;枝城站7日水位峰谷差平均值为0.16m,姚港一带平均峰谷差约0.12m。大埠街以下日均峰谷差不足0.10m(图2-14)。

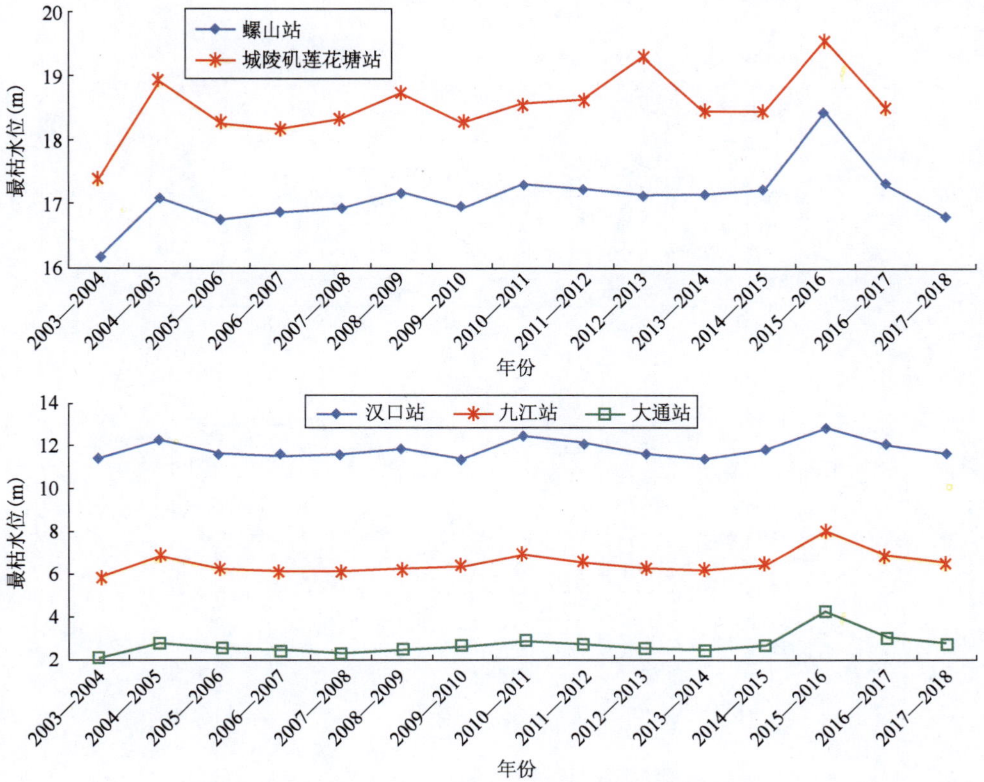

图 2-12 城陵矶以下主要水文(位)站最枯水位逐年变化图

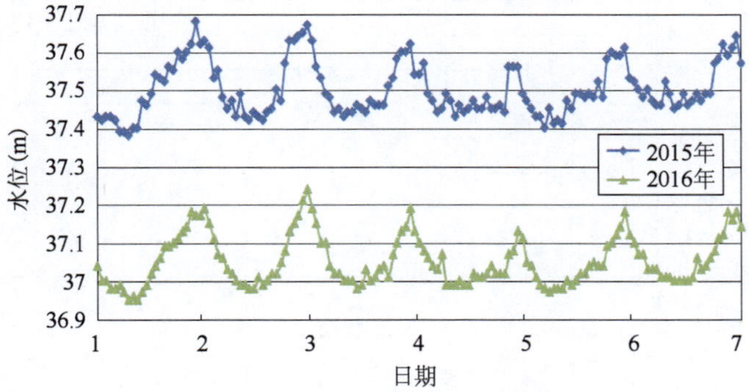

a) 宜昌

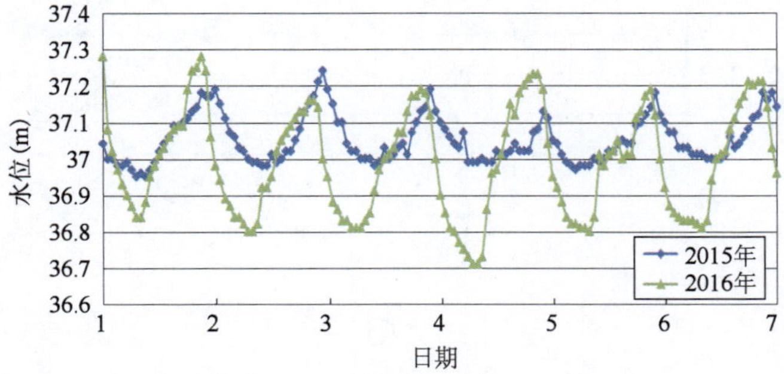

b) 白沙脑

图 2-13

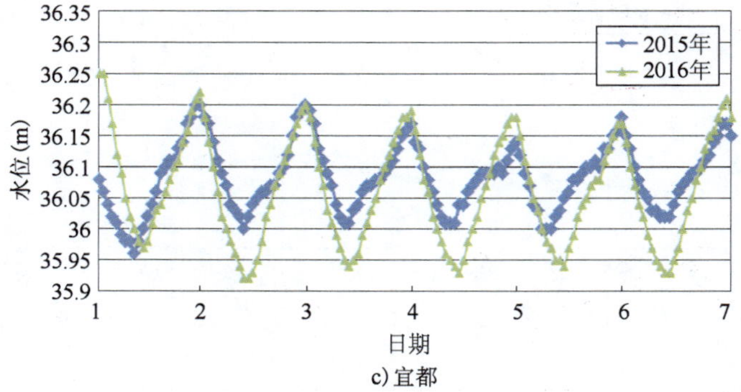

c)宜都

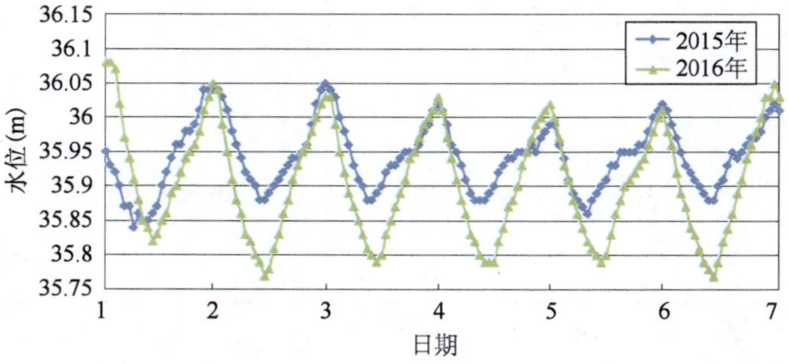

d)枝城

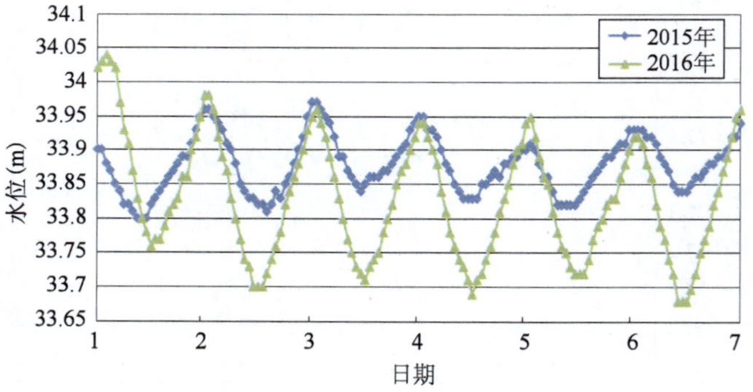

e)姚港

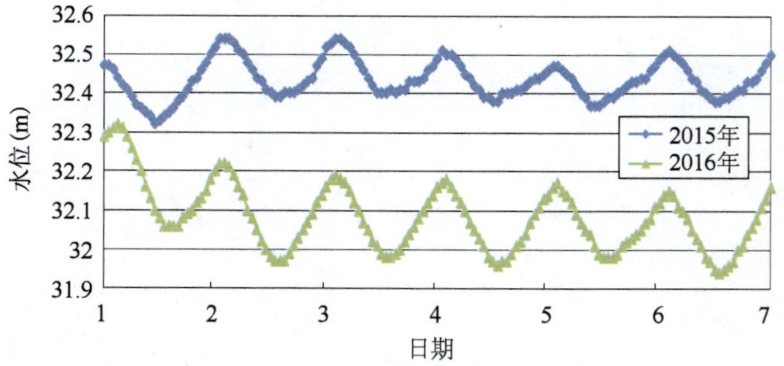

f)枝江

图 2-13　日调节观测水位变化过程

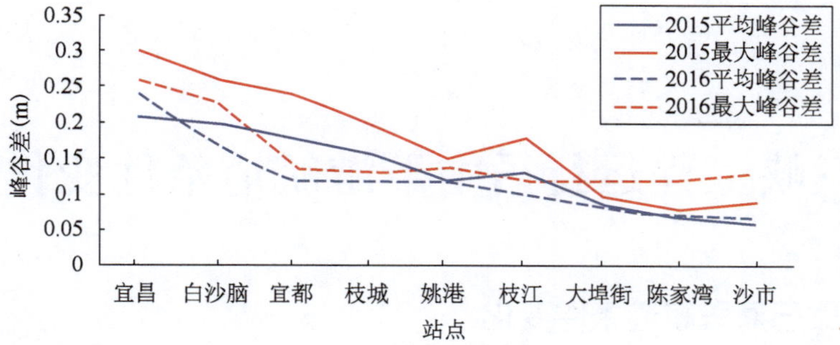

图2-14 不同站点日调节水位峰谷差变化

(2)引起的水位变动符合波传播规律,峰值沿程依次出现。从不同时间的水位变幅来看(图2-15),砂卵石河段的最高水位一般出现在夜间且沿程出现时刻并没有显著变化,最低水位出现在8:00至12:00且沿程出现时间逐渐延迟;沙质河段的极值水位出现时间较砂卵石河段显著推迟,至沙市站,最高水位出现在上午、最低水位出现在下午至晚上,与宜昌站刚好相反。而且,宜昌以下沿程波形存在一定的相位差,宜昌站出现波峰时段较早,沿程波峰出现时间逐渐向后推移,砂卵石河段推移速度相对较快,波峰仅1.5小时左右便可传播至70余公里下游的姚港站;姚港以下河段日调节波传播速度显著放缓,姚港至沙市站之间70余公里河道内,波峰传播时间约需要6个小时。波谷传播规律与波峰基本一致。

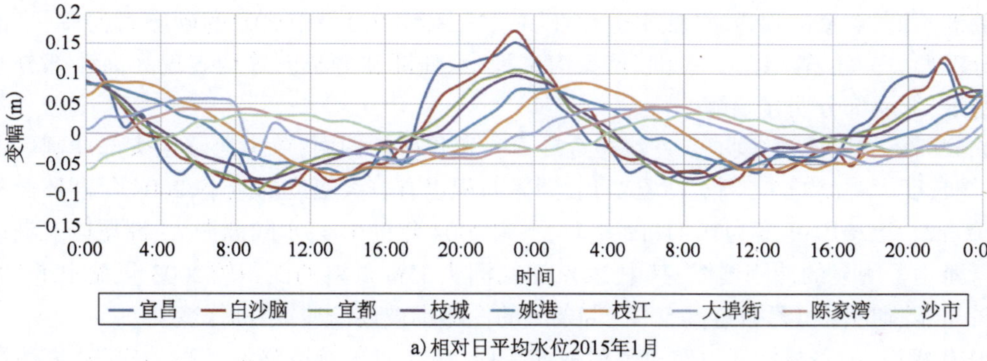

a)相对日平均水位2015年1月

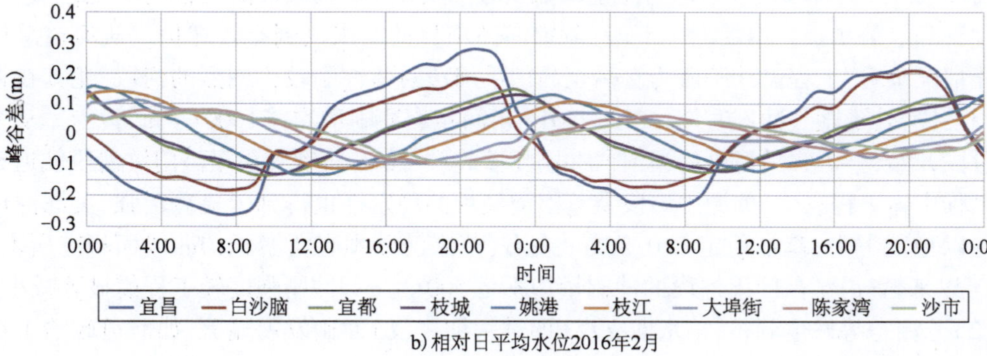

b)相对日平均水位2016年2月

图2-15 不同站点不同时段水位变幅

(3)高水位持续时间总体小于低水位时间,两者相差1~5个小时。宜昌站水位波动较快,极值水位持续时间短,沿程随着水位波形的逐渐坦化,极值水位持续时间也有所延长。

3　三峡工程运行后中下游航道条件变化特点

3.1　砂卵石河段航道条件变化

大埠街以上的砂卵石河段既是控制上游宜昌水位的关键节点河段，自身也存在卵石浅滩水浅、坡陡流急等问题。由于该河段河床组成、河道形态的特殊性，在蓄水后的冲刷过程中，沿程水位、比降等水力要素的调整也表现出不同于一般冲积河流的特点，这些变化对航运具有较大影响。

3.1.1　滩槽变化特点

从三峡蓄水后河道实际的洲滩调整情况来看，坝下砂卵石河段滩槽形态变化表现出以下特点：

(1)河道冲刷显著，中低滩总体上表现为冲刷缩小，特别是江心分汊的心滩、洲头低滩和边滩等。

关洲水道、芦家河水道、枝江水道和江口水道是荆江河段中典型的砂卵石河段，平面形态为分汊形。三峡蓄水以来，关洲、芦家河碛坝、水陆洲和柳条洲等均表现为高滩部分基本保持稳定，低滩部分明显萎缩的特点。

关洲洲体的尾部萎缩明显，左缘也存在有一定程度的冲刷；芦家河碛坝头部冲刷后退显著，洲体长度大幅度减小，洲宽往复变化，洲体面积也有较大幅度的减小，2004 年洲体面积尚有 1.67km^2，至 2010 年变为 0.41km^2左右，不到 2004 年的 1/4；水陆洲洲头、洲尾以及洲体右缘的低滩均呈明显的冲刷萎缩，其中 2009 年初洲头 35m 低滩的面积较 2003 年缩小了 30%，洲体 33m 低滩的面积萎缩超过 50%；柳条洲的低滩也被逐渐冲蚀，洲缘变陡。

2010 年后，随着枝江江口航道整治一期工程、荆江河段航道整治工程的实施，上述洲滩稳定性得到显著增强。但关洲中下段，芦家河碛坝目前尚未得到有效守护。从河道总体冲淤变化情况来看，工程设计阶段为宜昌至昌门溪河段总体冲刷较为剧烈的河段，尤其在枝城至昌门溪段，处于剧烈冲刷时期，2012—2014 年间年均冲刷量均在 1000 万 m^3 以上。从工程实施阶段开始，整个宜昌至昌门溪河段冲刷显著趋缓；2015 年度宜昌至昌门溪河段航道整治一期工程主体工程完工，关洲中下段及芦家河碛坝的稳定性也得到了显著增强，关洲洲体的面积得以稳定下来，基本稳定在 0.36km^2左右，芦家河碛坝有所淤积，0m 线面积有所增大。2015 年以来，宜昌至昌门溪河段的冲刷量均不足 500 万 m^3，冲刷强度较工程前显著减小。

(2)分流态势发生调整，枯水期支汊(即洪水期主汊)冲刷发展显著，如航道政治工程实施前的关洲和芦家河河段。

航道整治工程实施前，关洲水道分流比总体呈现逐渐增大的态势，例如 2010 年 12 月 21 日实测流量 6025m^3/s，左汊分流比 29.61%；2012 年 11 月 22 日实测流量 6027m^3/s，左汊分流比 34.08%，2 年内增加了将近 5%。为限制关洲左汊的进一步发展，在左汊进口修建了一道护滩带及一道潜坝,工程实施后,关洲左汊分流比出现了一定幅度的下降,2016 年 4 月在 12000m³/s 流量下,关洲左汊分流比仅 38.73%;2017 年 1 月,6404m³/s 流量下,关洲左汊分流比仅 24.11%(表 3-1)。

关洲汊道分流比变化 表 3-1

测量日期	关洲左汊		关洲右汊		总流量(m³/s)
	分流量(m³/s)	分流比(%)	分流量(m³/s)	分流比(%)	
2003.03.10	807	19.07	3425	80.93	4232
2004.02.19	844	19.29	3532	80.71	4376
2007.11.18	3043	37.84	4999	62.16	8042
2008.03.02	1078	23.61	3488	76.39	4566
2009.02.28	2225	31.43	4855	68.57	7080
2010.12.21	1784	29.61	4241	70.39	6025
2012.11.22	2054	34.08	3973	65.92	6027
2013.2.24	1628	26.70	4470	73.30	6098
2013.11.14	3482	40.13	5195	59.87	8677
2016.4.7	4677	38.73	7400	61.27	12077
2017.1.15	1544	24.11	4860	75.89	6404
2017.8.17	9276	49.9	9300	50.1	18576

2003 年初,芦家河沙泓进口 5m 线畅通,随后沙泓进口淤积,尤其是 2009 年以后,随着上游关洲左汊的冲刷发展,深槽走向趋向于石泓,使得石泓内部进一步冲刷发展。同时,由于主流带向石泓偏移,使得沙泓进口区域出现大范围缓流区域,沙泓进口尤其是左岸鸳鸯港一带边滩明显淤积。2012 年初沙泓进口 5m 线断开达 700m,3m 线也明显缩窄,从 2003 年的 400m 缩窄至 2012 年初的 190m。石泓的冲淤变化则较为显著,其进口前沿的陈二口深槽明显下探,趋势性十分明显;石泓出口冲刷同样比较显著,石泓中段变化较小,但也是以冲刷为主。

由于芦家河河段沙、石两泓冲淤进程差异,因此沙、石泓分流比也发生了变化。2005 年 3 月 20 日实测流量 6028m³/s,石泓的分流比 41%;2010 年 12 月 21 日实测流量 6020m³/s,石泓的分流比增至 45%;2012 年 11 月 22 日实测流量 5971m³/s,石泓的分流比进一步增加到 48.6%。2015 年后,随着宜昌至昌门溪河段航道整治工程的实施,上述支汊发展的现象得到明显遏制,从近期分流比变化情况来看,芦家河水道沙石泓分流比年际间依然变化较大,且无明显规律(表 3-2)。以往的研究认为,芦家河水道内槽口众多,且流态紊乱,局部的小幅冲淤调整就可能会对分流比造成较为明显的影响,故而分流比调整较为复杂。

芦家河水道分流比 表 3-2

测量日期	断面流量(m³/s)	分流比(%)		断面流量(m³/s)	分流比(%)	
		4 号左	4 号右		5 号左	5 号右
2010.12	6020	55.0	45.0	5926	51.2	48.8
2013.2	6229	62.0	38.1	6246	47.1	52.9
2014.2	6058	50.2	49.8	6045	62.6	37.4
2017.1	6347	61.3	38.7	6428	55.0	45.0

3.1.2 主要航道问题

砂卵石河段存在的主要航道问题是宜昌水位变化影响葛洲坝枢纽船闸闸槛水深和下引

航道水深以及芦家河河段局部“坡陡、流急、水浅”两大方面。

(1)当前三峡水库“枯水补偿”基本满足了葛洲坝枢纽下游最低通航水位39.0m的要求。

砂卵石枯水位变化的影响因素众多且复杂。三峡工程蓄水运用以来,坝下游河段滩槽调整引起了河道过流能力、河道阻力、侵蚀基准面等的系列连锁反应。一方面,坝下游普遍的枯水河槽冲刷必然引起断面过水面积增大,在降低砂卵石河段同流量水位的同时也降低了砂卵石河段的侵蚀基准面,即沙质河段枯水位。另一方面,由于砂卵石河段沿程抗冲性的差异,河床冲刷不均匀,加之航道整治工程的影响等,在一定程度上增加了上游断面与下游侵蚀基准面之间的河道阻力,抑制了上游水位的下降;同时床面局部高凸难冲或者原有深槽继续冲深,抑或是实施的航道整治工程,又成了重要的水位控制节点,抑制着下游侵蚀基准面降低的溯源传递,包括传递范围和幅度等。

不同河段水位下降的驱动因素存在一定程度的差异。宜昌河段下段的红花套水尺水位下降虽然略滞后于宜都水尺,但两者的下降历程及幅度均较为一致,说明红花套水位下降主要受宜都水位下降溯源传递为主;而宜昌水位在蓄水初期水位降幅超过红花套,是由于蓄水初期宜昌河段发生了冲刷,其后宜昌河段内冲刷幅度较小,虽然2008年红花套水位显著下降,但宜昌水位基本不变,主要是宜昌河段河道阻力增加和推移质泥沙的间歇输移共同作用抑制了红花套水位的溯源传递影响。2009年以后,河床组成趋于稳定,此时宜昌河段对红花套水位下降的溯源传递抑制作用降低,宜昌水位开始明显下降。因此,糙率变化与下游水位下降是促进宜昌河段内水位下降的重要因素。宜都河段上段宜都水尺、中段白洋水尺和出口处枝城水尺同流量水位下降幅度一致性较好,但是宜都、白洋水尺的水位降幅均明显大于枝城水尺,且宜都水尺下降幅度大于白洋水尺。例如2005年白洋至枝城河段的冲刷剧烈,相应宜都水尺的下降幅度显著超过白洋水尺;而后河床稳定,宜都与白洋水尺的水位差也基本稳定;近期宜都至白洋河段因下游侵蚀基准面的降低再次发生冲刷,致使宜都水位的降幅再度超过白洋。同理,关洲与芦家河沙泓中段是对水位有很强控制作用的节点部位,在关洲和芦家河河段保持稳定的条件下,下游水位变化对节点上游的影响小很多。显然,宜都—昌门溪河段的水位下降主要由本河段的冲刷所导致,侵蚀基准面下降的影响所占比重较小。

宜昌枯水位是保证船队安全通过葛洲坝枢纽船闸下闸槛和下引航道的关键。三峡水库蓄水运用后,宜昌至杨家脑河段河床冲刷强烈,2002年10月—2018年10月该河段平滩河槽共冲刷3.93亿m^3(含河道采砂影响)。由于坝下游河道冲刷,宜昌站同流量下枯水位下降,2018年宜昌站6000m^3/s流量相应水位为39.38m(庙咀站水位39.00m对应宜昌站水位为39.19m),较2002年下降了0.72m,较1973年设计累积下降2.11m;5000m^3/s流量进行外延估算后相应水位为38.87m,较1973年设计线累积下降了1.80m。

三峡水库试验性蓄水后,通过增大枯期下泄流量,基本满足了葛洲坝枢纽下游最低通航水位39.0m(庙咀站吴淞资用基面)的要求,其中2016年宜昌站实测最小流量为5710m^3/s(2月9日),庙咀站最低水位为39.11m;2017年宜昌站实测最小流量为5800m^3/s(1月27日),对应庙咀站最低水位为39.09m;2018年宜昌站实测最小流量为5880m^3/s(12月26日),相应庙咀站最低水位为39.03m(表3-3)。

庙咀站最枯水位变化(吴淞资用)　　表 3-3

年　份	水位(m)	年　份	水位(m)	年　份	水位(m)
2001	38.7	2007	38.43	2013	38.97
2002	38.4	2008	38.53	2014	39
2003	37.73	2009	38.92	2015	39.03
2004	38.23	2010	38.86	2016	39.11
2005	38.13	2011	38.99	2017	39.09
2006	38.28	2012	38.96	2018	39.03

(2)受砂卵石与沙质河段冲刷速度差异的影响,试验性蓄水期芦家河河段枯水期“坡陡流急”问题加剧,形势严峻。

河床可动性的沿程变化也使得河段冲刷沿程呈不均匀变化的特点,砂卵石河床抗冲性较强,河床冲刷幅度较小;沙质河段可冲性较大,河床冲刷幅度大。河床冲刷速度的差异使得沙质河段枯水位下降幅度大于砂卵石河段,而砂卵石河段中存在的对水位起关键控制作用的节点,特别是宜昌至昌门溪河段航道整治工程实施之后,河段内关键洲滩基本得到控制,沙质河段水位下降溯源传递受到抑制。芦家河河段上下游落差逐渐加大(图 3-1),2009 年陈二口—昌门溪水位差为 1.28m,2014 年后水位差迅速上升,至 2019 年增大为 1.77m。

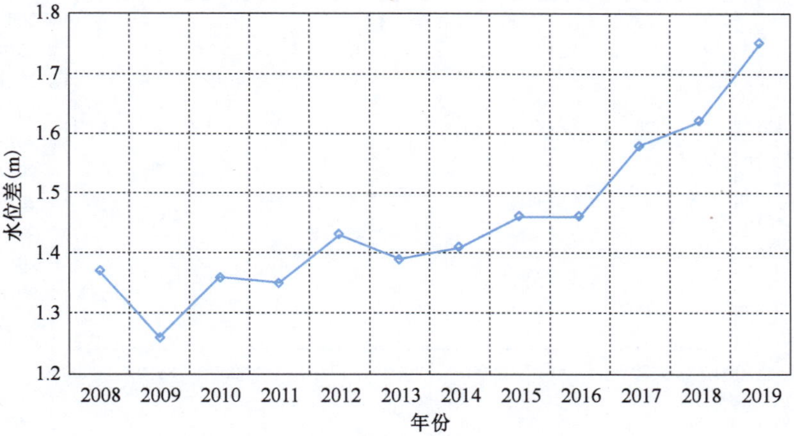

图 3-1　芦家河水道陈二口至昌门溪枯水落差变化图(6000m³/s)

河段进出口水位差逐渐加大,从动力学的角度出发,这必然会加剧砂卵石河段“坡陡流急”问题。近年,芦家河水道沙泓中段 5km 范围内的长程比降超过了万分之二,其中,天发码头一带是比降最陡的区域(图 3-2)。试验性蓄水前,5000m³/s 流量下天发码头附近 400m 范围内比降可达 $7^0/_{000}$ 以上,由于沙泓中段地形基本保持稳定,坡陡流急的局面也保持稳定;175m 试验性蓄水之后,天发码头附近陡比降的最大值并无明显变化规律,但出现陡比降的流量范围有明显扩大趋势。2014 年之前超过 $8^0/_{000}$ 的比降多出现在 6500m³/s 以下流量级;而 2014 年后比降超过 $8^0/_{000}$ 的流量范围扩大至了 8500m³/s,这与现场维护人员反映只有当流量大于 8500m³/s 时坡陡流急才会有所缓解是基本一致。

另一方面,沙泓中段流速逐渐增加,与芦家河河段进出口水位差渐加大有较好的对应关系。近年来的表流测量表明，芦家河沙泓中段的表面流向是较为平顺的，基本是顺着深槽走向下行。表面流速在三宁1号码头稍上游处达到最大，三峡工程蓄水初期约2.5～2.6m/s，2014年以前基本不超过2.8m/s，2014至2016年，表面流速最大值均在2.8～2.9m/s左右；2017年的最大值则达到了3.26m/s，较以往有所增加，但出现的位置没有变化，依然位于三宁1号码头稍上游处。

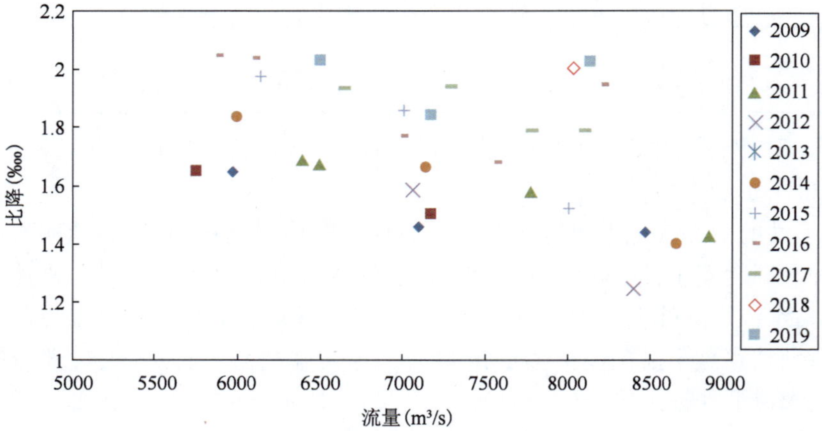

a) 5km长程比降

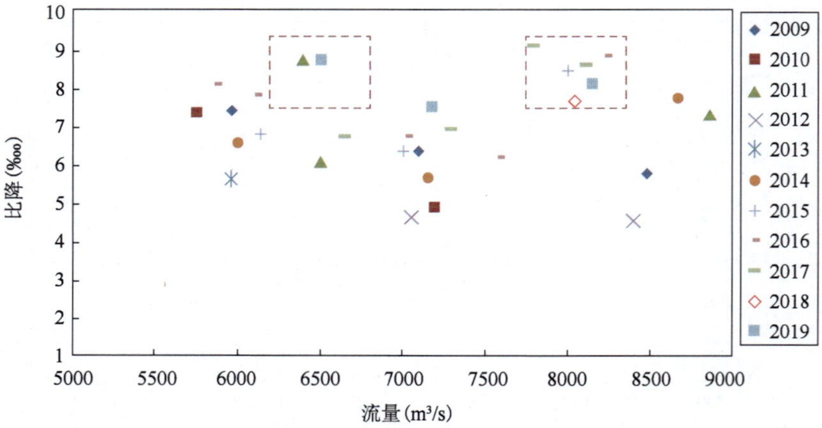

b) 天发码头200m比降

图3-2　芦家河水道沙泓中段比降变化图

（3）试验性蓄水以来，芦家河河段淤沙浅滩问题逐渐消失；卵石浅滩问题由“卵石河床高凸、难以冲刷下切”转变为“卵石局部输移、落淤形成卵石浅滩”致使局部水深有限、航宽不足。

对于淤沙浅滩，试验性蓄水期以来主要位于芦家河水道沙泓进口鸳鸯港浅区和江口水道吴家渡过渡段浅区。三峡工程蓄水以后来沙锐减，汛期淤积数量有所减少，河床刷深，本来由于汛枯期流路不一致导致的汛期淤积泥沙汛后冲刷不及所产生的航道问题将得到较大缓解，但随着河道冲刷引起边、心滩的冲退或萎缩、支汊的发展，使得淤沙浅滩区域水流进一步分散，加之河床的粗化及汛后退水加快，使得汛后水流挟沙能力降低，淤沙浅滩汛后水浅的问题再度出现。进入试验性蓄水期后，随着宜昌至昌门溪河段航道整治工程的实施，河段内关键洲滩得到控制，淤沙浅滩问题有了极大改善，目前对航道条件无明显不利影响。

对于2014年以前的卵石浅滩，主要位于芦家河水道沙泓中段天发码头浅区和枝江上浅区。由于芦家河水道沙泓中部毛家花屋（上、下倒挂金钩石）至40号礁一带河床底质为卵石胶结层，抗冲性较强，航槽地形难以冲刷下切，出现了“底高床硬”现象，致使局部水深有限、航宽不足。根据150m宽度内水深核查情况，航道维护下芦家河水道沙泓最浅处的尺度为3.2m左右，是水深条件较为有限的卵石浅滩。枝江上浅区因为早前砂石乱采滥挖活动将大量弃石堆积于航槽边缘，侵占了有效航宽，造成航宽不足，由于弃石粒径大，乱石堆形态位置均较为固定，最浅处可维护尺度为3.4m，难以满足规划目标尺度。

如前所述，随着芦家河河段进出口水位差的增大，水动力条件明显增强，公认具有极强抗冲性的芦家河沙泓中段天发码头一带河床开始出现松动。2004年至2012年初，芦家河沙泓中段天发码头一带的下段开始出现5m等深线；随后，该冲刷速度开始加快，2014年初，5m等深线接近贯通，2016年初，5m等深线完全贯通，并出现了深度大于6m的水深点。天发码头附近因“卵石河床高凸、难以冲刷下切”引起的水浅问题得到了改善（图3-3）。然而，三宁化工码头前沿逐渐出现卵石浅滩，2014年以前，浅滩虽然有雏形，但水深条件尚可，不影响通航；2014年以后，浅滩的高程才逐渐淤高，2017年初达到最大值航基面下3.0m，出现了“毛家花屋窄槽段的坡陡流急＋三宁化工码头段水浅”碍航新格局。

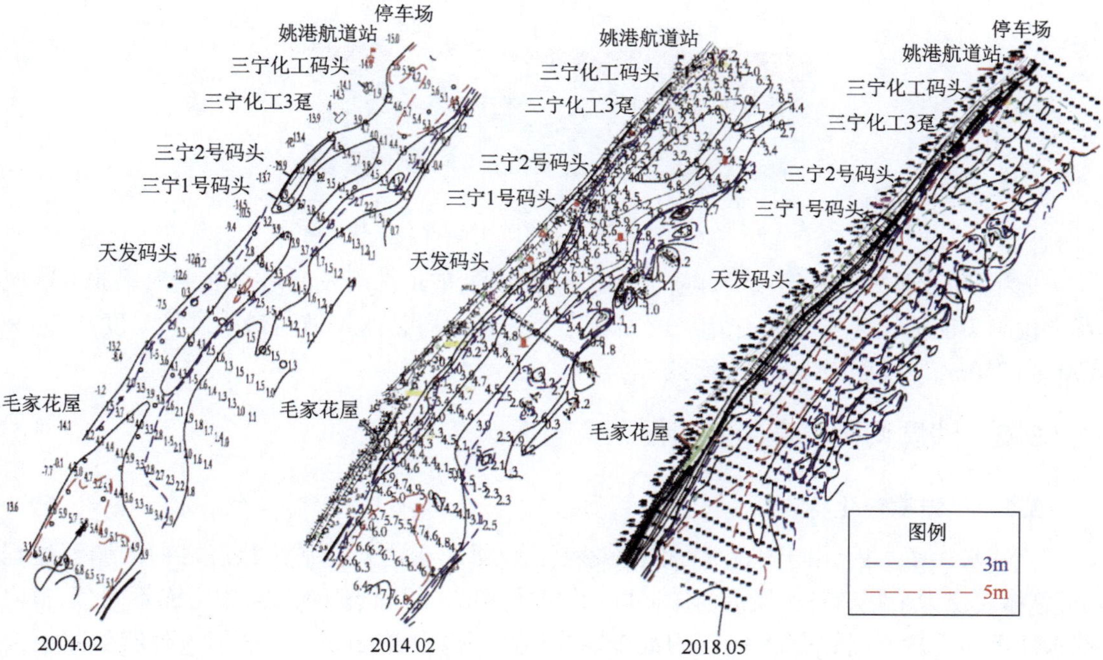

图3-3 芦家河水道沙泓中段等深线变化图

由于三宁化工码头前沿卵石浅滩主要在汛期转枯水期之际形成，计算分析了中枯水流量下芦家河沙泓中段水动力条件及输沙特性，发现枯水期大流速区域位于沙泓毛家厂附近以及毛家花屋附近，起动粒径可达50mm左右，而上下游均为流速较缓区域；同时结合河演情况，卵石浅滩淤积发育过程与毛家花屋浅槽冲刷过程是基本同步，且浅滩组成与沙泓毛家花屋附近碛坝边缘河床组成非常类似，基本判定卵石浅滩只可能是芦家河河段内部冲淤的结果。

(4)“卵石浅滩”的存在使得芦家河河段枯水期航道条件不能满足最小维护尺度,外受“坡陡流急”影响,船舶下行存在安全,上下较为困难。

一方面,倘若三宁化工码头前沿浅滩汛后冲刷不及,则航道条件远不能满足枯水期航道最小维护尺度 3.5m×150m×750m。据统计,芦家河水道沙泓中段——三宁化工码头前沿 2008 年以来枯水期最低水位在航基面下 0.5m 左右,即 33.1m;枝江水道枯水期最低水位 32.07m(1985 国家高程基准)。以 2018 年 8 月毛家花屋段地形为例,芦家河沙泓中段能保证 3.5m 最小通航水深的航宽不足 110m。枝江水道也存在类似情况,规划的较为平顺的航路中仍存在零星的浅点不能满足通航水深要求。另一方面,三宁化工码头前沿卵石浅滩的存在,使得船舶行驶方向与水流流向存在较大夹角(图 3-4),同时受毛家花屋一带“坡陡流急”的影响,船舶通行时操作困难,存在安全隐患。2017 年初航道管理部门对芦家河水道急流段的航迹进行了较为全面的观测,航迹观测表明:船舶下行时为了在急流区控制船速、拉大船间距而采取的“之”字下行路线,导致船舶偏离航线,例如神舟 966 号,最大偏航度数为右 52°,下行最大时速达 22.4km/h,极易因操作不及时触碰卵石浅滩;上行时船舶在规避卵石浅滩的同时还需克服急流与陡比降,上行速度较慢,例如迹华懋 1 号上行最小速度仅 3.0km/h,上行较为困难。

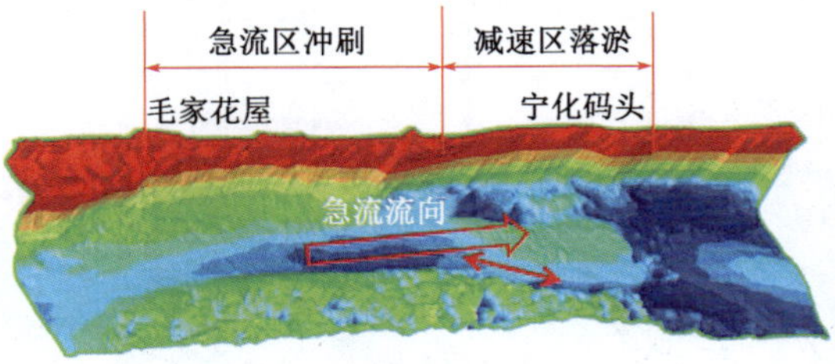

图 3-4 芦家河水道沙泓中段流向与船舶航行方向示意图

近年,为改善砂卵石河段局部航道水深不足问题,航道部门及时对水陆洲洲尾放宽区域及宁化码头前沿浅区采取疏浚清障,才保证了芦家河河段枯水期航道最小维护尺度 3.5m×150m×750m,但汛后仍出现回淤现象。

3.2 沙质河段航道条件变化

3.2.1 滩槽变化特点

三峡水库蓄水后,由于来沙量大幅减少,下游河床在达到新平衡状态之前的调整过程中,总体表现为长距离长时段的河床冲刷,其中受河道边界形态不同、河床组成不同、河道内部水沙运动规律不同等作用,河道内部岸线、洲滩、河槽均表现出了不同的冲淤变化特点。

(1)三峡蓄水初期清水下泄作用,加之中下游河段岸坡抗冲性较差,高滩冲退显著;在河势控制工程及航道整治工程作用下,近期高滩岸线总体稳定性有所增强,河势总体变化不大,但河道内中低滩体冲刷依然较为显著。

沙质河段河道边界一般由河流冲积物组成,河床及河岸可动性强。岸线对控制该段河道走向、维持总体河势的稳定,起到至关重要的作用,同时,岸线也是滩槽格局的重要依托。

三峡工程蓄水运用初期,高滩岸线普遍发生不同程度的崩退,河道内部的滩体发生了一定幅度的冲刷变形。特别是由于上游河道局部主流摆动、顶冲位置发生变化，导致下游河段部分贴流段岸线崩退剧烈，如周天水道下段的新厂高滩、天星洲高滩，藕池口水道下游北门口一带南碾子湾高滩，窑监河段下游大马水道内的丙寅洲高滩及大马洲高滩，陆溪口水道中洲一带高滩岸线、嘉鱼水道护县洲左缘岸线等；其次，部分弯道凸岸边滩受“清水下泄”的影响，持续冲刷后退，主流向凸岸一侧偏移，引起岸线崩退，如莱家铺弯道凸岸桃花洲边滩中上段、熊家洲弯道的右侧高滩；另外，两弯道间的二(多)次过渡段，如周天河段中上段的南五洲、茅林口、古长堤、盐船套岸线也是未有守护或零星有少量守护，2012 年前均有不同程度的崩退。上述岸线崩退往往以长距离，大范围岸线的整体后退为主要特征，崩岸范围长，年后退幅度一般可达 10 ~ 20m，最大年崩退幅度可达 50m 以上。

岸线的崩退使得河道逐渐展宽，过水断面面积增大，主流摆动幅度增加，不利于河道形势及航道条件的稳定。针对这一问题，水利部门及航道部门自 2012 年以来实施了大规模的河势控制即航道整治工程，对上述岸线崩退较为剧烈的区域实施相应的岸线(高滩)守护工程，对局部主流顶冲或者泓贴岸区域的岸线进行了有效守护，对局部抗冲性较差的已护岸线区域进行加固。通过上述工程措施，上述长距离大范围岸线崩退的现象基本消失。高滩岸线的破坏主要以岸坡坡脚的冲深及局部崩窝为主要表现特征，中高滩滩体稳定性有所增强。在这一类控制工程作用下，整个中下游沙质河段河道形势相对稳定，河道的走向及河型均没有发生明显变化。

但是，由于河道内的中低滩体长期处于淹没之下，在来沙减小的大背景下必然出现较为显著的冲刷，加之河床粗化和径流过程调整，局部放宽或水流变缓区域淤积，河道内滩槽变化进一步趋于复杂。

(2)河道内中低滩体冲淤化剧烈，深槽走向及形态随之发生调整。

据统计，2002 年 10 月至 2018 年 10 月间，宜昌至湖口河段总冲刷量为 23.21 亿 m^3，其中枯水河槽冲刷 22.01 亿 m^3。若上述冲刷均发生在航槽内部，宜昌至湖口段 955km 的河段内航道水深将大幅提高。然而，从实际航道条件变化情况来看，航道尺度的提升远未达到上述变化幅度，表明临近枯水淹没状态的低滩滩体也发生了剧烈的冲刷。低滩的冲刷对中枯水过水断面形态变化的影响十分突出，从近几年实际观测情况来看，低滩的变化并非单方面的，其冲刷往往引起河道内深槽出现较为明显摆动，其深度及宽度也随之出现调整，随着深槽的摆动，与深槽变迁方向相反的一侧往往还会形成新的低矮淤积体。这种现象使得即使是较窄的枯水河槽，也会出现复杂的水下断面形态。

河道内心滩滩体总体表现为冲刷后退或者冲淤交替的变化态势，滩体稳定性总体较差，枯水河槽断面形态变化剧烈。这一现象在中下游的分汊河段中均较为显著，太平口水道太平口心滩、三八滩；藕池口水道倒口窑心滩；燕子窝水道燕子窝心滩均是这一类变化的典型代表。在 2003—2012 年间，上述滩体总体均表现为冲刷后退，且以滩体头部及侧缘的冲刷最为显著。滩体的冲刷带来了航槽的明显摆动，太平口水道 2 号槽急剧缩窄，进流不畅；藕池口水道进口主流右摆，局部放宽，河心淤浅；燕子窝水道左汊主流摆动幅度加大，上下深槽交错均是这一现象的典型代表。2012 年后，为稳定上述河段的航道条件，实施了系列的整治工程，多数滩体或滩体的关键部位在整治工程的作用下得到了守护，稳定性显著提升，但个别演变极为剧烈的河段滩体冲刷调整依然在延续。如太平口水道 2 号槽口 2016 年以来的持续萎缩,燕子窝心滩中下段侧蚀及2017年度上下深槽间浅埂的大幅淤积等。

河道内部分边滩滩体较为低矮,在冲刷变化过程中,根部易出现切割,滩体形态散乱,航槽随之淤浅或大幅摆动。这一现象在三峡蓄水后坝下游部分滩体稳定性较差的顺直及弯曲河段内均有所显现,如荆江河段莱家铺水道弯曲段桃花洲边滩、顺直段的莱家铺边滩,大马洲水道右岸侧边滩滩体等。上述滩体在175m试验性蓄水后均出现了较为显著的边滩冲刷现象,以滩体的总体刷低和边滩根部倒套的冲刷发展为主要特征。造成了滩体对水流的控制力度下降,左侧航槽淤积的不利现象。针对这一现象,2014年前后实施了以护滩工程为主体的守护型工程,工程实施后,边滩根部窜沟发展的态势得到了控制,边滩稳定性显著增强。

(3)径流过程对于河床冲淤的影响日益凸显,河道内低滩冲淤调整规律依然复杂,变化剧烈。

三峡水库下泄的清水,流经砂卵石河段后,在沙质河段,通过沿程的床面补给,沿程输移的沙量存在一定的恢复。但总体来看,来沙较三峡蓄水前减小了80%以上,来沙条件的差异将显著减小。与此相应的,来水过程对于河道冲淤的影响日益凸显,一方面来水过程决定了坝下游河道对床沙质的补给强度;另一方面,来水过程的差异,决定了主流年内的作用区间的不同。三峡工程以及逐步投入运行的上游各梯级水库的调度作用,对下游年内径流过程的改变是不可忽视的,一般说来,上游库群将削减洪峰,延长中水或中等洪水的持续时间,这将显著增强这一流量区间的造床效应,相应河床形态也会随着来流条件的变化出现新的调整。

从三峡蓄水后实际发生的情况来看,虽然在整个断面上,挟沙量总体仍处于非饱和状态,但断面横向水流条件的差异,仍会使得局部挟沙量过饱和,这就导致沙质河段断面总体虽然呈现冲刷状态,但具体到特定河段的特定区域,仍处在冲淤交替的变化过程之中。持续时间较长流量级(区间值)的主流带所在的位置,水流流速大,且一般含沙量不饱和,河床将发生冲刷;而主流带以外的缓流区,由于流速的大幅度减小,局部泥沙仍有可能过饱和,河床可能发生淤积。三峡水库蓄水,改变了原有的来流过程,中下游河段的造床流量也随之发生调整,造床作用较强的流量条件下所对应的主流区域与现有河槽走向存在一定的偏移,河道内的滩槽形态也将随之发生一定的变化。若造床流量下的主流与河槽走向一致,则冲刷主要发生在深槽,带来河槽冲深,反之则有可能出现在滩体区域,断面形态有可能坦化,部分河段随着滩体的切割断面形态甚至有可能向枯水双槽态势转化。

需要指出的是,由于年际间径流过程的差异,各年份造床效应突出的流量级也是不同的,冲淤调整的现象将会显现出年际间的差异,但冲淤调整的深层机理始终是一致的。相应中下游河段断面冲淤变化并非单方面的,其冲刷往往引起河道内深槽出现较为明显摆动,其深度及宽度也随之出现调整,随着深槽的摆动,与深槽变迁方向相反的一侧往往还会形成新的低矮淤积体。这种现象使得即使是较窄的枯水河槽,也会出现复杂的水下断面形态。三峡蓄水后,长江中下游大部分沙质河段演变所出现的新现象多与此有关。

3.2.2 主要航道问题

沙质河段内主要有弯曲、分汊、顺直三种河型,不同类型河段的滩槽格局不同、滩槽变化特点有差异,航道问题各具特点。

(1)分汊河段

三峡工程蓄水后,部分分汊河段由于江心洲滩萎缩、支汊发展等不利现象的出现,浅滩碍航问题进一步凸显，且主要集中在分流区域和汊道内部。

在分流区域，江心洲滩头部完整与否对于浅滩航道条件的影响最为直接。三峡蓄水后，不饱和水流的持续顶冲使得江心洲体稳定性大幅降低，其对汊道分流的控制力度逐渐减弱，分流区域河宽增大，主航道所在的汊道进口处往往出现交错或散乱的不良浅滩形态，如燕子窝水道(图3-5)等。

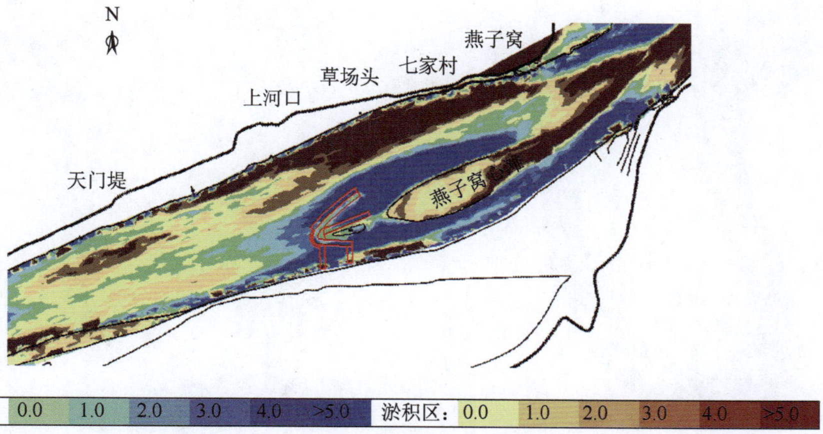

图3-5 2005—2012年燕子窝水道河床冲淤分布图

在汊道内，汊道分流比的调整对于汊道内部浅滩航道条件的好坏起主导作用。受洲头冲刷及中洪水历时延长的影响，部分位于中洪水流路上的支汊在中洪水长历时作用下出现了逐渐冲刷发展的迹象，主汊分流比降低，水流动力不足，使得主航道所在汊道内部航道条件恶化。如太平口水道的北汊呈淤积之态，分流比由2012年2月的67.8%减小至2018年3月的14.3%，航道条件恶化明显，枯水期只能采取维护疏浚措施保障3.5m航深、200m航宽畅通(图3-6)。

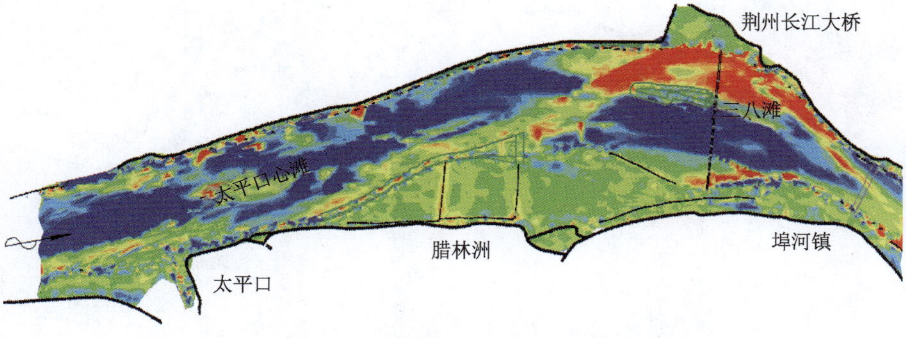

图3-6 2012年2月—2018年3月太平口河床冲淤分布图

在汇流区，随着主支汊地位的调整及分流比的变化，水流交汇的夹角及主支汊地位发生调整，往往使得原有稳定河槽发生变迁，极易形成交错、散乱等不良浅滩，如新洲水道等。

(2)弯曲河段

三峡工程蓄水后，城陵矶以上的弯曲河段均出现"凸冲凹淤"变化，致使弯道上段的凸岸侧深槽和弯顶以下的凹岸侧深槽交错发展，航道条件变差；个别弯道主流发生了撇弯，深槽弯曲半径减小的同时，撇弯后的主流易摆动。

如在荆江河段的调关、莱家铺弯道以及熊家洲至城陵矶连续弯道段，2002 年以来各弯道“凸冲凹淤”变化均较明显（图 3-7 ~ 图 3-9），且七弓岭弯道在 2010 年汛后发生了撇弯（图 3-8）。

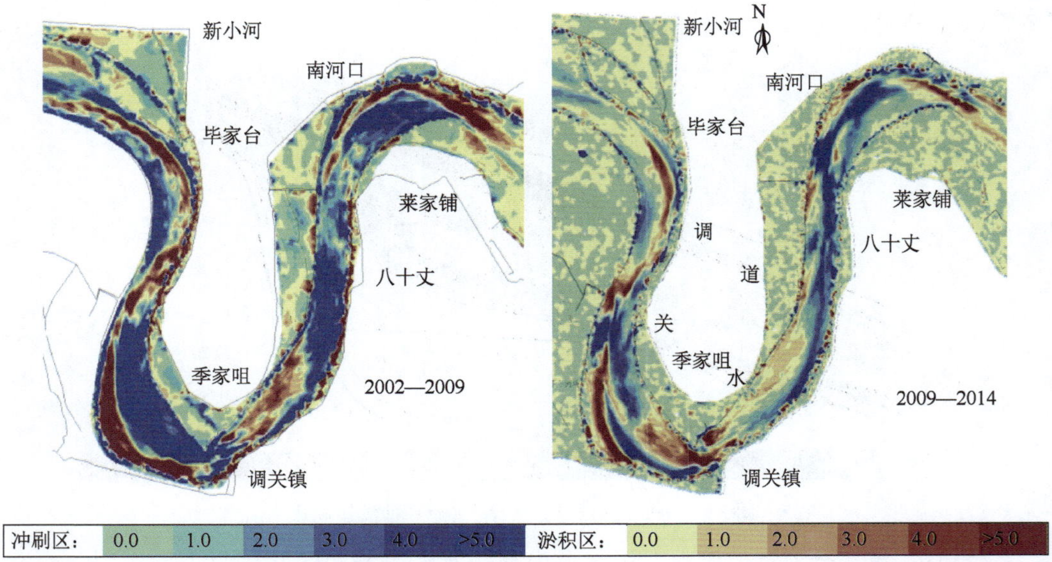

图 3-7　调关、莱家铺弯道河床冲淤分布图

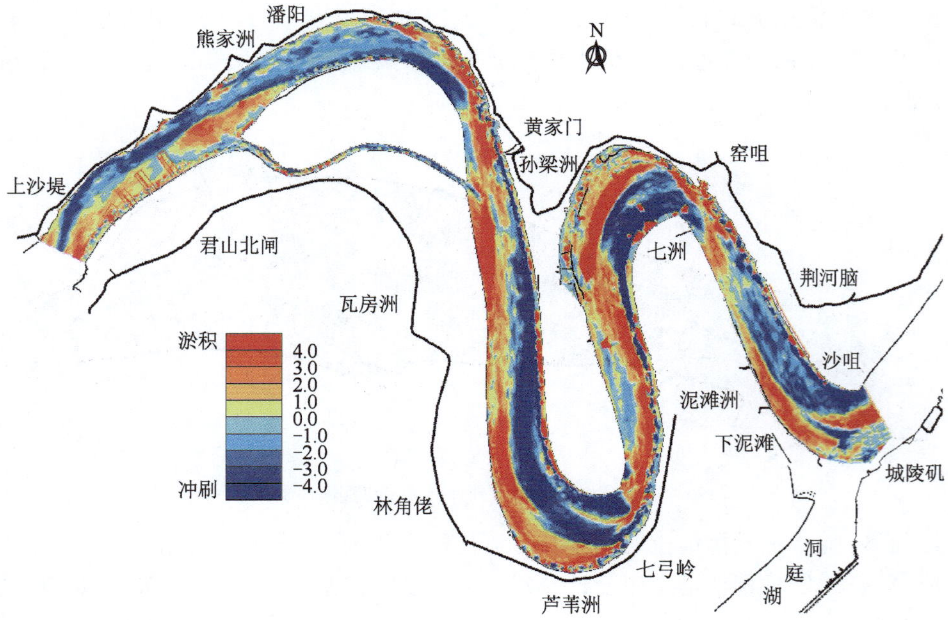

a) 2018年与2010年地形对比

图　3-8

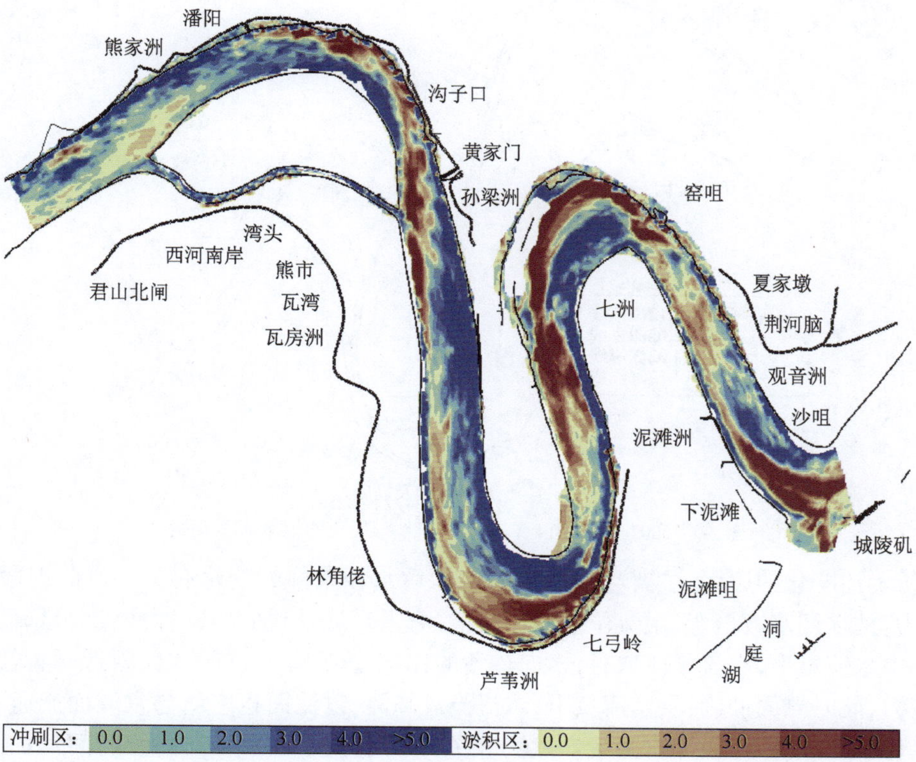

b) 2010年地形与2002年地形对比

图 3-8　熊家洲至城陵矶连续弯道段河床冲淤分布图

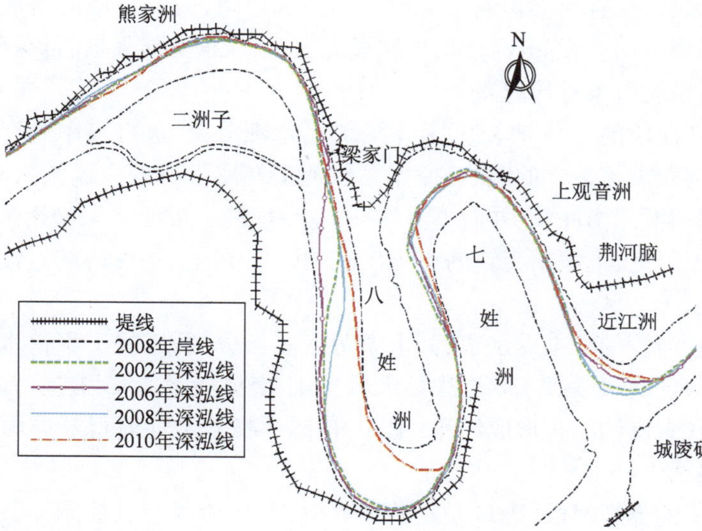

a) 2010年及以前

图　3-9

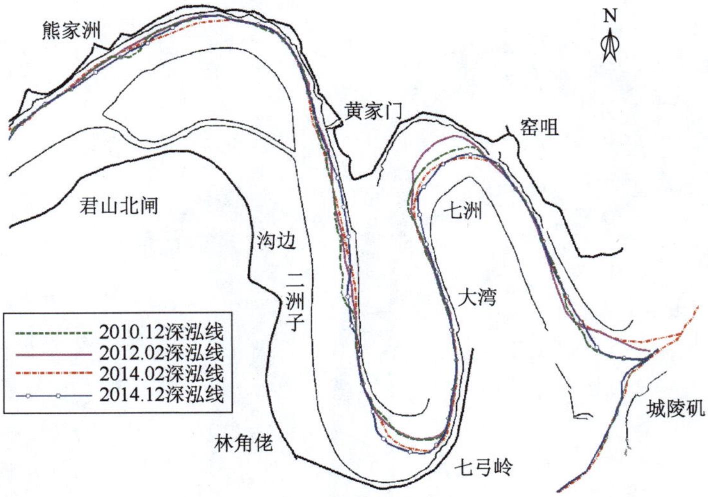

b)2010年及以后

图 3-9　2002 年至 2014 年熊家洲至城陵矶河段深泓平面变化图

分析上述变化的原因,主要与三峡工程蓄水后水沙条件的变化有关。弯曲河段水沙输移特性为:枯水期水流坐弯,主流位于凹岸河槽,弯道环流导致的横向输沙较为显著,凹岸河槽冲刷;中水流量下,水流漫滩取直,横向输沙的比例逐渐下降,同时滩面附近具有较高的流速、切应力,此时滩面冲刷;洪水流量下,水流淹没高滩,过流面积陡增导致滩面流速下降,滩面流速、切应力减小,滩面冲刷减缓。三峡水库蓄水后,由于中水漫滩持续时间延长,水流挟沙不饱和,滩面受到冲刷的概率大大增加;同时,含沙量的减小,限制了汛后滩体的回淤,造成距离三峡工程较近的弯曲河段凸岸高滩崩塌、前沿低滩冲刷,凹岸侧河槽则发生淤积。

(3)顺直河段

三峡工程蓄水后,顺直河段普遍发生局部崩岸和边滩冲蚀,致使河道展宽,过渡段主流摆动空间加大,深槽易摆动,部分河段出现明显的上、下深槽交错发展,部分河段甚至已形成双槽分流格局,两槽航道条件均较差。

在位于下荆江河段的大马洲水道,其上游为乌龟洲分汊,进口左岸侧存在太和岭矶头。近期由于其上游河段出流条件的改变,原本贴靠河道左岸下行的主流被太和岭矶头挑向丙寅洲一侧,丙寅洲前沿深槽冲深、并向下游发展,左岸横岭一带的原深槽逐渐淤积出边滩,河道内枯水河槽呈现出上、下深槽交错的态势(图 3-10)。在上、下深槽的过渡段,航道水深减小,航道条件恶化。

在位于上荆江河段的斗湖堤水道,其上游为南星洲分汊,三峡工程蓄水以前,长期是顺直单一的航道水深优良河段。三峡工程蓄水后,由于南星洲尾高滩和左岸岸线崩退,河道展宽,主流左摆,而在右岸侧淤积形成浅滩(图 3-11、图 3-12),致使航行基准面以下 4m 航槽散乱,航道条件明显恶化。

在城陵矶以下的界牌河段,进口左右两岸有螺山、鸭栏双节点控制,河道由顺直段和新淤洲分汊段组成。三峡工程蓄水后,由于入流条件的变化,上深槽沿左岸侧冲深、下延,河心淤积,在顺直段形成枯水双槽(图 3-13)。两槽争流,两槽枯水期航道尺度均难以达到 4.5m 水深和 200m 航宽,一槽出口水深条件较差,而另一槽进口航宽不足。

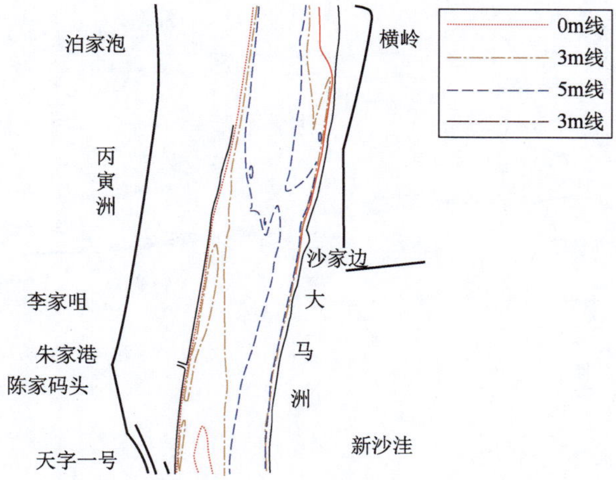

a) 2010年

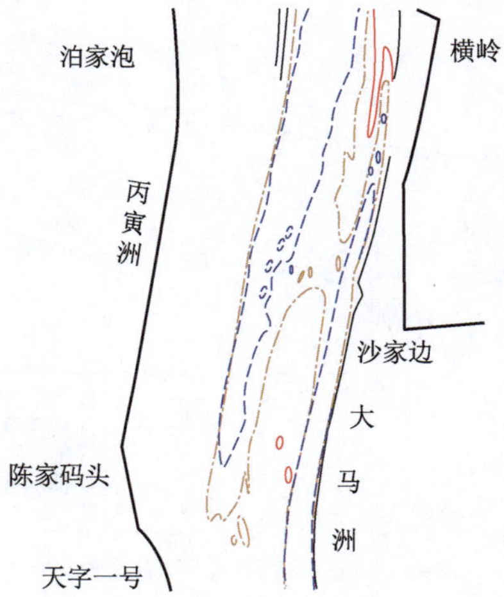

b) 2012年

图3-10　大马洲水道过渡段浅滩形态变化图

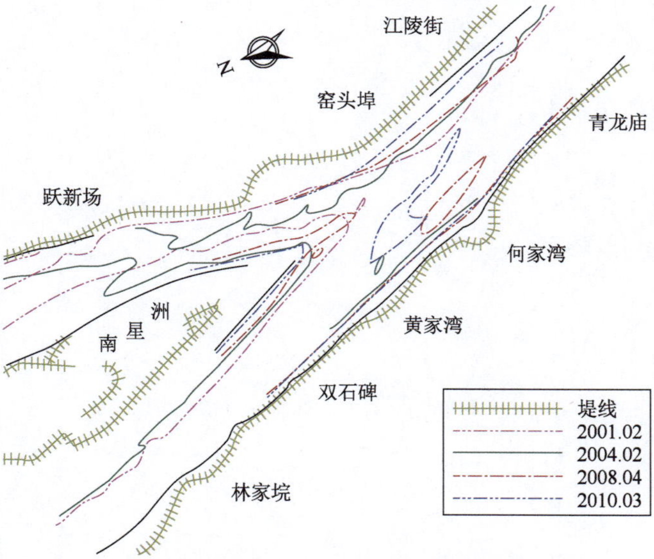

图3-11　斗湖堤水道航行基准面以下4m等深线变化图

a) 南星洲洲尾高滩

b) 左岸窑头埠一带江陵高滩

图3-12　斗湖堤水道崩岸照片

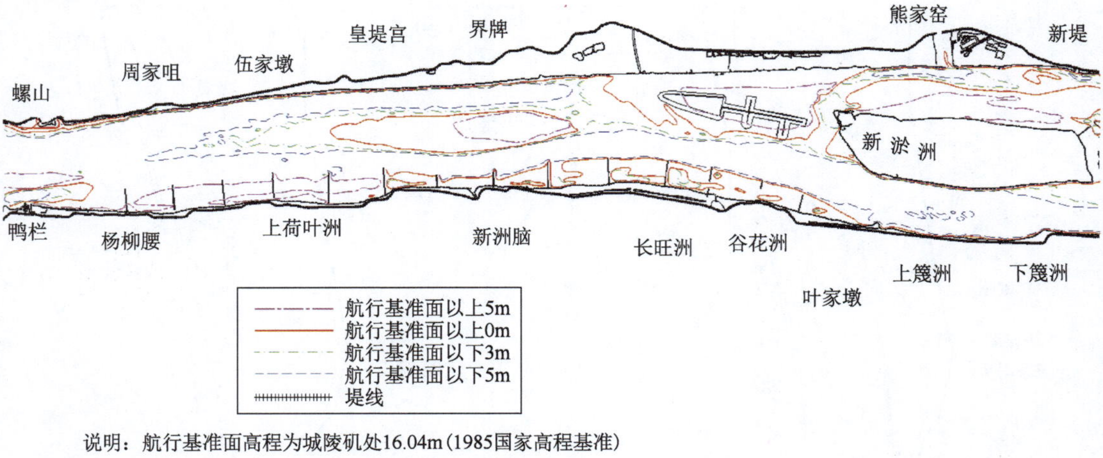

图 3-13　界牌河段 2020 年 3 月滩形态变化图

4 长江中下游航道系统治理方案

4.1 航道系统治理原则

长江中下游干流河道为冲积平原河流，河型众多，洲滩变迁频繁，河床演变剧烈。三峡水库蓄水后，来水来沙条件发生异变，坝下河床将发生自上而下的河床冲刷调整，河床演变规律发生变化，航道变化更趋复杂。"十二五"期以前，长江中下游航道治理是针对单个的重点碍航水道开展。"十二五"期，面对三峡工程蓄水运行引起的航道新问题和提高航道通过能力的新需求，考虑到长江中下游河段水沙条件、河床组成、河型分类、河床演变特点以及河道碍航特性均有较强共性，而且问题水道分布点多线长，长河段的系统治理较为必要。

4.1.1 航道的系统性特点

(1)航运需求的区段性

长江中下游宜昌至安庆航段上连三峡库区航道、下接下游深水航道，是推动上中下游地区协调发展的核心水上通道。三峡工程蓄水后，随着长江干线南京以下 12.5m 深水航道的建设和上游三峡库区的形成，长江干线上、下游航道条件得到了大幅度改善，2013 年上游三峡库区航深已达到 4.5m，安庆以下河段航深在 6m 以上，而宜昌至安庆河段航深仅 2.9～4m，与上、下游相比，航深明显偏低，成为水运长距离运输的制约。因此，为充分发挥长江航运整体效益，满足沿江经济对航运快速发展的迫切需求，促进东中西部地区协调发展，将该区段通航条件与其上、下游衔接具有重要意义。

(2)航道特性的同属性

长江中下游除宜昌至大埠街 110km 为山区河流向平原河流转变的过渡段外，其余均处于广阔的冲积平原。相同河床地质河段的航道特性相近。

宜昌至大埠街河段，两岸多低矮的山丘、阶地发育，河岸较稳定；河床主要由砂卵石组成，局部基岩出露，天然条件下河势及深泓多年来总体较稳定，其航道条件总体优于具有相近来流的下游荆江沙质河段，主要在局部卵石河床高凸处存在水浅、坡陡、流急问题。

大埠街以下河段，两岸为冲积平原，地势平坦，仅局部分布丘陵阶地，沿岸有堤防保护；河床由中细沙组成，可动性较强，河道内滩槽形态、深泓易发生变化。由于河岸组成及径流的差异，城陵矶以上段以弯曲河型为主，城陵矶以下段以分汊河型为主。但在河道局部放宽段，如汊道分流区、弯道上段主流由凸岸向凹岸的过渡段、顺直河段交错边滩之间的主流过渡段，由于年内水位消涨过程中主流摆动幅度较大，都会形成浅滩。荆江沙质河段，滩多水浅，是中下游航运的"卡脖子"河段；往下游，如城陵矶至武汉、武汉至湖口、湖口至安庆，随着较大支流的汇入，流量沿程增加，虽然浅滩分布仍较广泛，但航道水深条件总体较上游优。

(3)河床演变的相似性

长江中下游河道在历史上变迁极为剧烈，近代以来，尤其是新中国成立后，经过一系列的人工裁弯、建闸、堤防及护岸等水利防洪工程的累积建设，河道走向基本得到控制，总体河势逐渐趋于稳定。但是，受年内径流洪、枯期变化明显、年际来水来沙条件随机性差异等因素的影响，河道内深泓频繁摆动、洲滩冲淤消长仍是长江中下游最为显著的演变特点。

长江中下游河道主要包含分汊、弯曲、顺直三类河型，同类型河道的演变特点具有较好的相似性。弯曲河型主要分布于藕池口至城陵矶河段，河床演变特点主要表现为大水取直、小水坐弯，河身在有约束条件下表现为凸岸边滩与凹岸河槽的冲淤消长；在无约束条件下河身蜿蜒蛇行，当河弯发展到某种程度时，则发生自然裁弯或切弯撇滩。分汊河型主要分布于藕池口以上及城陵矶以下河段，河床演变特点主要表现为汊道分流比随洪、枯水流路的变化而相应产生调整，主、支汊冲淤消长或周期性易位。顺直河型主要是两弯道之间的顺直（微弯）过渡段，河床演变特点主要表现为边滩上冲下淤，下移后在原位置再形成，深泓上提下挫。三峡蓄水运用后，不同河型出现了新的变化，其表现也是基本相似的。

（4）三峡工程影响的统一性

三峡工程运行对长江中下游来水来沙条件改变较大，引起河床发生一系列调整。一方面，来水来沙条件变化对河道冲淤的影响有共性特点。来沙量减小70%以上，中下游河道总体以冲刷为主，且表现为滩槽均冲、枯水河槽冲刷占90%以上；汛末退水速度加快，对“洪淤枯冲”浅滩的退水冲刷较为不利；枯水流量增加，在一些洲滩边界稳定、洪枯水主流较一致的河段，枯水河槽水深随之增加。另一方面，河床冲刷调整的同时，不同河型表现出各自相近的滩槽调整特性。在弯曲河道，凸岸边滩冲刷、凹岸深槽淤积，主流呈撇弯切滩的态势；在顺直微弯河道，崩岸加剧，滩槽更加不稳定；在分汊河道，江心洲的冲刷与崩退加剧，水面比降较小的汊道冲刷发展。

（5）上下游水道演变的关联性

由于上游水道为下游水道提供水流动力条件、泥沙输入条件等，一般情况下，上游水道的河床演变都会对下游水道产生影响。只有当两水道之间存在有节点控制的窄深河段时，由于这类河段稳定少变，水道演变的关联性便不明显。长江中下游沙质河段的两岸节点较少，上下游水道间的演变关联性较强，且影响范围往往较大，如荆江河段，历史上“一弯变，弯弯变”；陆溪口水道至燕窝水道，新洲右汊分流变化引起下游各水道主流发生不同程度的摆动；汉口水道至黄石水道，历史上天兴洲汊道主支交替引起其下各水道主流、洲滩、岸线发生不同程度的变化。三峡工程蓄水后，长江中下游来沙大幅度减少，粗砂主要由河床自上而下冲刷补给，使得上下游水道之间整体冲淤调整的关联性较强。

下游水道的侵蚀基面变化也会对上游水道演变产生影响。长江中下游存在砂卵石和沙质两种河床组成，由于河床抗冲性的差异，沙质河床冲刷强度大于砂卵石河段，其水位下降会对上游砂卵石河段形成溯源传递影响，这种现象自20世纪90年代上游来沙量减小、葛洲坝运行便已存在，三峡工程蓄水后更明显。而且，三峡工程蓄水后，在砂卵石河段内，在强冲刷自上而下发展的过程中，也表现出了下游河段水位下降对上游产生影响，有研究揭示芦家河水道进口陈二口的水位下降1m将导致宜昌水位下降约0.33m。另外，长江中下游支流入汇较多，如洞庭湖、汉江、鄱阳湖，支流入汇的变化也会对上游河道演变产生影响。

4.1.2 系统治理原则

基于长江中下游航道的系统性特点，并考虑河道安全行洪、生态环境保护等需求，航道系统治理原则如下：

1）生态优先，统筹兼顾

（1）主动保护，建设生态航道

贯彻落实习总书记"共抓大保护"的指示精神，坚持生态优先、绿色发展，主动建设生态工程，积极实施生态保护及修复措施，尽量减缓、消除、代偿航道建设发展对生态环境的不利影响，并进一步发挥其有利影响。

根据生态环境现状，严守生态保护红线，主动避开重要生态功能区，尽量不改变现有水生生境，合理确定整治标准、航道线路、工程规模；航道整治选取传统的天然材料和高降解、低污染的人工材料，广泛采取满足生境修复功能的生态护岸、生态护滩、水下鱼礁等多种生态工程结构，采用符合生态环保要求的成熟施工技术和工艺，合理安排施工进度，以避开鱼类产卵期；实施以生态涵养为主的生态修复措施，开展生态监测，试验探索满足不同保护需求的生态工程。

（2）统筹兼顾，提升综合效益

综合考虑防洪、水资源利用、岸线利用等规划，结合水利枢纽水库群的联合运行调度，充分利用长江航道建设成效，航道整治不断改善通航条件的同时，兼顾其他各方需求，力求实现工程综合效益最大化。

2）因势利导，系统布局

航道治理应充分利用稳定的河势和河道有利条件，遵循水流泥沙的运动规律和河床演变特点，对影响航道条件的不利因素进行必要控制或调整，引导河道向有利于航道条件改善的方面变化。

根据中下游航道特点，充分考虑河床演变的关联性，系统布局航道治理。航道治理以"目标河型"为目标，一方面，利用三峡水库蓄水后"清水冲刷"、枯水流量增加的有利条件，固滩稳槽，引导水流冲刷航道；另一方面，根据各浅滩碍航特性，合理采取提高航道尺度与减少水位下降相结合、守护与局部调整相结合、整治与疏浚相结合等措施，并充分利用主导河岸、节点、已建工程，科学设计工程方案。

3）循序渐进，动态调整

根据河道自身条件，响应时机，循序渐进，分期实施。长江中下游河床多变，航道条件时好时坏，三峡工程运行增加了航道变化的复杂性。航道治理应抓住有利时机，在河道自然演变过程中出现较优滩槽格局时进行治理，可以使工程的投入产出最优。因此，长河段系统治理中，先期除了需要对航道尺度达不到建设标准的水道进行航道整治外，还需要对航道尺度满足但航道条件已出现明显恶化迹象的水道进行整治。而且，在对航道尺度不足的水道进行整治时，有的水道一步到位的工程强度较大、对外部环境影响较大，航道整治也不宜一步到位，应先对影响中枯水河势的关键航道边界进行适当调控，如分汊河段的江心洲洲头、弯曲河段的凸岸边滩头部和受水流顶冲的凹岸段，顺直河段的主流过渡段的岸、滩；再根据整治后的河床调整，进行完善控制，从而达到滩槽形态、航道条件全面改善。另外，对于长河段的航道治理，也宜根据工程的轻重缓急，合理安排各单位工程的施工时序，以取得更好的整治效果。例如，先对变化剧烈、影响较大的关键部位实施工程措施，控制滩槽格局，如持续冲刷、崩退剧烈的高滩、边滩守护工程，以期最大限度地保护现有滩体的功能；再对变化较缓、受其他工程影响不大的部位实施工程措施。

三峡工程蓄水后,长江中下游河床将较长时期处于冲刷状态,且河床冲刷具有自上而下发展的特点,故应加强原型观测,开展持续的跟踪研究,根据河道发展变化动态调整和完善系统布局、整治方案,确保整治效果的有效发挥和整治建筑物的稳定。

4)建养并重、综合施策

治理工程与维护管理并重,综合施策,保障航道畅通。长江中下游防洪压力大、生态敏感因素多、重要涉水设施多,一些影响航道尺度提高的不良滩槽形态和不稳定的航道边界不能通过整治工程进行调整或守护。因此,在外部条件具备的河段实施整治工程,为航道可维护创造条件,同时采取加强维护性疏浚,开展航标标准化、大型化、智能化建设,规范航道养护管理工作,确保航道畅通。

4.2 长河段航道系统治理思路

4.2.1 砂卵石河段航道治理思路

近坝砂卵石河段航道问题有其自身的复杂性,水位下降问题、水深不足问题相互影响相互交织,同时还存在局部坡陡流急和卵石推移质搬运问题,航道治理难度较大。自 2010 年起航道部门有针对性地开展了大量的跟踪观测、分析、研究工作,提出了本河段系统治理思路,具体如下:

(1)综合施策,减淤、防冲、加糙、清障

砂卵石河段枯水位下降与局部浅滩碍航交织,航道治理需综合解决局部浅滩航道尺度不足及宜昌水位快速下降两方面问题。要实现这一目标,航道治理必须做到减淤、防冲、加糙、清障。

“减淤”是指减小芦家河水道沙泓进口淤积,解决淤沙浅滩碍航问题。

“防冲”是指守护河段内的天然枯水位控制节点,比如支汊的卡口、深泓高凸区域等部位,维持河道自身的枯水位控制能力,考虑到自身水位控制作用的重要性及修复难度,“防冲”是控制宜昌至昌门溪河段枯水位下降趋势最为经济有效的措施。

“加糙”是指在“防冲”措施的基础上,通过适当修复滩体,抛石粗化河床组成等人为干预手段,增加河床糙率,适当弥补蓄水以来该河段大幅冲刷造成的阻力损失,增强对水位的控制作用。

“清障”是指在条件具备的前提下,适时适度的清除卵石浅滩内的卵石浅包,实现尺度的提升。

(2)分步实施,先减淤、防冲,相机加糙、清障

鉴于统筹上游水位维持和局部航道条件改善的治理技术难度较大,而且复杂的外部建设条件也对系统治理有较大制约,砂卵石河段的系统治理措施若整体实施,则可能因较长的研究周期,而错失部分关键部位的治理时机。因此,为确保整治预期效果的实现,宜总体布局、分步实施。

根据砂卵石河段局部滩险成因及特点、河床水位控制作用特点,分步实施原则为:先实施通过构筑坝体解决局部航道条件较差问题的工程,相机实施通过清障解决卵石浅滩碍航问题的工程;先实施通过守护关键节点维持水位稳定的工程,相机实施通过护底加糙或构筑

坝体产生壅水的工程。

以清障为唯一手段的芦家河水道局部卵石浅滩水浅问题的治理是砂卵石河段航道整治的核心内容，但考虑到芦家河局部清障势必对上游水位产生一定的不利影响，必须先辅以必要的水位控制及补偿性措施，在水位基本稳定的前提下，再相机实施局部清障。

4.2.2　沙质河段航道治理思路

经过长期的堤防、护岸工程建设以及重点碍航滩险航道整治，长江中下游总体河势基本稳定，滩槽形态变化是影响沙质河段航道条件的关键。三峡工程运行条件下，长江中下游河段以冲刷为主，但若高滩岸线、中低滩体冲刷的同时深槽淤积，或者高滩岸线、中低滩体冲刷幅度大于深槽，将造成航槽位置不稳定，航道水深难以增加，甚至航道水深变浅等不利变化。因此，航道治理的总体思路为“固滩稳槽、局部调整”，即通过守护关键洲滩、局部调整不良滩槽形态，并利用三峡工程“清水下泄”的作用，促进水流冲刷中枯水航槽，提高航道尺度。

按照不同浅水道的航道条件变化特点和碍航程度，可将浅水道划分为重点碍航水道、一般碍航水道、潜在碍航水道三类。各类对应的治理思路也有差异。

第一类——重点碍航水道：演变极为复杂，滩槽格局稳定性差，碍航较为严重；航道治理以调整控制措施为主，塑造优良滩槽形态。

这类水道基本上均呈现十分复杂的平面形态，或以江心洲滩将河道分为2个及2个以上的汊道，又或以低矮心滩将枯水河槽分为多个流路（槽），各汊（槽）之间、汊（槽）与江心滩体之间的演变关系密切。而且，受三峡工程蓄水后水沙条件变化影响，这些浅滩水道均在持续发生复杂的河床调整，航道条件极不稳定，仅能勉强满足现有航道维护尺度。

这类水道一直是航道治理的重点。由于航道问题和外部环境的复杂性，大部分在前期按照总体设计、分步实施的原则，实施了一些控导工程，初步实现了治理目标，但航道边界仍有不利变化趋势。而且，若提高航道尺度，航道条件仍较差。因此，需采取调整控制措施，促进优良滩槽形态的逐步形成，改善航道条件。

第二类——一般碍航水道：滩槽调整幅度及频度相对较弱，部分年份航道条件不满足；航道治理思路是在守护关键洲滩的基础上改善局部滩槽形态，加大促进浅区冲刷力度。

这类水道的河床地形以及水沙输移的复杂程度不及第一类水道，而且河床演变的幅度和频度相对较弱，目前整体滩槽格局较好。

这类水道中，部分水道实施了航道整治，且整治效果较好，航道条件能够较好地满足建设目标尺度，但由于工程控制力度有限，或新水沙条件下局部洲滩有冲刷之势，部分年份航道条件不能满足航道尺度提高的要求；部分水道仍处于自然演变状态，航道边界发生不利变化，部分年份航道条件也不满足。因此，需要在守护关键洲滩的基础上改善局部滩槽形态，加大浅区冲刷力度，改善航道条件。

第三类——潜在碍航水道：滩槽格局较理想，现状航道条件尚好，但存在不利变化趋势；航道治理思路为守护有利滩槽形态，遏制不利演变的发展。

这类水道大部分处于自然演变的状态，当前的滩槽格局较理想，航道条件也较好。但航道边界已发生的不利变化或有不利变化趋势，较好的航道条件难以长期保持。因此，为长期维持较好的航道条件，提高航道尺度，需要守护有利滩槽形态，遏制不利演变的发展，保持稳定的滩槽格局。

4.3 设计最低通航水位

4.3.1 计算方法

长江中下游设计最低通航水位主要受三峡水库对枯期流量的补偿作用和河床冲刷引起的水位流量关系变化两方面因素的影响。由于三峡水库下游的河床冲刷是自上而下不断发展的过程,在河床经过自我调整再次达到平衡之前沿程水位流量关系逐年变化,因而根据长系列实测水位资料直接采用频率统计确定设计最低通航水位的方法失去了应用的前提。因此,按照相关标准规范要求,可采用以下方法确定宜昌至安庆河段设计最低通航水位:

(1)根据航道建设等级,确定通航保证率。长江中下游航道等级为Ⅰ级,设计最低通航流量的多年历时保证率可取98%。

(2)确定宜昌水文站设计通航流量:

采用水库径流调度模型,模拟计算不同水文系列年三峡出库流量,并计算相应保证率的设计通航流量;或者根据三峡工程调度方式,选取最小下泄流量作为设计通航流量。

(3)计算宜昌以下沿程主要水文站设计通航流量:

①选取宜昌及其下游各站近期不少于20年的实测流量资料,采用综合历时曲线法,计算相应保证率的通航流量。

②将各站流量看成由宜昌来流和区间来流两部分组成,则各站区间来流为本站通航流量减宜昌站通航流量。同时,考虑江湖关系变化、引江济汉工程等因素的影响,对区间来流进行修正。

③将(2)确定的宜昌站设计通航流量与沿程区间通航流量组合,得到沿程主要水文站设计通航流量。

(4)采用以下三种方法,计算分析各站枯期同流量水位降幅:

①数学模型计算:建立一维水沙数学模型模拟水库下游河床冲淤过程,计算分析未来某时期沿程水位流量关系变化,进而得出枯期同流量水位变化情况。

②水位下降趋势分析:分析三峡水库蓄水以来各站水位变幅与水库蓄水年限的相关关系,推算未来某时期内各站枯期同流量水位变化。

③河床冲刷趋势分析:分析三峡水库蓄水以来各河段累积冲淤量与蓄水时长以及各站枯期同流量水位累积变幅与河段冲淤量的相关关系,在推算未来某时期河段累积冲淤量的基础上,推算枯期同流量水位累积变幅。

其中,水位下降趋势分析、河床冲刷趋势分析均是基于实际变化拟合关系曲线、外推趋势发展,只适用于推求较短时间的趋势变化,且无法反映河床粗化对水位下降的影响。

(5)对于受电站日调节影响的近坝河段,根据电站日调节对下游水位变动的影响对水位变幅进行修正。

(6)建立主要水文站基准年的枯水期水位-流量关系,计算设计通航流量对应水位,考虑未来枯期同流量水位变幅,明确设计最低通航水位值。

4.3.2 不同时期设计最低通航水位值

由于受三峡水库“清水下泄”影响,长江中下游同流量枯水位将经历较长时期的调整过程,且总体呈下降趋势。而且,基础资料越充足,分析计算的设计最低通航水位值的合理性越高。因此,按照“分阶段研究、动态调整”的原则,对长江中下游主要水位站不同时期的设计最低通航水位(以下简称“设计水位”)进行了计算,为长江中下游航道整治工程的设计水位确定提供了参考。

4.3.2.1 2013—2017 年设计水位计算

2012—2013 年,考虑到三峡水库运行后已有近 10 年的实测水沙资料累积,而且水库已于2008 年开始 175m 试验性蓄水,水库调度方式趋于稳定,采用上述计算方法对 2013—2017 年设计最低通航水位进行了研究。

(1)设计通航流量

首先,通过对溪洛渡、向家坝、三峡各库设计调度方案,三峡水库 2003—2011 年实际调度过程,以及三库联合调度优化方案的分析,结合未来可能出现的三库联合运行情况,确定了长江中下游设计最低通航水位计算的最不利调度工况,即三峡单库运行情况下,水库 9 月 1 日开始蓄水,9 月 15 日前蓄水位不超过 155m,9 月 30 日蓄水位不超过 160 ~ 162m,10 月底之前蓄水至 175m,蓄水过程中下泄流量不低于 8000m 中下泄;枯水期 11 月至次年 4 月,1 月、2 月在保证下泄流量不低于 6000m^3/s,其他月份在满足保证出力前提下维持高水位;5 月份水位按照 5 月初坝前水位至 155m 均匀消落,并于月底消落至 155m;6 月上旬由 155m 降至 145m。

其次,运用水库径流调度模型,按照上述三峡水库调度方案,根据不同系列长度的三峡实际入库逐日平均流量计算三峡出库流量过程。由于系列年长度越长,囊括的枯水年份越多,三峡单库兴利库容无法满足枯期补水的年份也越多,故各站设计通航流量随着系列年长度的增加而减小。因此,推荐采用近 61 年(1950—2010 年)水文系列成果。

最后,根据宜昌下游沿程主要水文站实测水文资料计算各站之间的区间来流,并将计算成果与三峡出库流量过程逐日组合,得到下游沿程各站的流量系列。采用综合历时曲线法计算各站设计通航流量,设计通航流量见表 4-1。

2017 年设计最低通航水位预测值 表 4-1

项目站点	设计通航流量(保证率为 98%,m^3/s)	2002—2017 年水位降幅(m)	设计最低通航水位推荐值(m)	
			吴淞高程	1985 国家高程基准
宜昌	4200	0.28*	38.060	35.99
枝城	4345	0.28*	36.758	34.70
沙市	4225	0.967	30.473	28.32
监利	4240	0.345	23.964	21.92
螺山	7010	0.138	18.988	17.00
汉口	7927	0.148	13.815	11.71
九江	—	0	7.963	6.07
大通	9821	0	4.315	2.46

注:* 列出的宜昌、枝城站水位降幅未考虑葛洲坝日调节影响。

(2)同流量枯水位下降幅度

根据主要水文站 2002—2010 年实测水文资料,采用水位下降趋势分析、河床冲刷趋势分析两种方法,统计、预估析了至2017年各站枯水同流量水位累积降幅。在此基础上,考虑到三峡工程蓄水以来大通水文站水位流量关系基本不变(图4-1),建立了宜昌至大通河段一维水沙数学模型,并采用三峡水库淤积计算得到的出库水沙过程(1990—2000年)作为上边界条件、1998—2003年的大通站水位流量关系作为下游水位控制条件,计算了基于2002年实测地形的未来15年(即2017年)的河床冲淤、水位变化情况。结合不同河段水位变化特点,分析三种方法计算成果的合理性,综合确定各站水位降幅(表4-1)。

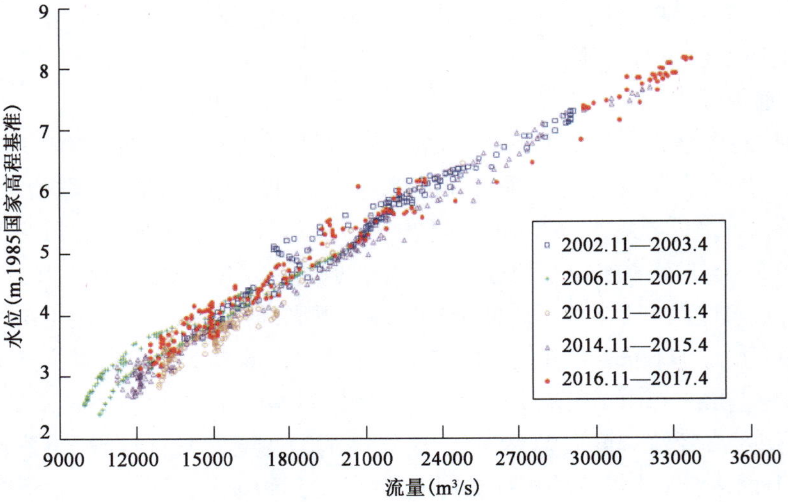

图4-1　2002—2010年大通站枯期逐年水位流量关系

另外,鉴于葛洲坝电站日调节非恒定流影响至沙市站的认识,采用一维非恒定水流模型对电站日调节波进行数值模拟,计算分析了三峡工程175m蓄水阶段枯水期电站日调节对水位的影响。取枯水期不同月份最大值对宜昌、枝城站水位降幅进行了修正,修正值分别为0.62m、0.41m。

(3)2017年设计最低通航水位值

基于主要水文测站2002年枯水期水位—流量关系,推求各站设计通航流量对应的水位,结合2017年枯期同流量水位降幅预测值,得到2017年设计最低通航水位。

4.3.2.2　2018—2025年设计水位计算

2016—2017年,基于上阶段研究,以及上游水库调度调度方式的实际变化,如向家坝、溪洛渡水电站已先后于2012年10月、2013年5月下闸蓄水以及三峡(正常运行期)—葛洲坝水利枢纽梯级调度规程已发布等,进一步完善上游水库调度情况及各水文站水文实测资料,对2013—2017年设计最低通航水位计算条件、计算成果的合理性进行了分析,对2018—2025年设计最低通航水位进行了研究。

(1)设计通航流量

根据三峡工程初步设计调度方式、三峡(正常运行期)—葛洲坝水利枢纽梯级调度规程、关于2017年度长江上中游水库群联合调度方案的批复,以及三峡工程蓄水以来宜昌站最小日均流量的逐年变化,并考虑到未来上游以三峡水库为核心的长江干支流控制性水库群联合调度的整体效益的发挥,以三峡枢纽最小下泄流量6000m³/s作为宜昌站设计通航流量。

从三峡工程蓄水以来宜昌站逐年最小日均流量变化来看(表4-2),随着三峡水库调度方式的不断调整以及上游溪洛渡、向家坝水电站蓄水运行,宜昌站最小流量逐年向6000m^3/s靠近,2014—2017年最小日均流量6080~6520m^3/s。

三峡工程蓄水以来宜昌站逐年最小日均流量统计表　　表4-2

年　份	日均最小流量(m^3/s)	出现时间
2002.11—2003.4	2950	2月9日
2003.11—2004.4	3670	1月31日
2004.11—2005.4	3730	2月18日
2005.11—2006.4	3890	2月12日
2006.11—2007.4	4030	1月9日
2007.11—2008.4	4380	12月30日
2008.11—2009.4	4710	12月23日
2009.11—2010.4	5080	12月29日
2010.11—2011.4	5430	12月9日
2011.11—2012.4	5640	12月26日
2012.11—2013.4	5680	12月4日
2013.11—2014.4	5620	12月2日
2014.11—2015.4	6080	11月24日
2015.11—2016.4	6190	11月30日
2016.11—2017.4	6160	12月28日
2017.11—2017.12	6520	12月18日

考虑到近20年宜昌至安庆河段分、汇流变化不大,因此,采用近20年(1996—2015年)实测水文系列资料统计各站98%保证率流量的基础上,通过推求区间入汇流量,得到宜昌设计通航流量6000m^3/s对应的下游各站设计通航流量。

(2)同流量枯水位下降幅度

鉴于水位下降趋势分析、河床冲刷趋势分析的局限性,采用数学模型计算,研究同流量枯水位下降幅度。建立了宜昌至大通河段一维水沙数学模型,采用2013—2014届枯水期航道实测地形为初设地形,2014—2015年、2011—2015年和2011—2015年实测水沙系列,模拟计算、预测2015—2025年河床冲淤变化情况和同流量枯水位下降幅度。

另外,根据第2章2.3.4节电站日调节对下游水位影响的分析,采用2015年、2016年实测宜昌站、枝城站最大水位均谷差0.26m、0.13m对两站设计最低通航水位计算成果进行修正。

(3)不同时期设计最低通航水位值

基于主要水文测站2013—2014届枯水期水位—流量关系,推求各站设计通航流量对应的水位,结合不同时期同流量水位降幅预测值,得到宜昌至安庆河段2025年设计水位预测值(表4-3)。与三峡工程175m蓄水至2017年的最枯水位比较,受河床冲刷影响,2025年设计水位值均较低,特别是河床冲刷剧烈的城陵矶以上沙质河床段,2025年设计水位值较最枯水位低0.7~1.3m。

宜昌至安庆河段设计水位预测值(高程系统为1985国家高程基准)　　表4-3

序号	水文(位)站	航道里程(km)	三峡175m蓄水至2017年初最枯水位(m)	2025年设计水位预测值(m)
1	宜昌	626	37.17	36.83
2	宜都	590	35.81	35.53
3	枝城	570	35.69	35.27
4	马家店	535	32.1	31.2
5	陈家湾	497	29.53	28.26
6	沙市	477	28.21	27.25
7	郝穴	427	26.44	25.42
8	新厂	412.5	25.71	24.79
9	石首	388	24.78	23.99
10	调弦口	351	23.72	22.97
11	监利	313	22.59	21.61
12	广兴洲	285	21.08	20.33
13	城陵矶	231	18.27	17.85
14	螺山	201	16.91	15.73
15	汉口	1042.8	11.4	10.76
16	黄石港	915.5	8.42	7.99
17	码头镇	836	7.01	6.68
18	九江	795.2	6.18	5.91
19	湖口	771.2	5.44	5.23
20	彭泽	731	4.97	4.63
21	安庆	640.9	3.39	3.32

4.4 典型河段航道系统治理方案

4.4.1 宜昌至昌门溪河段航道整治方案布置

4.4.1.1 航道建设目标

宜昌—昌门溪河段全长约83km,紧邻三峡工程、葛洲坝水利枢纽下游,为长江出三峡后经宜昌丘陵过渡到江汉平原的河段,是连接三峡库区与长江中下游地区的物流通道,其航运条件的改善对于维持长江"黄金水道"畅通具有重要意义。

三峡水库蓄水之前,该河段航道最小维护尺度为2.9m×80m×750m,航道问题表现为两方面:一是葛洲坝水库运用后宜昌枯水位大幅下降,造成葛洲坝船闸三江下引航道水深难以维持设计尺度;二是宜都、芦家河等水道汛枯期流路不一致,航槽在汛后常因冲刷不及而出浅。三峡水库蓄水后,结合水库枯水流量补偿作用,该河段航道维护水深于2009年开始逐步有所提高,2010年11月达到3.2m×80m×750m,但同时该河段也是"首当其冲",最先遭受到剧烈的河床冲刷,航道问题日益凸显且极为复杂。

根据2009年国务院批复的《长江干线航道总体规划纲要》,到2020年重庆至城陵矶河段航道建设标准为3.5m×150m×1000m,保证率98%,通航由2000~3000吨驳船组成的6000~1万吨级船队。2011年6月,国务院以国函〔2011〕69号文正式批复了《三峡后续工作规划》,提出在长江中下游航道影响处理中,将宜昌至昌门溪河段航道整治纳入其规划范围内,并安排了专项资金。而且,对于宜昌至昌门溪河段航道整治的指导思想可概括为两个方面:其一,以水位控制为主要目标,通过一系列护底加糙工程措施尽量维持宜昌枯水位的稳定;其二,兼顾航道条件的改善,可优先实施不影响水位稳定的航道治理措施,疏挖卵石浅滩的工程措施则需慎重进行。

因此,宜昌—昌门溪河段的航道建设目标为:减缓宜昌水位下降,改善浅险水道航道条件,实现3.5m×150m×1000m航道尺度标准,并为航道尺度的进一步提高奠定基础。

4.4.1.2 碍航特性

宜昌—昌门溪河段由11个水道组成,根据航道建设目标和三峡水库蓄水后至2014年的航道自身条件,碍航特性可归纳为三个方面:一是,关洲、芦家河水道的支汊冲刷发展,而主航道淤浅,航道水深日益不足,3.5m航槽最小宽度呈现出逐年减小的态势,特别是芦家河水道已出现部分年份航道尺度不足3.5m×150m×1000m的不利局面;二是,宜都水道的局部水流流向与航线夹角过大,船舶转向困难,航行安全隐患较大,且随着河道的局部冲刷逐渐恶化;三是,河道冲刷引起宜都、关洲、芦家河三处水位控制节点河段的过水断面面积增大,对上游及宜昌水位的稳定不利(图4-2)。

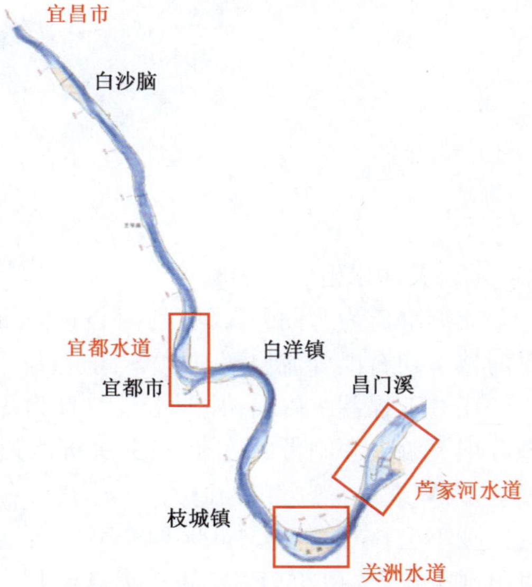

图4-2 宜昌至昌门溪河段浅水道分布示意图

各浅险水道的具体航道问题如下:

(1)宜都水道

宜都水道为弯曲分汊河段,弯道上段左岸侧有中沙咀边滩,弯顶一带的河心有南阳碛;左汊为主汊,枯水期分流比一般超过70%,航道位于该汊。主流走势为:主流偏靠右岸侧下行至中沙咀边滩尾部;此后,主流自右向左过渡,其中至南阳碛中段,水流流向有约30°偏转,左汊内主流流向继续向左,至出口处水流流向再度左偏40°。南阳碛洲体存在窜沟过流,局部流态较为紊乱(图4-3)。

2010年以来,宜都水道河床冲刷主要发生在中砂咀边滩及右汊,致使弯道进口段水流流向取直,顶冲江心南阳碛洲体,加大弯顶扫弯水流强度,船舶航行安全隐患较大,近期发生过因此造成的船舶搁浅等海损事故。任其发展,局部流态较差的现象将进一步恶化。而且,宜都水道是控制上游宜昌水位的关键性节点河段,河床冲刷对上游宜昌水位的稳定也不利。

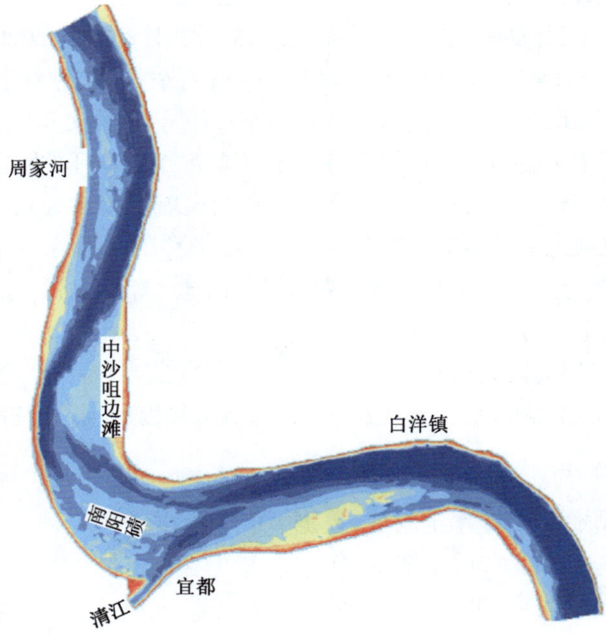

图 4-3　宜都水道河势图

(2)关洲水道

关洲水道为弯曲分汊河段,河心有关洲心滩,左岸侧有人和垸边滩,右汊为主汊,2004 年以前枯水期右汊分流比超过 80%,航道位于该汊。

三峡工程蓄水以前,关洲水道一直为优良水道,航道条件相对较为稳定。三峡蓄水后,随着坝下游主冲刷带的逐渐下移,关洲水道进入了大幅度冲刷时期,冲刷主要以左汊冲深发展、边滩萎缩、心滩尾部蚀退为主。同时,右汊则呈小幅度淤积态势,至 2012 年 11 月右汊分流比减小至 66%,且 3.5m 航槽变窄。而且,与河道总体冲刷相对应,关洲上游的枝城水位也出现了较大幅度的下降,并直接引起上游宜昌水位下降。

随着左汊的进一步冲深发展,右汊水深将进一步变浅,加上下游水位降低的影响,航道条件将恶化。而且,也会进一步削弱本河段对上游水位的控制作用。另外,关洲水道出流条件的改变引起下游芦家河水道进流右摆、左汊进口淤积,对航道条件产生不利影响(图 4-4)。

(3)芦家河水道

芦家河水道是长江中游重点维护的砂卵石浅滩河段之一,为微弯放宽河段。进口右侧有松滋河分流,放宽处河心有砾卵石碛坝将河道分为左、右两槽,分别习称沙泓、石泓;碛坝中洪水淹没,年内洪、枯水期主流在沙泓、石泓之间摆动,沙泓进口年内冲淤幅度平均达 10m,石泓年内冲淤幅度一般为 1 ~ 3m。沙泓内毛家花屋—姚港一带局部水流条件较差,枯水比降大于中、洪水期比降,给上行船舶航行带来很大困难。

三峡水库蓄水前,沙泓为枯水期航道,石泓中、洪水期通航,沙、石两泓在年内交替使用,但汛后水位退落过程中石泓水深不足而沙泓进口尚未冲开时,航道会出现“青黄不接”的紧张局面。三峡水库蓄水以后,在蓄水初期(2003—2009 年),上游进流条件基本稳定的情况下,由于来沙量大幅度减小,沙泓进口的淤沙问题大大缓解,芦家河进口航道条件有所改善。

但随着三峡蓄水影响的持续,2009年后,受上游关洲水道出流变化影响,芦家河水道石泓冲刷发展,分流比增大,使得汛期沙泓进口泥沙再度大范围落淤。同时,随着河床逐渐粗化和三峡蓄水后退水加快,退水期水流归槽冲刷浅区的能力有所减弱,芦家河沙泓进口航道条件再度恶化。同时沙泓毛家花屋一带河床较稳定,水浅、坡陡流急问题仍然存在。另外,沙、石泓均为控制水位的强节点,石泓不断冲刷也将对上游水位产生极为不利影响。

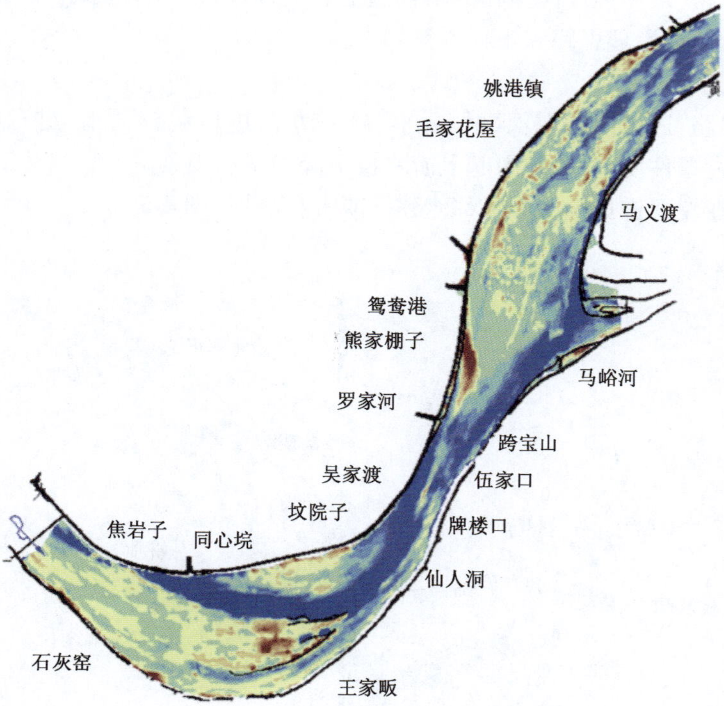

图4-4 2003年3月至2012年2月关洲、芦家河水道河床冲淤分布示意图

4.4.1.3 航路规划

宜昌至昌门溪河段的航道线路规划,主要参考现行航道线路、历史习惯航道线路,并兼顾沿江城镇对岸线的使用要求。对于历史上交替作为主航道使用过的汊道段,根据各汊道的航道条件及发展趋势、水利部门控制规划方案及沿江经济发展需求综合确定,并通过模型试验中工程后的航槽变化情况适当调整。最终规划航路与现行航路基本一致,局部弯曲半径过小区域进行了适当平顺,即宜昌水道深槽→白沙脑左侧深槽→古老背水道深槽→云池水道凹岸侧深槽→宜都水道南阳碛左汊→白洋弯道凹岸侧→龙窝水道左侧深槽→枝城水道右侧深槽→关洲右汊→陈二口一带右侧深槽→芦家河左汊沙泓。

其中,芦家河水道选择沙泓作为主航路的原因是:虽然主支汊分流不稳定,但沙泓长期为枯水期主航路,水深较大,且水流相对平顺,而石泓内乱石堆较多,水流条件紊乱,船行困难。

4.4.1.4 航道治理思路及整治方案布置

根据宜昌至昌门溪河段航道建设目标及碍航特性,按照砂卵石河段航道系统治理思路,本河段航道治理思路为：先期守护对上游宜昌水位控制作用最强的关洲、芦家河水道，防止下游沙质河段水位降幅大幅上溯传递，初步解决宜昌至昌门溪河段出口水位问题——即出口水位边界稳定问题，同时解决芦家河水道沙泓进口淤沙浅滩水浅问题；后期进一步守护宜昌至昌门溪河段内有水位控制作用的滩槽格局，即保护河段内部水位控制能力，同时在水位基本稳定的前提下，相机实施后续航道尺度提升工程。

根据治理思路，采用物理模型和数学模型对各碍航滩段的航道整治方案进行了深入研究。各碍航滩段航道治理思路和工程方案如下：

(1)关洲水道

航道治理思路：适当控制左汊冲刷发展，守护左汊进口起较强水位控制作用的高凸区域，防止右汊航道条件变差，消除引起上游水位下降的不利因素。

工程方案：在左汊进口至关洲头部修建护滩带和潜坝(图4-5)。

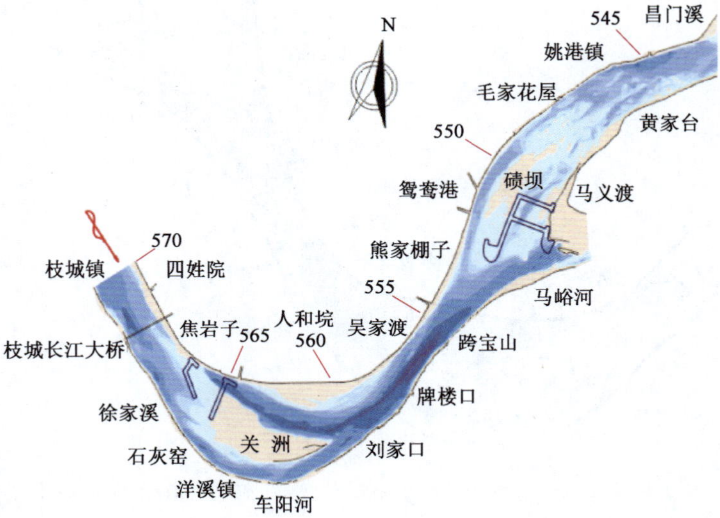

图4-5 关洲、芦家河水道工程方案平面布置示意图

(2)芦家河水道

航道治理思路：适当集中沙泓进口水流，增大浅区流速，增强退水期水流挟沙能力，解决芦家河进口浅区汛期落淤泥沙退水期冲刷不及时的碍航问题；对芦家河石泓内部关键区域进行适当守护，限制石泓发展所引起的沙泓分流比减小及上游水位下降。

工程方案：在碛坝洲体修建鱼嘴工程，在石泓尾部修建护底带，对关键岸线进行守护或加固。

(3)宜都河段

航道治理思路：守护中沙咀边滩、南阳碛洲体，控制南阳碛右汊发展，维持河段自身关键水位节点的水位控制作用，防止河段局部水流条件的进一步恶化。

工程方案：在中沙咀边滩修建条形护滩带，防止边滩冲刷切割引起过水断面面积增大，从而减弱进口段水位控制作用，并防止弯道水流取直带来的流速方向与航线夹角的进一步增大；在南阳碛洲体修建条形护滩带，在右汊修建潜坝和护底带，避免碛坝冲散及右汊刷低引起过水断面面积进一步增大和上游水位下降;对关键岸线进行守护或加固,稳定河道边界(图 4-6)。

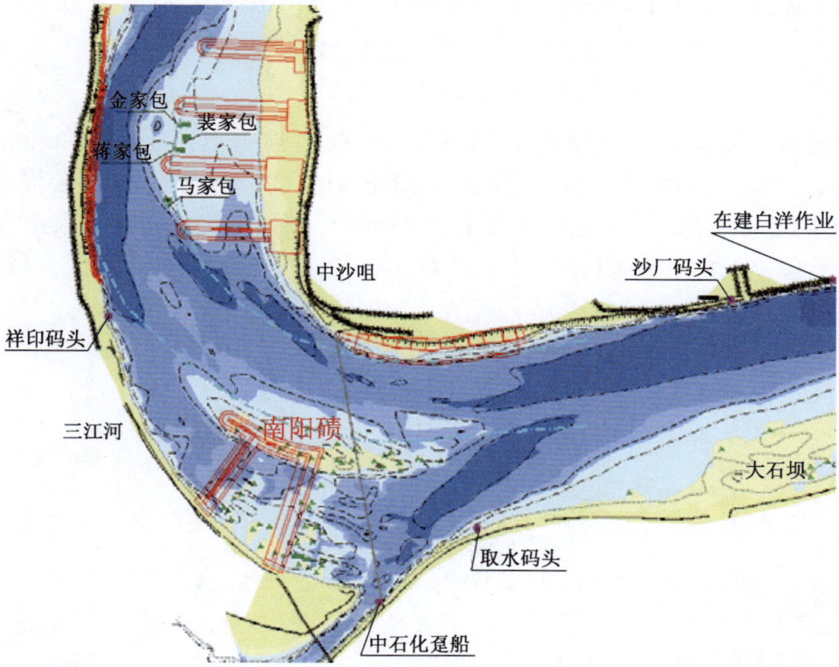

图 4-6 宜都水道工程方案平面布置示意图

4.4.2 荆江河段航道整治方案布置

4.4.2.1 航道建设目标

荆江河段“九曲回肠”、滩多水浅,历来是长江中下游航运的“瓶颈”。新中国成立后国家每年都投入了巨大的人力、物力、财力进行沿江水利工程建设,至 2002 年,荆江河段已经建成了比较完备的以堤防和护岸为主体的河控工程体系。在堤防及护岸工程、河道内高河漫滩的共同作用下,荆江河道总体河势格局逐步趋于稳定,基本具备实施航道治理的河势条件。此后,为缓解本河段航道维护的不利形势,针对三峡工程蓄水运用后航道出现的不利变化及趋势,航道部门陆续对一些重要浅险碍航滩段实施了航道整治控导工程,对河道内与航道条件关系密切的关键滩槽进行了控制,荆江河段的通航环境较过去有一定幅度的改善,加之三峡工程枯水期流量补偿作用逐渐显现,2010 年枯水期航道维护尺度提高至 3.2m × 80m × 750m,改变了此前 56 年航道维护尺度一直为 2.9m × 80m × 750m 的局面。然而,与长江上、下游通航环境的巨大变化比较而言,中游通航能力不足的问题仍十分突出,荆江河段现有航道条件与日益增长的沿江经济对水运的需求仍有较大差距。

根据《长江干线航道总体规划纲要》要求,至 2020 年,长江中游航道通航标准进一步提高并基本畅通,荆江河段所在的宜昌至城陵矶河段的航道建设标准为:航道尺度 3.5m × 150m × 1000m,通航由 2000 ~ 3000t 驳船组成的 6000 ~ 1 万吨级船队。

鉴于荆江河段昌门溪以上段的治理与防止宜昌水位下降紧密相关,宜与砂卵石河段作为一个整体统筹考虑,并进行综合治理;同时,熊家洲以下段属急弯段,河势正处于撇弯切滩调整过程中,且大多数水道的航道水深可达到3.5m,可通过疏浚维护保障航道畅通,故将荆江河段航道尺度提高至3.5m×150m×1000m的航道整治范围为:昌门溪至熊家洲段,全长约280.5km。

4.4.2.2 碍航特性

荆江河段昌门溪至熊家洲段由27个水道组成,将航道尺度提高至3.5m×150m×1000m,有枝江水道、江口水道、太平口水道、斗湖堤水道、周天河段(包括周公堤和天星洲水道)、藕池口水道、碾子湾水道、莱家铺水道、窑监河段(包括窑集佬和监利水道)、大马洲水道、铁铺水道、熊家洲水道不能稳定满足(图4-7)。

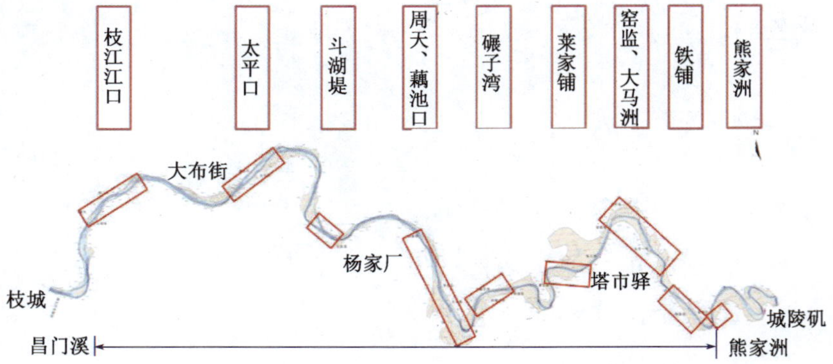

图4-7 荆江河段(昌门溪至熊家洲段)浅水道分布示意图

各碍航滩段的航道问题及涉及的重点外部建设环境如下:

(1)枝江—江口河段

枝江—江口河段全长约27km,包括枝江、刘巷、江口和大埠街四个水道,其中刘巷、大埠街水道航道条件优良。枝江水道属顺直分汊水道,中部有水陆洲将水道分为左右两汊,左汊为董市夹,已多年未开放,右汊为沿岸主航道,存在上下两个浅区。上浅区当枯水水位退落到一定程度时,航道水深达不到设标要求而出浅碍航,且上浅区还因自身难以冲刷,在下游沙质河床大量冲刷时有向坡陡流急方向发展的可能。江口水道,属微弯分汊水道,中部有柳条洲将水道分为左右两汊,左汊为支汊,习称江口夹,右汊为主汊。三峡水库蓄水以来,主航道一直位于右汊,2006—2008年枯水期吴家渡一带过渡段深槽大范围回淤,航槽左摆,航宽不足,局部比降明显增大(图4-8)。

针对枝江—江口河段航道问题,2009年实施了枝江—江口河段航道整治一期工程,实施后,河段内关键洲滩基本得到守护,航道条件也适当改善,达到了3.2m×80m×750m航道尺度。

枝江—江口河段航道尺度提高至3.5m×150m×1000m的航道问题为:枝江水道上浅区由于底高床硬,难以冲刷下切,水道内尺度有限与规划3.5m水深要求还有一定差距。江口水道,吴家渡边滩逐渐趋于狭长,向河道内淤长,挤压航槽,造成了航宽极窄从而影响通航。

枝江—江口河段目前有已建中小型涵闸、泵站12座,过堤排灌涵管9处,港口1处即枝江港,人渡2处,码头4处,取水口1处。

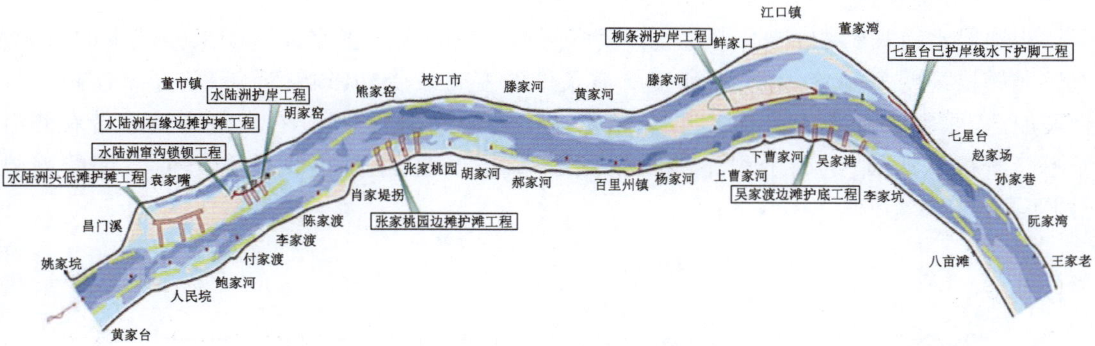

图 4-8 枝江—江口河段河势图

(2)太平口水道

太平口水道长约 20km,是荆江河段内的第一个沙质河床浅滩河段。近年来,习惯上把太平口水道称为"沙市河段",水道以杨林矶为界分为上下两段:上段被太平口心滩分为南北槽,为涴市河弯与沙市河弯两个反向弯道之间的直线过渡段;下段为三八滩分汊段,属于沙市大弯道的上段。横跨三八滩的荆州长江公路大桥于 2002 年 10 月建成使用,在靠近两岸的北汊及南汊内均布设了通航桥孔,中间为非设计通航桥孔。三峡蓄水以后,由于河段上游河床为砂卵石,泥沙补给能力弱,这使得清水下泄的影响在沙市河段迅速体现,主流所在位置的洲滩不断萎缩,从而又引起了主流的相应摆动,滩槽格局的稳定受到威胁(图 4-9)。

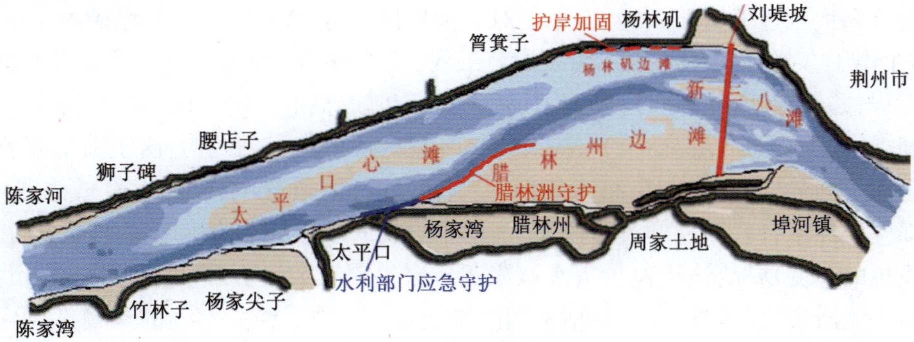

图 4-9 太平口水道河势图

针对太平口水道的碍航问题,对该河段陆续地实施了一些工程措施。于 2004 年汛前、2005 年汛前实施了两期三八滩应急守护工程,2008 年 11 月,开工实施了沙市河段航道整治一期工程,2010 年底开始实施了腊林洲高滩守护工程。

太平口水道航道尺度提高至 3.5m × 150m × 1000m 的航道问题为:在不利水文年如洪水持续时间较长,汛末退水又较快,可能导致北汊进口汛期大幅淤积,而汛末又难以有效冲刷,恶化航道条件。同时,由于剧烈的河床演变和通航桥孔之间矛盾仍较为尖锐,限制了太平口水道的航道条件。

太平口水道现有 13 处码头,4 处水厂,1 处引江济汉工程取水口,1 处港口即荆州港。

(3)斗湖堤水道

斗湖堤水道长约7km,水道为顺直微弯河型。三峡水库蓄水以后受来沙减少的影响,上游滩槽格局明显调整,出现不利于航道条件的变化。受其影响,近年来,左岸江陵一带岸坡崩退,张家台边滩冲刷萎缩明显,枯水期中段深泓坐弯左摆,右岸黄家湾一带右侧潜滩不断淤积下延,枯水期淤积尤其明显,沿岸航道受阻,航道有向不利方向发展的趋势(图4-10)。

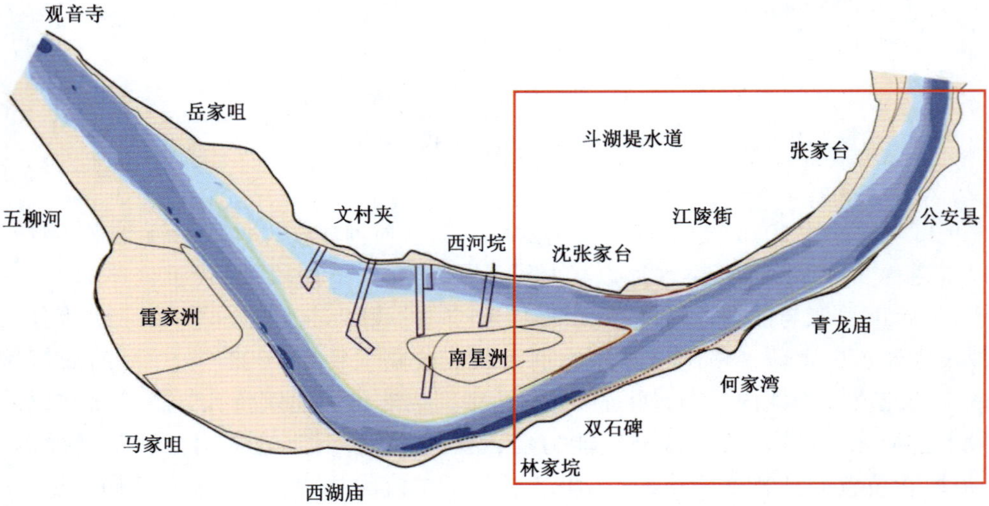

图4-10　斗湖堤水道河势图

针对斗湖堤水道的碍航问题,近年来对该河段陆续地实施了一些工程措施。于2001—2002年枯水季,实施了马家咀水道清淤应急工程,于2006年10月实施了马家咀水道航道整治一期工程,并于2006年10月,实施了马家咀水道航道整治一期工程。

斗湖堤水道航道尺度提高至3.5m×150m×1000m的航道问题为:由于南星洲洲尾高滩的崩退引起了河势的不利调整,枯水期深泓二次过渡,航道弯窄,已经发育成为浅滩河段。浅滩的部位即深泓自右向左的过渡位置,该浅滩的航道条件基本取决于黄家湾、何家湾一带的枯水浅包的演变情况,该浅包自蓄水以来逐年淤高淤大,年内浅包呈洪冲枯淤,洪水期浅包位置为主流所在,泥沙难于落淤;枯水期南星洲右汊集中了绝大部分的流量,但出汊道后,形成放宽,而且深泓偏向河道左侧,浅包处为缓流区,泥沙落淤恶化航道条件。

斗湖堤水道内有3处取水口,2处人渡,1处港区即荆州港斗湖堤老港区。

(4)周天河段

周天河段全长27km,该河段以胡汾沟为界自上而下分为周公堤和天星洲两个水道。周公堤水道为进口受郝穴矶头限制的微弯放宽河道,天星洲水道为顺直放宽并有藕池口分流的喇叭形河道。周天河段由于历史上航道出浅严重被称为"瓶子口"水道,是长江中游的重点浅滩河段之一,并先后实施了周天河段清淤应急工程和航道整治控导工程,设计航道尺度达到了2.9m×150m×1000m标准(图4-11)。

周天河段航道尺度提高至3.5m×150m×1000m的航道问题为:由于控导工程的力度有限,并没有完全限制住主流左摆,同时工程布置在颜家台闸处空档过大,使得泥沙在戚家台边滩至颜家台的方向落淤，形成斜向浅埂，上下深槽交错，周公堤水道航道条件有所恶化，航道尺度不足。

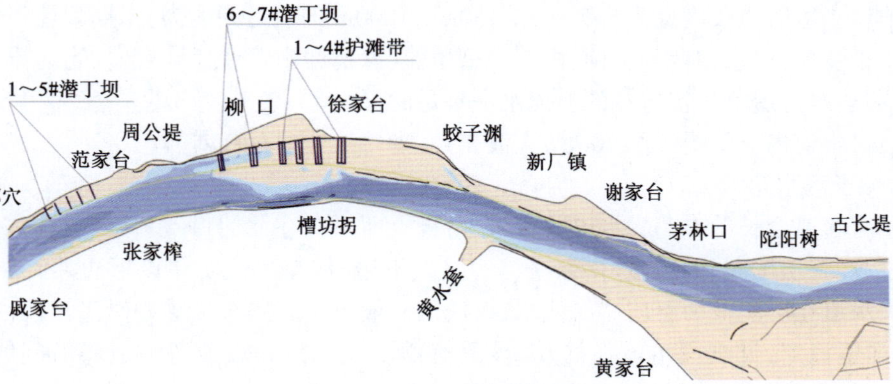

图 4-11 周天河段河势图

周天河段内有取、排水口 4 个，水利设施 4 个、码头 6 个、趸船 7 个、渡口 3 个，涵闸 1 处。

(5) 藕池口水道

藕池口水道全长 23km，该由一个顺直段和一个弯道段组成，水道为一顺直放宽的喇叭型河道，由顺直过渡段和急弯段组成。藕池口水道 2000 年以后，在水道放宽段泥沙不断淤积逐渐形成倒口窑心滩，将左汊分为左槽和右槽，河道两槽交替，当主流走左槽时，浅区位于进口段，一般在古长堤至沙埠矶之间；当主流走右槽时，进、出口的过渡段均存在浅区。若退水期较短，浅区冲刷幅度小，则枯水期航道条件较差（图 4-12）。

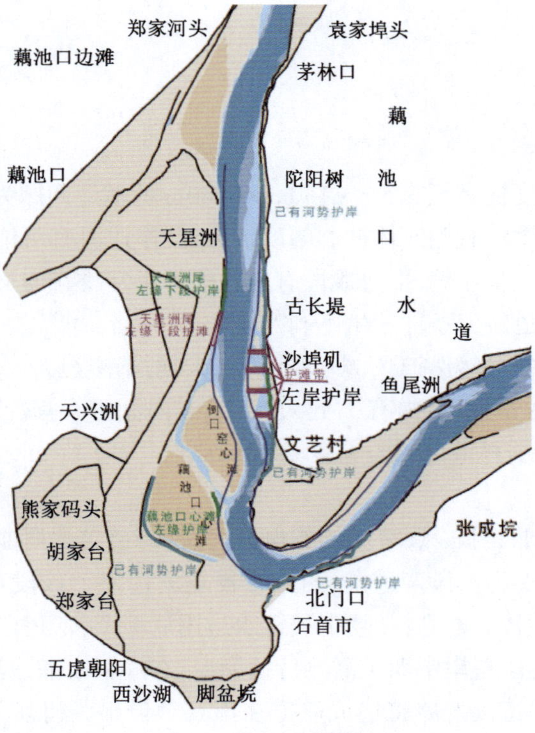

图 4-12 藕池口水道河势图

为有利稳定滩槽格局，改善航道条件，实现 2.9m×80m×750m 航道规划建设标准，于 2010 年开展了藕池口水道航道整治一期工程。

藕池口水道航道尺度提高至 3.5m×150m×1000m 的航道问题为：汛期藕池口水道的航道一般位于左槽，退水初期和中期，由于两槽争流，深槽冲刷发展速度较慢，容易出现航槽泥沙冲刷不及、水位退落过快造成的航道水深不足的局面。

藕池口水道内有跨堤涵闸 20 处，人渡 2 处，港口 1 处即石首港。

(6) 碾子湾水道

碾子湾水道全长约 17km，水道顺直微弯，自上而下存在北门口—鱼尾洲、柴码头—寡妇夹两处过渡，有鱼尾洲、上边滩（南碾子湾边滩）、下边滩（柴码头护岸以下边滩）三个主要滩体碾子湾水道在历史上一直属碍航浅水道，浅区一般位于柴码头—寡妇矶过渡段内，整治前上、下边滩不稳定，过渡段主流易摆动，导致航槽出浅。针对碾子湾水道碍航问题，2000—2003 年实施了碾子湾水道航道整治工程（图 4-13）。

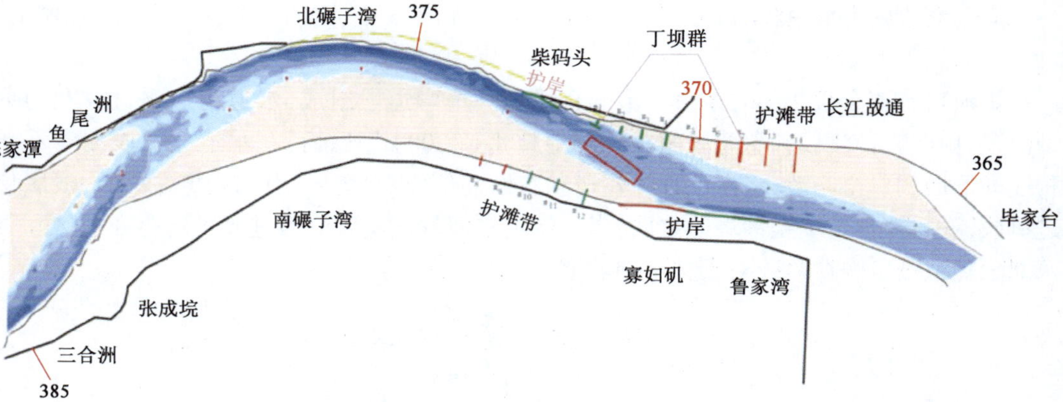

图 4-13　碾子湾水道河势图

碾子湾水道航道尺度提高至 3.5m×150m×1000m 的航道问题为：上边滩上段滩体不断后退，弯顶段河道不断展宽，右侧滩体冲刷幅度加大，凸岸边滩有可能形成切滩，且柴码头—寡妇矶过渡段深泓将进一步左偏，下过渡段有从目前的正常浅滩向交错浅滩恶化的趋势，且有可能引起下游调关水道航道条件发生不利变化。

碾子湾水道内有 2 处自然保护区，即湖北长江天鹅洲白鳖豚自然保护区和湖北石首麋鹿国家级自然保护区，另外，水道内有 1 处人渡；水道内涵闸众多，主要通江涵闸有天鹅洲闸；2 处港区分别为石首绣林港区和监利容城老港区。

(7) 莱家铺水道

莱家铺水道全长约 11.5km，属典型的蜿蜒型河段，河道向北弯曲，由弯道段和过渡段组成。其中八十丈至方家夹为上段弯道段，凸岸为桃花洲边滩。该段自 20 世纪 60 年代末中洲子人工裁弯以来，调整较为剧烈，三峡工程蓄水运用后至今，弯道段凸岸边滩冲刷，进口浅滩有交错发展态势，过渡段左岸中洲子高滩持续崩退、右岸莱家铺边滩中下段冲刷及尾部倒套发展，这些不利变化的持续发展将造成航道在不利年份出浅碍航。水道内未开展航道整治工程（图 4-14）。

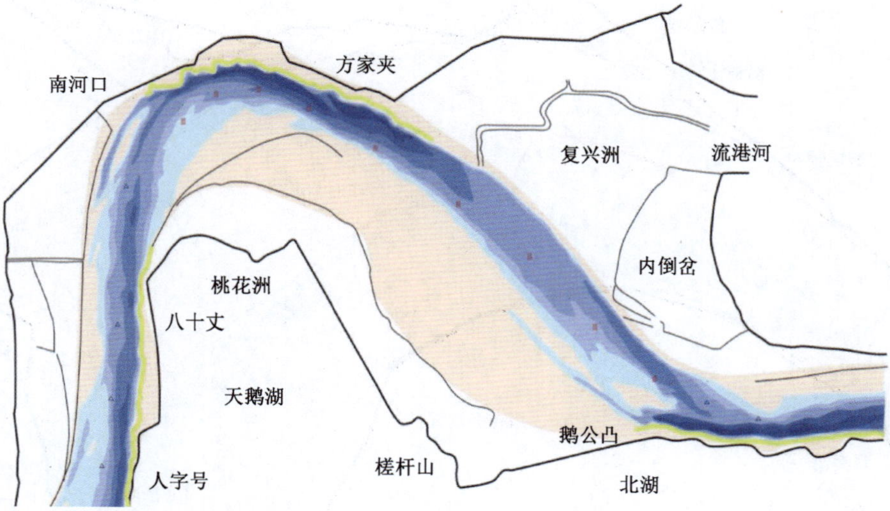

图4-14 莱家铺水道河势图

莱家铺水道航道尺度提高至3.5m×150m×1000m的航道问题为：一方面弯道段凸岸冲刷、存在切滩隐患；同时，凸岸侧冲刷后退，弯道进口段河道展宽，凹岸侧边心滩淤展下移，弯道进口段浅滩存在向交错浅滩发展的趋势，航道条件将趋于恶化。另一方面莱家铺顺直放宽过渡段随着左岸的持续崩退，引起河道展宽明显，汛后易出现江心浅滩现象，且莱家铺边滩中下段冲刷及鹅公凸倒套发展，莱家铺顺直放宽段浅滩也存在向交错浅滩发展的不利变化趋势，将导致不利年份航槽出浅碍航。

莱家铺水道内有1处自然保护区，即湖北长江天鹅洲白鳖豚自然保护区，另外水道内有3处涵闸，1处人渡，1处电排站，2处港区即容城老港区和石首绣林港区。

(8)窑监大河段

窑监大河段全长28km，由窑集佬、监利和大马洲三个水道组成，其中窑集佬水道和监利水道又合称为窑监河段。窑监河段属弯曲分汊河型，大马洲水道平面上呈现单一弯道形态。三峡蓄水后由于乌龟洲洲头及右缘逐年崩退，分汊口门过于放宽，枯季乌龟夹进口段河道宽浅、航道水深严重不足，疏浚后回淤严重，且乌龟夹出口存在碍航乱石堆，“深泓摆动、上浅下险”的碍航问题十分突出。监利出口主流的频繁易位直接导致大马洲主流不稳定，滩槽格局变化大，加之大马洲水道中间顺直段较长，大马洲和丙寅洲沙质边滩，易于切割冲蚀，主流有较大的摆动空间，因此滩槽易变，航道条件不稳定(图4-15)。

针对窑监大河段航道问题，2009年和2010年分别开展了窑监河段航道整治一期工程和乌龟洲守护工程。

窑监大河段航道尺度提高至3.5m×150m×1000m的航道问题为：新河口边滩主要表现为滩头的冲淤交替，大、中水时，新河口边滩中部和尾部整体呈现淤宽长大，且向河心延伸，导致乌龟夹进口宽浅、中段航槽束窄及出口主流摆幅大的不利局面，届时将难以满足航道规划的目标尺度。同时由于乌龟洲右缘持续崩退，窑监河段出流左移，导致大马洲水道进口段弯曲狭窄碍航和出口段过渡段航道条件变差。

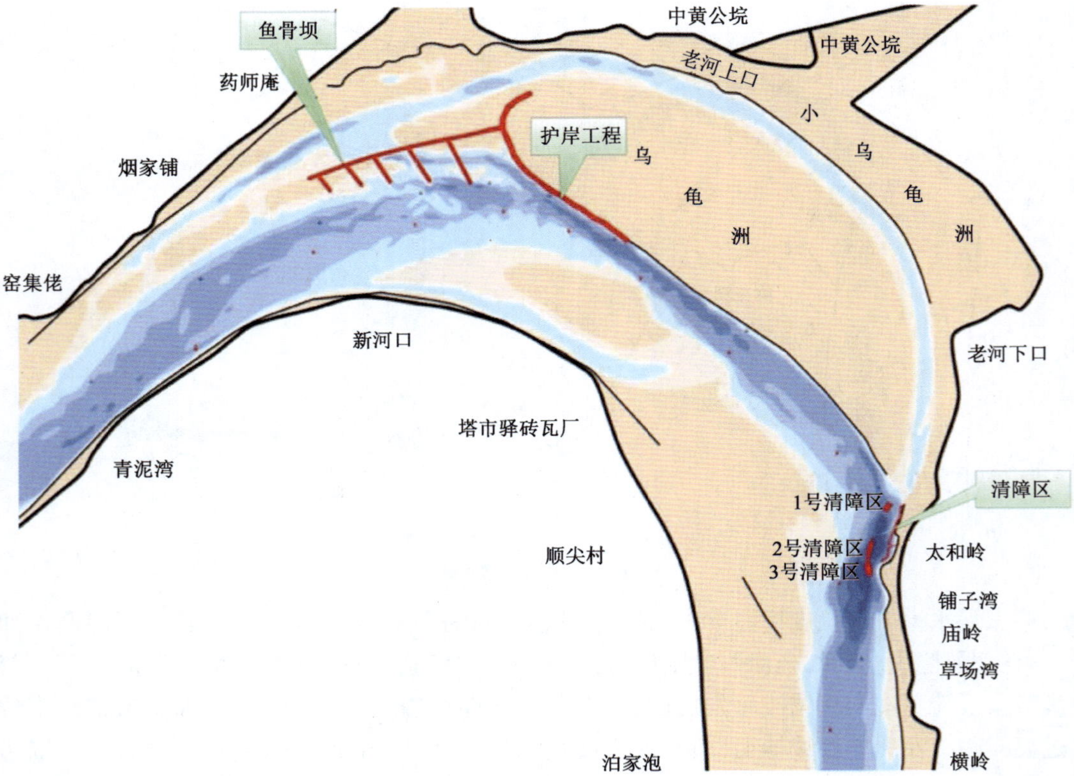

图 4-15　窑监大河段河势图

窑监大河段内有涵闸 7 处，1 处取水趸船、7 处港区和码头等。

(9)铁铺—熊家洲河段

铁铺—熊家洲河段全长 26km，包括铁铺、反咀、熊家洲 3 个水道，由顺直过渡段和弯曲段组成。本河段自然条件下为典型的蜿蜒河型，随着荆江河段护岸工程的不断实施，现已成为限制性蜿蜒河道，岸线总体稳定，河床演变主要表现为：顺直过渡段主流上提、下挫，边滩冲淤消长；弯道段不断弯曲发展。三峡蓄水以来，铁铺水道年际间河床以冲刷为主，反咀弯道段冲淤基本平衡，熊家洲过渡段总体表现为淤积，年内“涨淤落冲”变化。铁铺水道广兴洲边滩受冲缩小，过渡段航槽淤积逐渐明显，河槽向宽浅方向发展。反咀弯道段凸岸边滩以冲刷为主，且冲刷自上而下发展，主流呈左摆之势，一些年份出现枯水双槽局面。熊家洲水道右边滩冲刷、下移，河道展宽的同时河心淤积，断面形态较宽浅。水道内未开展航道整治工程(图 4-16)。

铁铺—熊家洲河段航道尺度提高至 3.5m × 150m × 1000m 的航道问题为：河段内航道问题主要位于主流过渡段，如铁铺水道的团洲子至盐船套段、反咀弯道上段的老沙堤至荆江门段、熊家洲水道进口的侯家湾至中沙堤段，由于河道内边滩、主流不稳定，航路易变、航道水深条件也不稳定。

铁铺—熊家洲河段内有 2 处港区，1 处车渡和 1 处取水口。

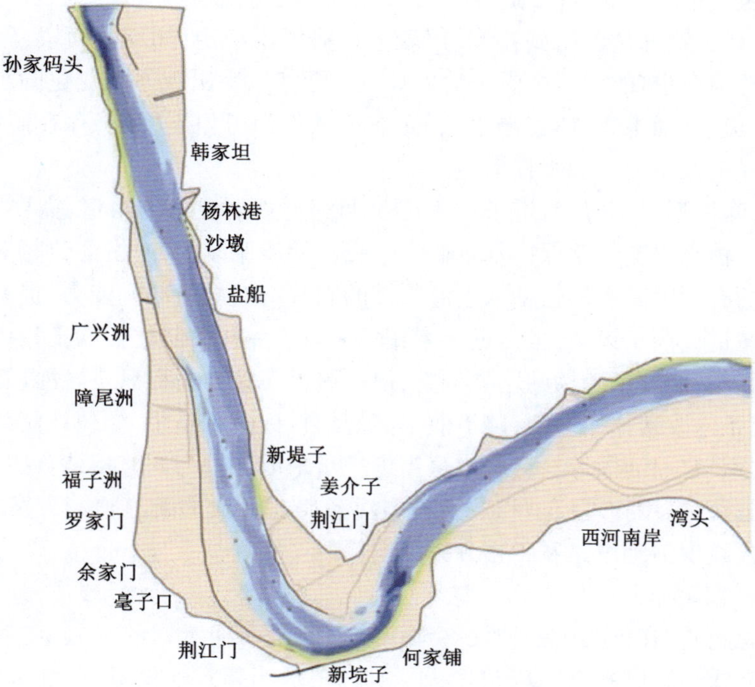

图 4-16　铁铺—熊家洲河段河势图

4.4.2.3　航路规划

根据航道建设标准、河道自然条件、船舶航行现行及历史现状、两岸经济需求、外部影响等，昌门溪至熊家洲段的规划航道线路与现行航道线路基本一致：枝江水道的水陆洲右汊→枝江一带左侧深槽→江口水道右汊→七星台一带左侧深槽→涴市河湾凹岸深槽→太平口心滩南槽→腊林洲高滩拐点→三八滩滩头2#槽→三八滩北汊→瓦口子水道左槽→马家咀水道南汊→左岸郝穴矶头→右岸张家榨一带→左岸新厂一带→天星洲左缘→倒口窑心滩左侧→左岸向家洲→右岸石首弯顶→凹岸北碾子湾→左岸柴码头→右岸南堤拐→左岸毕家台→调关弯道凹岸→右岸八十丈→莱家铺弯道凹岸→左岸中洲子→右岸塔市驿→右岸塔市驿→新河口一带中槽→乌龟洲右缘→太和岭一带居中后转至近左岸深槽→沙家边以下平顺过渡至右岸天字一号至黄家潭一线→顺近右岸深槽下行至团洲子→向左岸沙墩至盐船套一带过渡→盐船套以下近左岸→新堤子附近由近左岸向荆江门凹岸深槽过渡→沿反咀弯道凹岸深槽下行至侯家湾稍下→由右岸向左岸中沙堤过渡→沿左岸深槽下行进入熊家洲弯道。

仅局部河段略有调整(如藕池口水道，考虑到弯曲半径的要求，将规划航道线路较现行航道线路适当右移)，以平顺航路增大弯曲半径。

4.4.2.4　航道治理思路及方案布置

根据荆江河段航道建设标准及碍航特性，按照航道系统治理原则，航道治理思路为：守滩稳槽、局部调整。由于荆江河段浅滩水道碍航程度和演变特点各异，治理工程需要区分对待：

首先，对存在不利变化，但目前航道条件尚能满足规划要求的浅水道，采用守护型建筑物稳定浅滩河段航槽所依靠的洲滩及河岸，保持稳定的滩槽格局，以满足建设标准。在这类浅水道中，有的是关键部位已得到控制、但滩槽形势仍不稳定，如周天河段、碾子湾水道，仍存在不利的航道隐患；有的是至今尚未治理且三峡蓄水以来出现不利变化的水道，如莱家铺水道、大马洲水道、铁铺水道、熊家洲水道等，航道条件尚可但不稳定，存在碍航隐患。这些水道需采取以守护控制为主的工程措施。

其次，对于滩槽形态不好、航道条件不能长期满足规划要求的水道，需要进行局部滩槽形态调整，使中、枯水主流流路保持基本稳定、一致，使浅滩段的冲、淤部位相对应，利用三峡水库清水下泄的有利因素和河道枯水水流归槽的固有特点加强冲刷能力，提高航道尺度，改善航道条件。在这类浅水道中，虽然近年来相继采取了一些控制守护的工程措施，稳定了河道的一些关键部位，减缓了滩槽的剧烈调整，但这些已实施的工程只是各滩段总体方案中的一部分，对航道条件改善作用有限，整治效果离规划目标尚有差距，如枝江江口河段、太平口水道、藕池口水道、窑监河段等。这些水道需进一步采取守护与调整相结合的工程措施。

根据治理思路，采用物理模型和数学模型对各碍航滩段的航道整治方案进行了深入研究。各碍航滩段航道治理思路和工程方案如下：

(1)枝江—江口河段

航道治理思路为：在已实施的枝江—江口航道整治一期工程的基础上，通过工程措施，对枝江上浅区航槽边缘卵石堆予以整理，平顺流态，适当拓宽航槽宽度，加大江口水道枯水期浅区航槽内泥沙输移强度，以提高航槽水深；并对该段中重要部位实施工程措施，维持各天然洲滩对水位的控制作用，增强本河段坦化比降的能力，削弱下游水位下降的负面影响，同时减少洲滩萎缩对水体中泥沙的补给，减少江口过渡段浅滩的淤沙来源。

工程方案为：对枝江上浅区陈家渡一带水下的乱石堆进行整平处理；在一期工程张家桃园已建4道护滩带下段增加2道护滩带；对一期工程中吴家渡边滩5道护底带加高至航行基面，同时在边滩下段增加1道护底带；在柳条洲尾布置一条护滩带，稳定汇流区流态；七星台一带深槽实施3道填槽护底带（图4-17）。

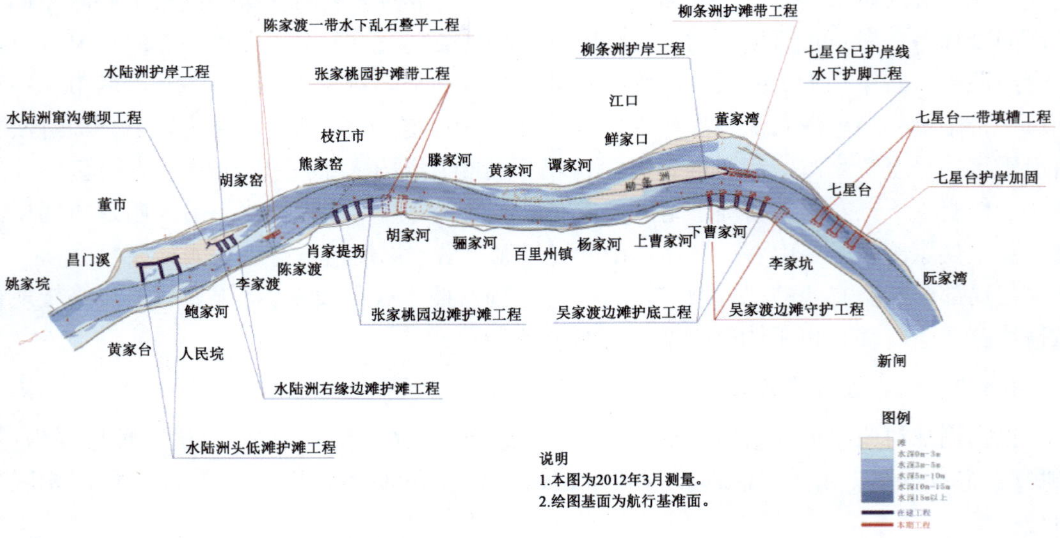

图4-17　枝江—江口河段航道整治工程方案布置图

(2)太平口水道

航道治理思路为:以已建和在建的航道整治工程为依托,对目前较为有利的格局加以守护,维持腊林洲低滩和三八滩中下段的稳定,并在关键部位适当调整,加强对整治线的控制,确保航槽稳定,从而实现规划目标。

工程方案为:在腊林洲低滩布置三道带勾头的护滩建筑物;对三八滩滩体下段滩脊进行守护;对北汊已护岸线的重点部位进行护岸加固(图4-18)。

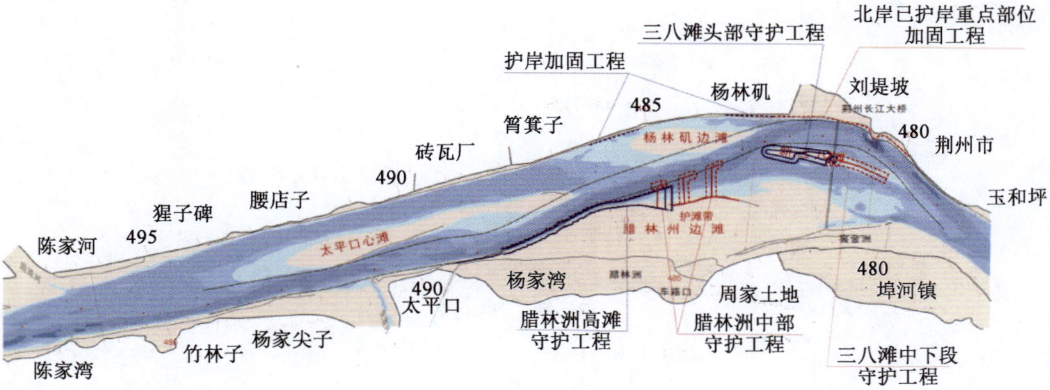

图4-18　太平口水道航道整治工程方案布置图

(3)斗湖堤水道

航道治理思路为:通过稳定南星洲洲尾及左岸江陵一带高滩岸线,遏制斗湖堤水道进口不断展宽的不利趋势,以防止斗湖堤水道出现新的碍航问题。

工程方案为:对南星洲洲尾高滩岸线进行守护;对江陵一带防洪大堤堤外高滩岸线进行守护;对右岸已护岸线的重点部位进行加固(图4-19)。

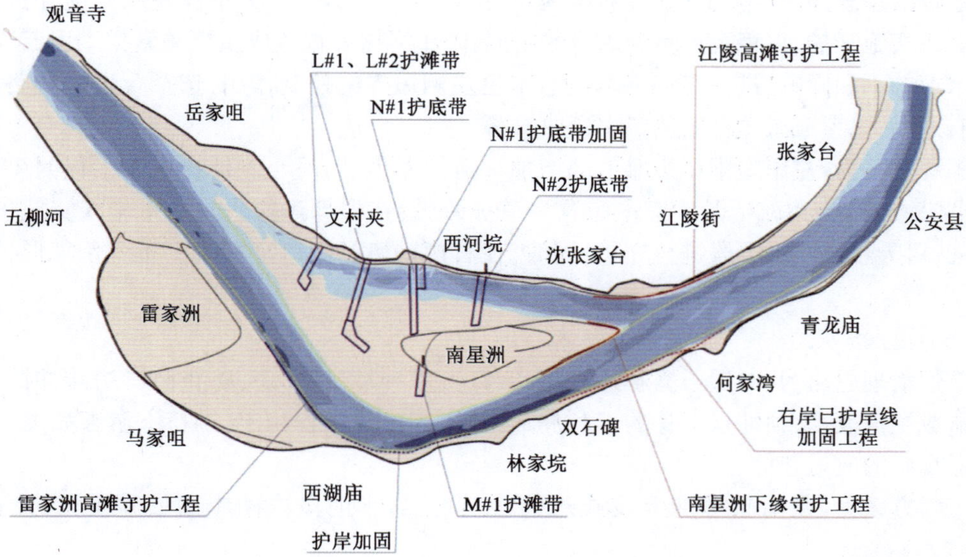

图4-19　斗湖堤水道航道整治工程方案布置图

(4)周天河段

航道治理思路为:进一步加强周公堤水道过渡段的控制作用,对右岸张家榨岸线进行新护和加固,防止航道边界的不利变化造成过渡段浅滩进一步交错恶化;对左岸新厂高滩进行守护,使得新厂边滩滩缘保持完整,防止其崩退造成下游主流的不稳定。

工程方案为:周公堤水道:在原先颜家台闸空挡处布置一道带勾头的潜丁坝;对右岸张家榨一带进行部分新护和护岸加固。天星洲水道:对左岸新厂高滩进行守护;对天星洲左缘上段进行守护(图 4-20)。

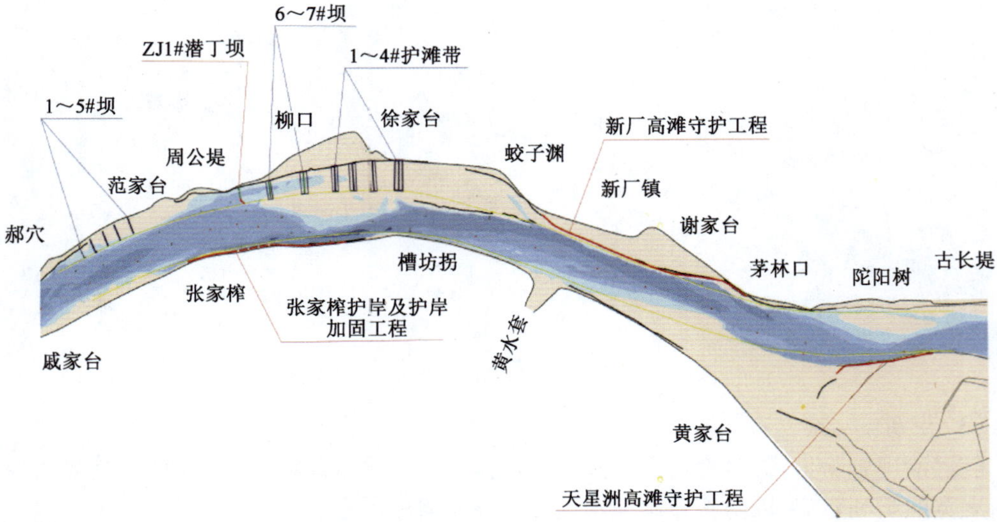

图 4-20 周天河段航道整治工程方案布置图

(5)藕池口水道

航道治理思路为:考虑到工程对藕池口分流的影响,适当对天星洲左缘实施守护,并对新厂高滩实施守护,以稳定天星洲水道的主流,防止河槽展宽造成主流频繁摆动引起下游藕池口水道的不利影响;进一步加强藕池口水道左侧边界的控制作用,选择合理的航路布局,稳定右边界,以形成微弯稳定的二次弯曲航路。

工程方案为:左岸陀阳树边滩上部增加一道护滩带,向河心侧延长先期工程的 TH3#和 TH4#两道护滩带;边滩下游倒套内布置一道护滩带;在根部焦家码头一带岸线实施护岸加固工程;对天星洲左缘下段进行守护;同时,在右槽进口及倒口窑心滩上布置鱼嘴形护滩带(图 4-21)。

(6)碾子湾水道

航道治理思路为:对碾子湾水道稳定其弯道进口段滩槽形态,防止凸岸边滩冲蚀切割,进而造成主流摆动,顶冲点下移的不利局面,并巩固已建工程稳定,维持下游寡妇夹及柴码头附近良好的航道条件。

工程方案为:在南碾子湾上段修建护坎工程;对本河段内两岸两处险工段进行加固(图 4-22)。

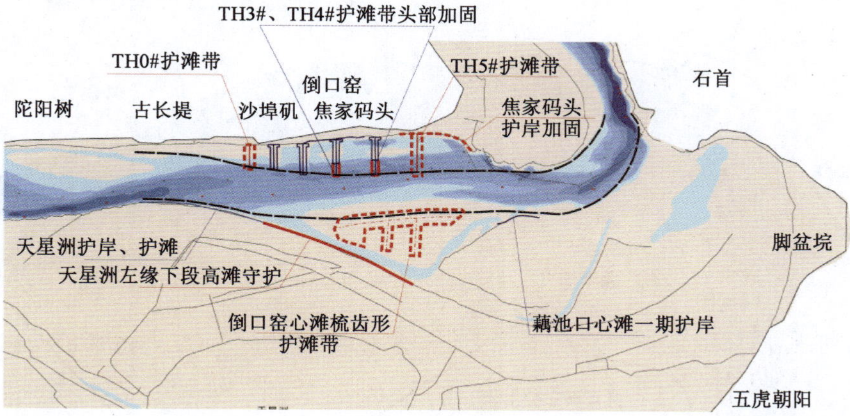

图 4-21　藕池口水道航道整治工程方案布置图

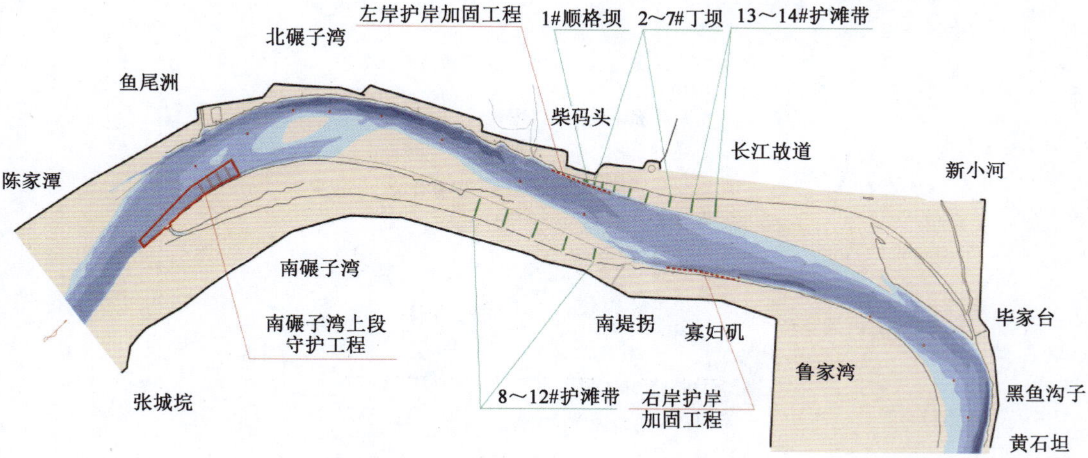

图 4-22　碾子湾水道航道整治工程方案布置图

(7)莱家铺水道

航道治理思路为:稳定莱家铺弯道段和下游放宽过渡段的有利滩槽形态,防止三峡蓄水持续运用后弯道凸岸冲刷、中洲子岸线崩退以及莱家铺边滩倒套发展造成过渡段航道条件的恶化。

工程方案为:对桃花洲岸滩实施守护工程(包括高滩岸线的守护和凸岸滩体上的三道护滩带),并对左岸南河口进行护岸加固;采取两道护滩带对莱家铺边滩尾部倒套进行封堵;对中洲子高滩进行守护(图 4-23)。

(8)窑监大河段

航道治理思路为:在已建工程的基础上,自上而下对关键洲滩岸线实施控制,保持乌龟夹进口右侧新河口边滩的完整稳定,利用“清水下泄”的有利条件,加大航槽内泥沙冲刷力度,使乌龟夹进口过渡段形成稳定的单一航槽;守护大马洲—砖桥段目前较有利的滩形,限制主流摆动,引导水流归槽,抑制本河段航道条件向不利方向的发展。

工程方案为:在新河口边滩头部布置 6 道护滩带;对横岭段护岸进行维修和加固;对进口右岸丙寅洲高滩、左岸下段大马洲右缘进行守护(图 4-24)。

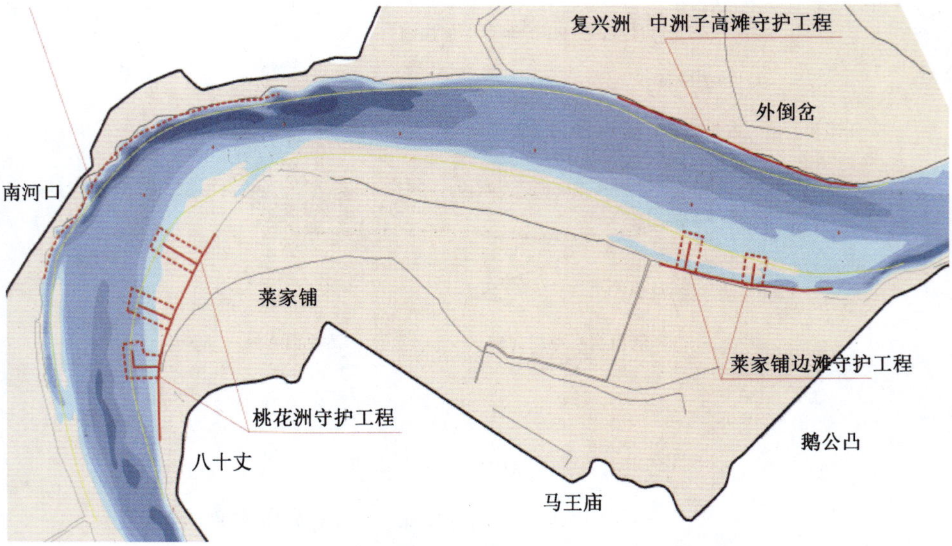

图 4-23　莱家铺水道航道整治工程方案布置图

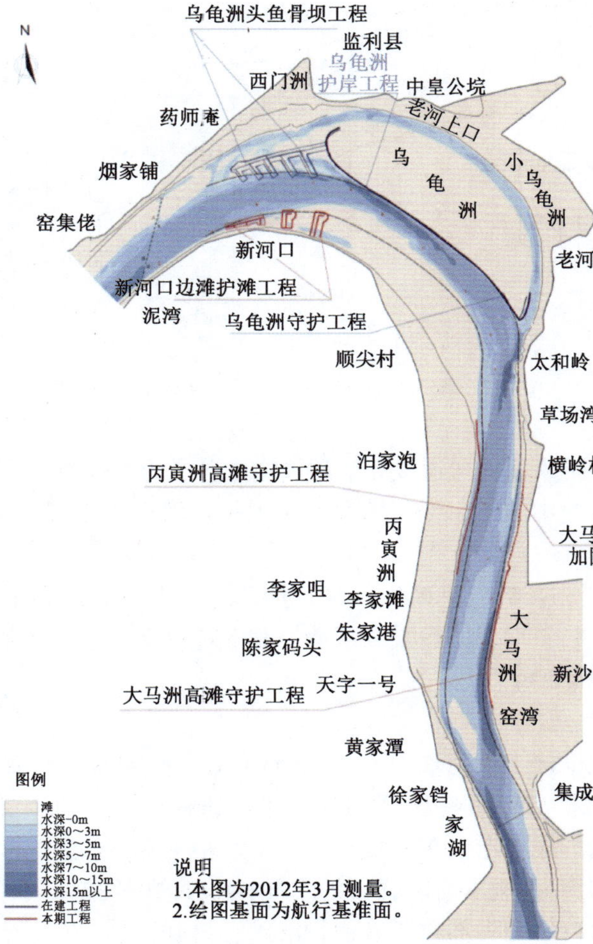

图 4-24　莱家铺水道航道整治工程方案布置图

(9)铁铺水道—熊家洲河段

航道治理思路为:采取工程措施防止铁铺右岸广兴洲边滩及其左岸岸线、熊家洲水道右岸边滩等航道边界的冲刷后退造成本河段以及下游段航道条件的恶化。

工程方案为:广兴洲边滩布置4道护滩带;对左岸盐船套高滩进行守护;对熊家洲右边滩头部低滩实施护滩工程;对对岸中沙堤一带岸线进行加固(图4-25)。

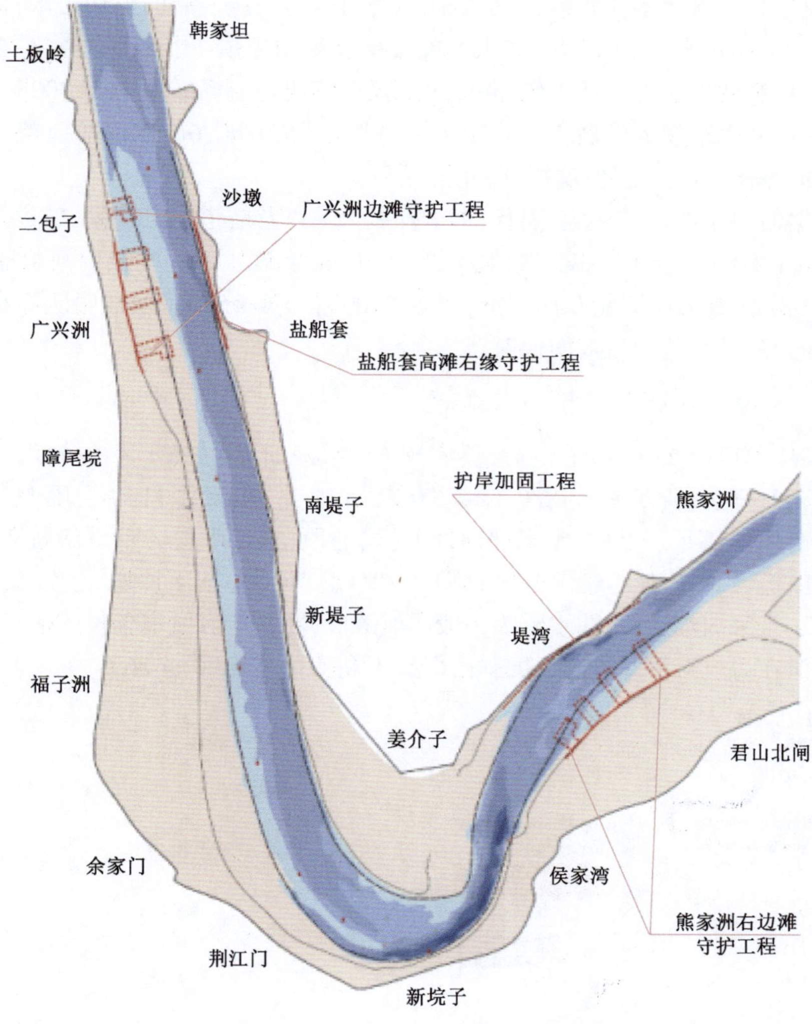

图4-25 铁铺水道—熊家洲河段航道整治工程方案布置图

4.4.3 武汉至安庆河段航道整治方案布置

4.4.3.1 航道建设目标

武汉至安庆河段上起天兴洲长江大桥、下讫安庆皖河口,全长约386.5km,是长江中上游地区与下游及沿海地区经济联系的重要纽带。河段内多为弯曲或微弯的两汊或多分汊河道,洲滩冲淤、主流摆动、各支汊交替发展的河道演变特点较突出,航道条件随之不断变化。2014年以前,本河段枯水期航道最小维护尺度为4.0m×100m×1050m。近年来为改善本河段航道条件、抑制航道条件不利变化，航道部门已陆续对一些重要浅险碍航滩段实施了航道整治工程，对河道内与航道条件关系密切的关键滩槽进行了控制。2017 年 11 月以来，本河段航道最小维护尺度达到了黄石上巢湖以上为 4.5m × 200m × 1050m、上巢湖以下为 5m × 200m × 1050m。但仍无法与安庆以下 6m × 200m × 1050m 以上的航道尺度对接。

为充分发挥长江航运整体效益，满足沿江经济对航运快速发展的迫切需求，促进东中西部地区协调发展，2013 年至 2015 年，国家发展改革委组织完成了长江干线宜昌至安庆段航道水深进一步提高的可能性论证工作，并提出武汉至安庆通航标准为 6m × 200m × 1050m 可以作为一个时期的航道规划发展目标。2016 年，武汉至安庆段 6m 水深航道整治工程被纳入交通运输部《水运"十三五"发展规划》重点项目。

因此，根据航道条件、通航船舶现状、水运发展需求以及航道建设规划，航道建设标准为 6.0m × 200m × 1050m，重点碍航滩段航宽不低于 110m，实现 13000 吨级内河货船、780 标准箱集装箱船、10000 吨级江海船双向通航，以及 2700kW + 4 × 5000t 顶推船队除在部分重点碍航滩段单向通航外其他河段双向通航。

4.4.3.2 碍航特性及重点外部建设环境

武汉至安庆河段由 23 个水道组成，要实现 6m 水深通航，有湖广—罗湖洲、沙洲、戴家洲、牯牛沙、蕲春、鲤鱼山、新洲—九江、张家洲、东北、马当、东流共 11 个河段（包含 17 个水道）的航道条件不能满足。其中，戴家洲河段、马当河段、东流水道为重点碍航滩段，滩槽格局稳定性差，航道条件不满足建设标准；湖广—罗湖洲河段、牯牛沙水道、鲤鱼山水道、新洲—九江河段、张家洲水道、东北水道为一般碍航滩段，部分年份航道条件不满足建设标准；沙洲、蕲春为潜在碍航滩段，航道条件尚好，但有不利变化趋势（图 4-26）。

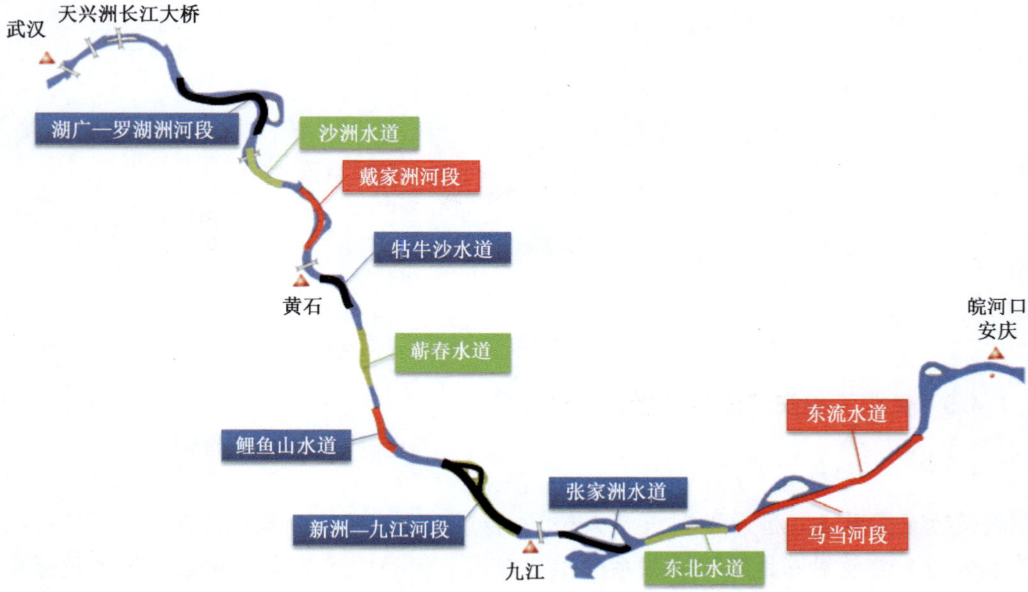

图 4-26　武汉至安庆河段浅水道分布示意图

各碍航滩段的航道问题及涉及的重点外部建设环境如下：

(1)湖广—罗湖洲河段

湖广—罗湖洲河段长约39km,包括牧鹅洲、湖广、罗湖洲三个水道。其中,牧鹅洲水道为弯曲河段,湖广水道为微弯放宽河段,罗湖洲水道为鹅头型分汊河段,其右汊(又称碛矶港)为主汊、左汊枯水期基本断流。

天然条件下,罗湖洲水道汊道主支交替,湖广水道的赵家矶边滩冲淤变化频繁。为稳定有利滩槽格局,改善航道条件,实现4.5m×200m×1050m航道规划建设标准,2005—2007年和2013—2016年先后对湖广、罗湖洲水道进行了航道整治(图4-27)。

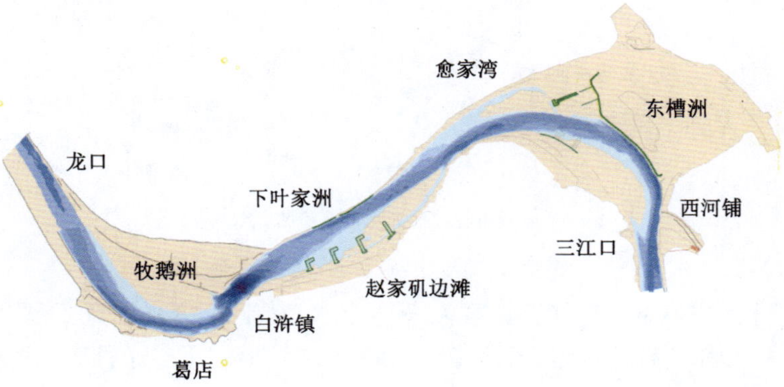

图4-27　湖广—罗湖洲河段河势图

航道尺度提高至6.0m×200m×1050m的航道问题为:在牧鹅洲水道,航道条件较好,但凸岸侧边滩的中高滩冲刷、低滩淤积,航槽受到挤压,航道条件有不利变化趋势,而且主流摆幅加大,不利于下游湖广水道入流条件的稳定;在罗湖洲水道,滩槽格局基本稳定,但赵家矶边滩仍较低矮,大水年过渡槽内易形成水深不足6m的零散浅包;在罗湖洲水道,经过前期航道治理,汊道分流、滩槽格局基本稳定,航道条件也较好,但进口右岸刘家村一带的高滩岸线崩退影响碛矶港入流条件的稳定,而且碛矶港深泓有所右偏,东槽洲下段受顶冲加剧、河床持续下切,这些变化均对较好航道条件的维持不利。

湖广—罗湖洲河段内有饮用水源保护区2处,即位于东漕洲右缘上段的团风水厂取水口和泥矶附近的葛华水厂取水口,而且碛矶港位于李家洲四大家鱼产卵场。另外,河段内有规划采砂区1处,取水口5处,渡口4处,锚地2处,以及武汉新港的白浒山、林四房、葛店、团风4个港区。

(2)沙洲水道

沙洲水道长约20km,为弯曲分汊河道,右汊为主汊,为主航道所在,航道条件较好。20世纪六七十年代以来,河道内发生主支汊易位;20世纪80年代以来,右汊一直为主汊。但是由于三峡水库蓄水后下游来沙大幅减少,左汊冲刷、右汊淤积,同时心滩上冲下淤、挤压右汊航槽,致使右汊6m航宽不断减小,航道条件不利变化明显(图4-28)。

沙洲水道紧邻四大家鱼产卵场,左岸侧有饮用水源保护区1处(黄冈市二水厂水源地),右汊中段右岸有高桩码头1座。

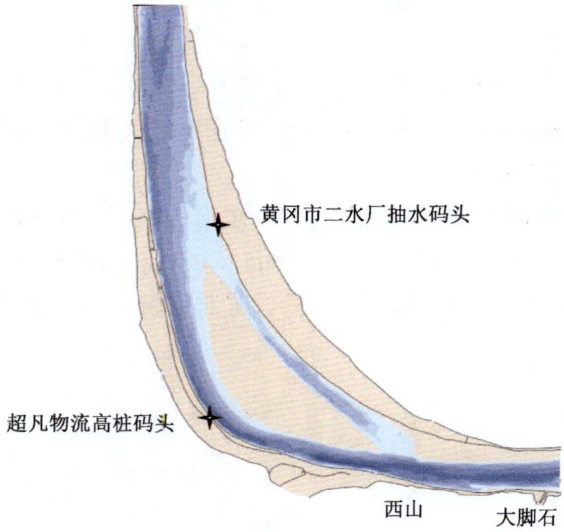

图 4-28　沙洲水道河势图

(3)戴家洲河段

戴家洲河段长约34km,包括巴河、戴家洲两个水道,上段顺直放宽、下段弯曲分汊。江心戴家洲将河道分为圆、直两水道,直水道(右汊)为主航道。天然条件下,两汊交替通航,各汊航道条件均较差。为改善航道条件,实现 4.5m×200m×1050m 规划目标,前期选择直水道作为主航道进行了三期航道整治(图 4-29)。

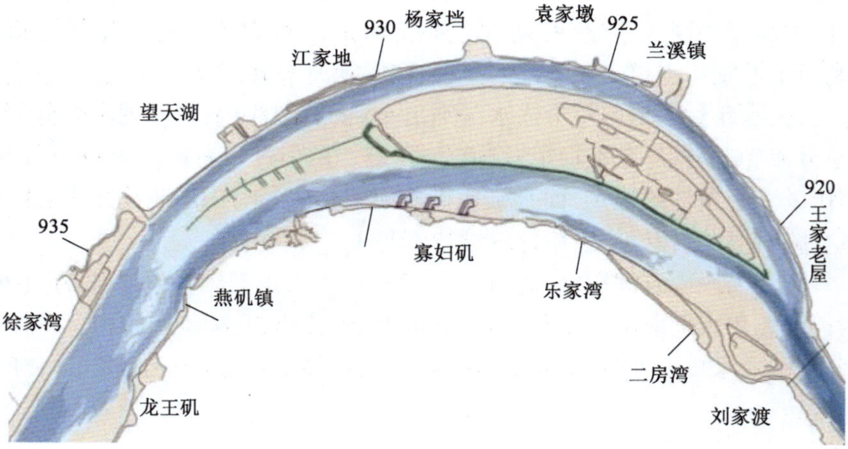

图 4-29　戴家洲河段河势图

已建航道整治工程维持了直水道的主汊、主航道地位,目前直水道分流比可达 60% 以上,航道条件也可达到 4.5m×200m。但戴家洲洲头低滩冲淤调整仍较剧烈,同时池湖港心滩发生冲刷,直水道进口 6m 航槽时断时通,圆水道进口 6m 航槽长期断开;直水道中下段的乐家湾边滩冲刷、河槽淤积,6m 航槽不通。

戴家洲河段右岸有鄂州港,有取水口 3 处,其中燕矶镇自来水厂为饮用水源保护区 1 处;临近黄石段四大家鱼国家级水产种质资源保护区;有规划采砂区 2 处。

(4)牯牛沙水道

牯牛沙水道全长约15.5km,为弯曲型河段,浅区一般位于团林岸至茅山港一带放宽段。为抑制牯牛沙边滩冲刷,改善航道条件,实现4.5m×200m×1050m规划目标,先后于2009—2012年、2013—2016年实施了两期航道整治工程(图4-30)。

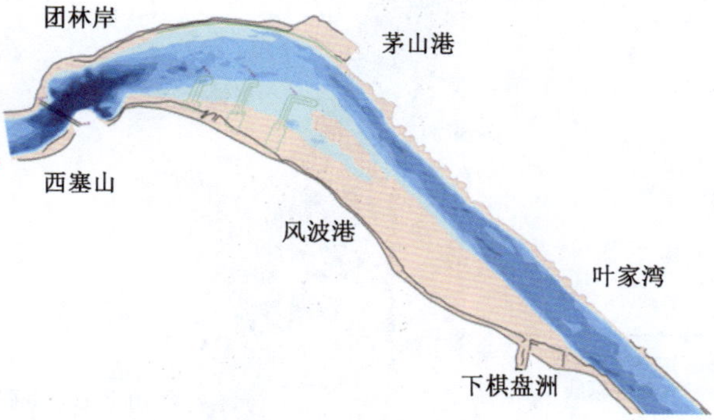

图4-30　牯牛沙水道河势图

工程实施后,牯牛沙边滩淤积,航槽冲刷,航道尺度可以达到6m×200m。由于边滩高程仍偏低且边滩下段有倒套发育,其束水冲槽能力不足,遇洪水期高水位持续时间长、汛后退水较快的不利水文年,汛期放宽段淤积的大量泥沙汛后难以有效冲刷,枯水期航道尺度会出现不足6m×200m的不利局面。

牯牛沙水道的放宽段位于长江黄石段四大家鱼国家级水产种质资源保护区的核心区,也是湖北省生态保护红线区的一类管控区;还有饮用水源保护区1处。

(5)蕲春水道

蕲春水道长约16km,平面形态为微弯型,自上而下逐渐展宽。20世纪90年代以前,上段右岸李家洲处无明显的边滩,而蕲州镇一带放宽段心滩发育,将河槽分为左右两槽;20世纪90年代初,李家洲边滩发育,并与心滩相连,右岸深槽逐渐淤塞,左岸深槽成为稳定的主航槽。三峡工程蓄水以来,受来沙减少影响,李家洲边滩冲刷,头部窜沟冲深发展,左侧深槽进口段河道展宽,水流动力减弱,航道条件有向不利方向发展趋势(图4-31)。

蕲春水道右岸有黄石港区,李家洲边滩上游有李家洲锚地,有规划采砂区2处,左岸有蕲洲水厂取水口。

(6)鲤鱼山水道

鲤鱼山水道长12km,受两岸低山丘陵控制,河道长期保持微弯放宽的平面形态。近期河道内黄莲洲心滩发育,北槽为主槽,航槽较宽且与上下游航道平顺衔接,为航道所在;南槽窄深、弯曲,出流不畅。为稳定枯水双槽格局,改善北槽航道条件,实现"十二五"期4.5m×200m×1050m规划目标畅通,2015—2018年实施了鲤鱼山水道航道整治工程(图4-32)。

工程实施后,滩槽格局稳定,北槽冲刷、南槽淤积,黄莲洲心滩淤积,厍家湾边滩上冲、下淤。但航道尺度提高至6.0m×200m,北槽输沙能力仍较有限,加上厍家湾边滩冲刷致使局部河道展宽,北槽航道条件有不利变化趋势,大水年航道尺度仍会不足。

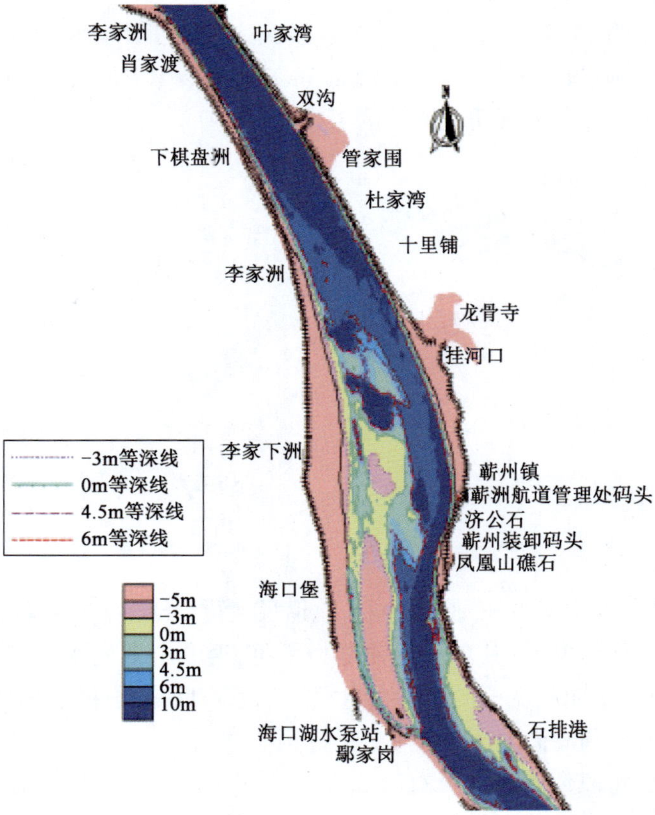

图 4-31 蕲春水道河势图

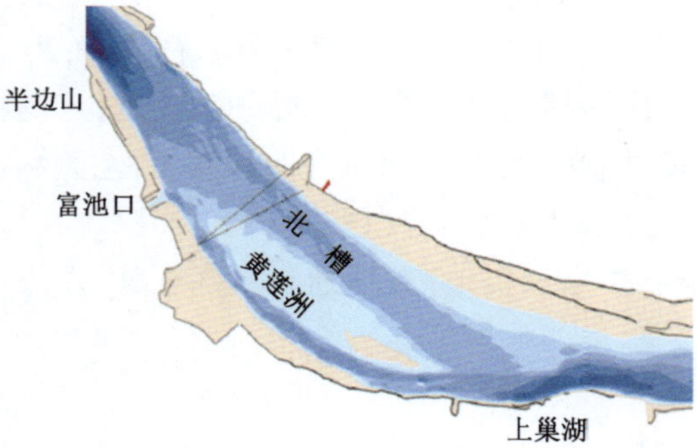

图 4-32 鲤鱼山水道河势图

鲤鱼山水道北岸有武汉新港武穴港区，南岸有黄石港阳新港区、富水河河口的富池大闸、富池镇水厂取水口，水道上段有富池锚地、盘塘汽（人）渡口，库家湾边滩右缘有龚龙湾采砂区。

（7）新洲—九江河段

新洲—九江河段全长约35km，平面呈反S形由上段新洲汊道、中间顺直段、下段九江弯道组成，分布有新洲浅区、九江上浅区、九江下浅区。上段新洲汊道的南汊为新洲水道，历来是主通航汊道，右岸侧有徐家湾边滩，左侧新洲尾附近因河道放宽及新洲北汊汇流影响，形成新洲浅区。近期徐家湾边滩冲刷下移的同时逐渐向心滩转化，形成多槽争流的不利局面，新洲浅区航道条件变差。中段为新洲水道与九江弯道间的长顺直段，鳊鱼滩分河道为左右两汊，主航道一直稳定鳊鱼滩右汊，九江浅区位于白沙至蔡家墩过渡段。近期，受上游新洲水道变化影响，鳊鱼滩头冲刷后退，鳊鱼滩左汊不断发展，九江浅区航道条件急剧恶化。下段为九江弯道，存在有九江下浅区，近期凸岸边滩发育完整，凹岸潜洲消失，2000年后航道条件好转且较为稳定。为抑制航道边界不利变化，改善新洲浅区、九江上浅区航道条件，实现“十二五”期4.5m×200m×1050m规划标准，2011—2016年实施新洲—九江河段航道整治一期工程（图4-33）。

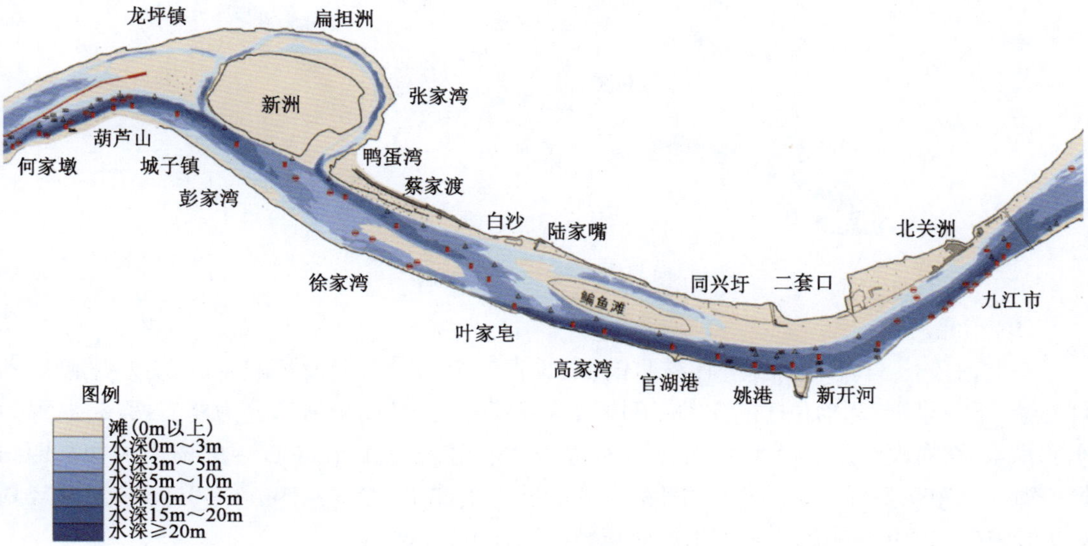

图4-33　新洲—九江河段河势图

工程实施后，滩槽格局基本稳定，河段航道尺度可以达到4.5m×200m，但由于徐家湾边滩守护力度有限，新洲浅区、九江上浅区处航道尺度不足6m×200m。其中，徐家湾边滩护滩区域下游的沿岸倒套仍在继续冲刷下切，不利于左侧主航槽水流冲刷动力的改善；徐家湾边滩下段未守护区域上冲下淤，挤压九江上浅区处航槽，而且鳊鱼滩左汊进口冲刷也不利于九江上浅区水流冲刷动力的改善。

新洲水道上段右半边江（已建徐家湾边滩第4道护滩带以上）位于江西段四大家鱼国家级水产种质资源保护区试验区，右岸徐家湾边滩已建护滩带以下有7处取水口，左岸有2处取水口。

（8）张家洲水道

张家洲水道长约32km，为微弯双分汊河型。张家洲将河道分为左右两汊，左汊习称为北港，河道弯曲，浅区较多；右汊习称为南港，河道顺直，现为主航道。右汊内官洲将该汊分为左右两槽，左槽分流较大，为航道所在，右槽习称官洲夹。为改善南港航道条件，2002—2007年、2009—2013年先后实施了张家洲南港下、上浅区航道整治工程，实现了“十二五”期4.5m×200m×1050m规划航道尺度目标（图4-34）。

工程实施后，汊道分流格局总体稳定，南港分流比稳定在62%左右；在南港上段，官洲洲头低滩淤积，但官洲夹仍有所冲刷发展，加上官洲洲头崩塌及左侧低滩冲刷，左槽上段航道尺度不能长期满足6m×200m；在南港下段，洲滩形态稳定，航道条件显著改善，航道尺度可以达到6m×200m。

南港中下段位于长江八里江段长吻鮠国家级水产种质资源保护区核心区。

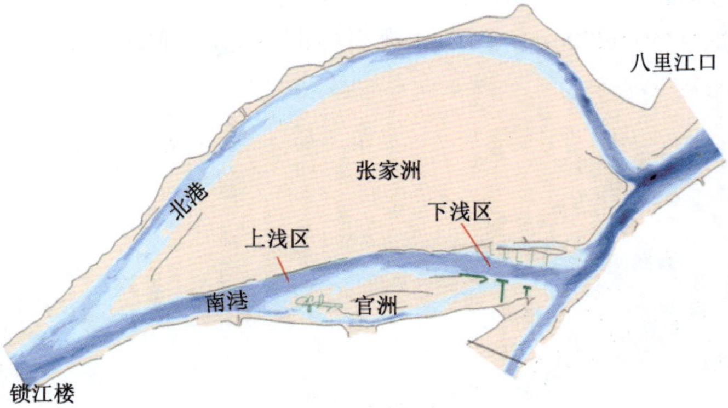

图 4-34　张家洲水道河势图

(9)东北河段

东北河段长 34km,包括湖口、东北横、东北直三个水道。上段长顺直放宽,左岸侧四洲圩心滩、下三号洲,深槽位于右岸侧;下段微弯分汊,下三号洲将河道分为左右两汊,左汊为东北横水道、右汊为东北直水道,东北横水道为主航道,分流比在 80% ~90%。为抑制四洲圩心滩左侧窜沟发展,防止下三号洲左缘滩地进一步冲刷,实现 4.5m×200m×1050m 规划目标,2016—2019 年实施了东北水道航道整治工程(图 4-35)。

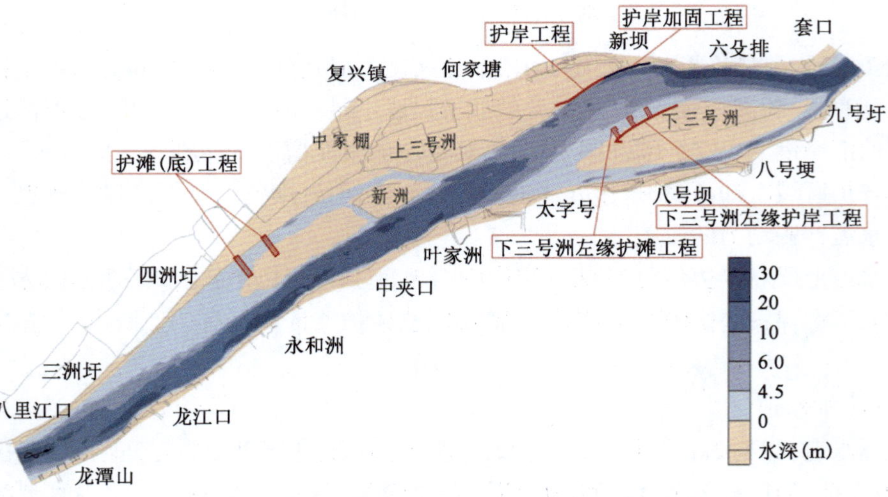

图 4-35　东北水道河势图

工程实施后,河段滩槽格局基本稳定,一般年份航道尺度可以达到 6m×200m,但下三号洲洲头冲刷后退、东北直水道冲刷,对横水道航道条件不利,遇到不利水文年(大水大沙+小水小沙年),放宽段航道尺度将明显减小。

东北河段位于长江八里江段长吻鮠鲶国家级水产种质资源保护区实验区,下三号洲及直水道位于江西彭泽长江省级湿地公园(安徽省生态保护红线区)规划范围。

(10)马当河段

马当河段长约 30km,为弯曲分汊河型。骨牌洲将河道分为南北两汊,南汊分流比超过

95%。南汊为航道所在，包括马当南、马当阻塞线（简称“马阻”）、东流直三个水道。马当南水道内，有棉外州将河道分为左右两槽，航道位于右槽；马阻水道内，有瓜子号洲将河道分为左右两汊，右汊分流较大，航道位于右汊。为抑制棉外洲左槽、瓜子号洲左汊冲刷发展，改善右槽、右汊航道条件，实现4.5m×200m×1050m规划目标，2009—2011年、2011—2016年先后实施了马当河段航道整治一期工程和马当南水道航道整治工程（图4-36）。

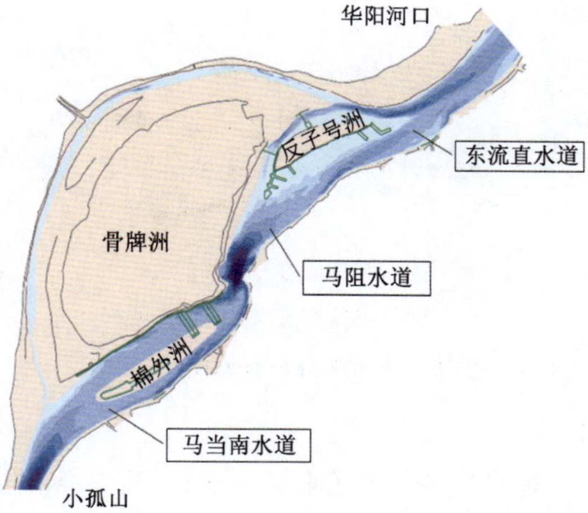

图4-36　马当河段河势图

马当南水道整治工程实施后，棉外洲左槽快速发展态势得到遏制，两槽航道尺度均达到了4.5m×200m，但左槽出口弯曲半径较小、流态紊乱。航道尺度提高至6m×200m，由于棉外洲右槽分流较小且仍在缓慢减小，2016年3月至2018年4月右槽分流比由46%减小至39%，右槽进口航宽不足，右汊航道条件还将进一步变差；左槽航道水深条件较好，但出口船舶通航条件较差。

马当一期工程实施后，瓜子号洲右汊河床冲刷，右汊分流超过85%，航道尺度可以达到6m×200m。但未守护的瓜子号洲右侧低滩还在冲刷，而右汊中段河心淤积，河槽宽浅变化，航道条件有不利变化趋势。

马当河段进口左岸侧、骨牌洲头部及左汊位于长江安庆段四大家鱼国家级水产种质资源保护区内，其中进口为缓冲区、骨牌洲头部及左汊为核心区。

（11）东流水道

东流水道长31km，属典型顺直多分汊河型；河道内江心洲滩周期性冲淤变化，汊道周期性兴衰交替，航槽不稳定，易出浅碍航。近期，河道上段左岸侧有娘娘树边滩，河心自上而下有老虎滩、天沙洲、玉带洲，老虎滩右汊习称东港，老虎滩与天沙洲之间的河槽习称西港，天沙洲与玉带洲之间习称天玉窜沟，玉带洲左汊习称莲花洲港。为形成较稳定的上下滩群，形成较完善的西港航道边界；限制莲花洲港发展，遏制东港快速发展，实现西港4.5m×200m×1050m规划目标，2004—2010年、2012—2017年先后实施了二期航道整治工程（图4-37）。

已建工程控制了老虎滩、玉带洲头低滩、娘娘树边滩基本稳定，但老虎滩左缘受冲，已建工程损毁严重；莲花洲港枯水分流比基本稳定（约30%），其他汊道枯水分流比发生较大变化。主要受人类活动影响，东港分流比先由2004年的14%持续增加至51%（2014年），后又回调至34.5%(2018年);西港分流比先由2004年的43%减小至8%,后又增加至33.5%;天玉窜沟分流先略有增加,后受二期工程影响,分流比减小至5.5%。随着近几年西港分流增加,西港过渡段冲刷,虽然6m槽仍不通,但断开距离呈减小之势;而且,受东港分流总体增加影响,玉带洲右汊主流左摆,玉带洲右缘高滩崩退,河槽展宽,6m深槽交错发展,航道条件发生不利变化。另外,东港进口易形成浅包,不利水文条件下6m航宽不足。

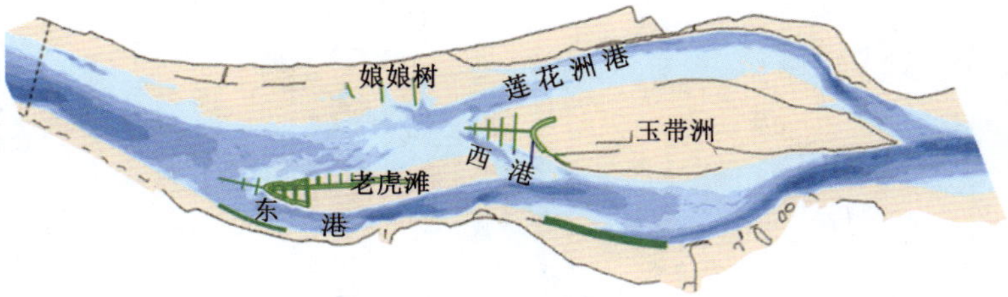

图4-37　东流水道河势图

东流水道位于长江安庆江豚自然保护区的实验区。

4.4.3.3　航路规划

根据航道建设标准、河道自然条件及船舶航行现状、两岸经济需求、外部影响等,武汉至安庆河段规划航道线路基本维持现有航行线路,即青山夹→阳逻水道左侧深槽→牧鹅洲水道右侧深槽→湖广水道左侧深槽→罗湖洲水道碛矶港→沙洲水道右汊→巴河水道河心深槽→戴家洲水道的直港→黄石水道右侧深槽→牯牛沙水道左侧深槽→蕲春水道左侧深槽→搁排矶水道河心槽→鲤鱼山水道左槽→武穴水道右槽→新洲水道左侧深槽→九江水道右侧深槽→张家洲南水道→湖口水道右侧深槽→东北横水道→马当南水道南槽→马当阻塞线水道右槽→东流水道西港→官洲左汊。

其中,戴家洲水道、马当南水道、东流水道三个重点碍航滩段,由于主支汊分流相当或汊道分流未完全稳定,航道线路选择的具体原因分析如下:

(1)戴家洲水道

已建工程选择直水道作为主航道开展航道整治,塑造了有利于直水道航道条件改善的滩槽格局,工程实施后直水道分流比基本稳定在60%左右,主要在汊道进出口,由于滩槽形态不良,航道水深不足6m。在已建工程的基础上,局部塑造优良滩槽形态,可进一步改善航道条件。相较而言,圆港处于支汊态势,而且除汊道进口存在大范围的碍航浅区外,出口因矶头挑流,船舶通航与下游桥梁安全之间矛盾较为突出,故航道治理难度大。

因此,为实现6.0m水深通航,仍选择直水道作为河段全年通航主汊道。

(2)马当南水道

从航道自然条件、两岸经济发展需求、航道治理可能性等方面,分析棉外州左、右槽通航的优势。

从航道水深条件来看,左槽较优。棉外洲左槽分流比较大且有缓慢增加之势,航道尺度达到了6m×200m,而右槽航道尺度仅6m×90m左右。

从船舶航行安全来看,右槽较优。在马南水道出口左、右岸分别有马当嘴、马当矶两个节点交错突出江中。进、出左槽的上、下行船舶的航迹均呈反Z字形,不仅航路弯曲半径较小(700 ~ 800m),达不到规范要求,而且流态紊乱,船舶航行的安全隐患较大;右槽航道线路较平顺。

从两岸经济发展需求来看,马当南水道左岸为骨牌洲,右岸为九江市,对右槽通航的需求较大。

从航道治理的可能性来看,右槽较优。改善左槽通航环境,需要切除马当嘴。但由于该矶头是控制上、下游河势的关键,治理难度较大。改善右槽水浅问题,可以通过控制左槽分流、稳定并调整棉外洲滩体,实施的可能性较大。

因此,综合考虑,选择棉外洲右槽作为主航道。

(3)东流水道

历史上,东港、西港、莲花洲港均作为枯水期主航道使用过。随着东流水道一期、二期航道整治工程实施,莲花洲港进口段上游娘娘树边滩稳定后,制约了莲花洲港进一步发展成为主汊的可能,不再具备作为主航道使用的潜力。

东港和西港相比较,虽然现阶段东港分流略大,航道条件较好,但从历史演变规律及近期演变态势看,东港航道条件难以保持长期稳定,而且,东港中段及出口均存在矶头,局部流态紊乱,船舶航行条件较差;而西港虽然现阶段分流比较小、航道条件较差,但冲刷发展态势明显,航道条件逐步好转,而且西港在历史上也是长期作为主通航汊道,已建工程也为西港的发展创造了条件。

因此,选择处于发展周期的西港作为主航道。

4.4.3.4 航道治理思路及方案布置

根据武汉至安庆河段航道建设标准及碍航特性,按照航道系统治理原则,航道治理思路为:充分利用已建工程,将航道整治工程与生态工程有机结合,进一步完善关键洲滩守护,基本稳定汊道分流比,结合疏浚工程,适当调整不良滩槽形态,提高中枯水航槽冲刷能力,改善航道条件,实现航道建设标准。

不同类型碍航滩段的航道治理思路有差异。重点碍航滩段,总体规划、分步实施,先期以调整控制措施为主,辅以疏浚,促进优良滩槽形态的逐步形成,使航道水深增加至6.0m、航道宽度不低于110m;后期,根据整治效果,实施完善工程,实现6.0m×200m航道尺度标准。一般碍航滩段,在守护关键洲滩的基础上改善局部滩槽形态,加大浅区冲刷力度,改善航道条件,提高航道尺度至6.0m×200m,但部分位于生态环境敏感区域的滩段航道宽度降至110m;对于潜在碍航滩段,减缓、遏制不利演变发展,维持较好航道条件,稳定和保持6.0m×200m的航道尺度。

根据治理思路,采用物理模型和数学模型对各碍航滩段的航道整治方案进行了深入研究。各碍航滩段航道治理思路和工程方案如下:

(1)湖广—罗湖洲河段

航道治理思路为:在已建工程的基础上,完善对洲滩、岸线的守护,抑制牧鹅洲边滩、刘家村高滩岸线等航道边界的不利变化,稳定较好航道条件(图4-38)。

工程方案为:在牧鹅洲边滩上建3道护滩带,并护滩带根部高滩岸线进行守护,抑制边滩中高滩冲刷,限制湖广水道入流左摆;对罗湖洲水道进口右岸的刘家村一带高滩进行守护,稳定罗湖洲水道进流条件;对东槽洲右缘下段已建护岸进行加固,加强已护险工段岸线的稳定(图4-38)。

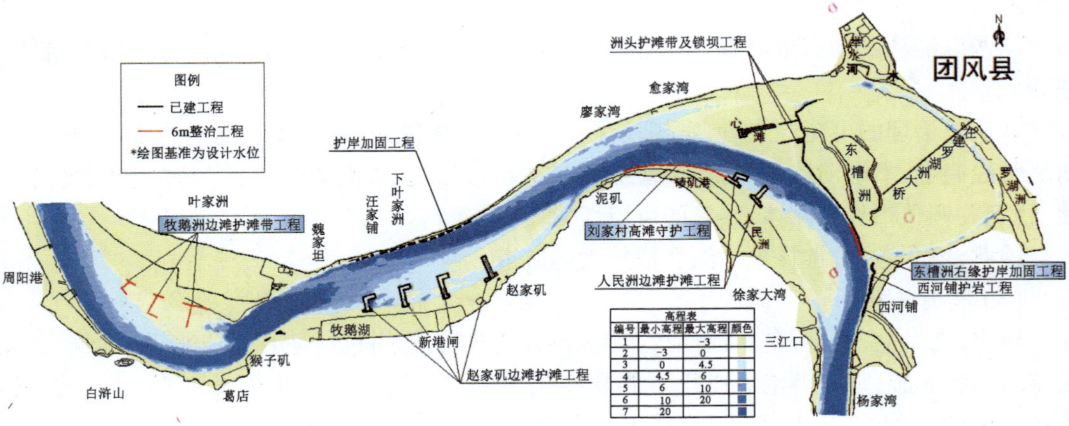

图4-38　湖广—罗湖洲河段航道整治工程方案平面布置示意图

(2)沙洲水道

航道治理思路:减缓左汊冲刷发展,防止航道条件快速变差,初步实现6.0m×200m建设标准;后期,完善对滩槽格局的控制,促进较好航道条件长期维持。

工程方案为:在左汊上段修建1道护底带,对右岸路家湾已建护岸进行加固(图4-39)。

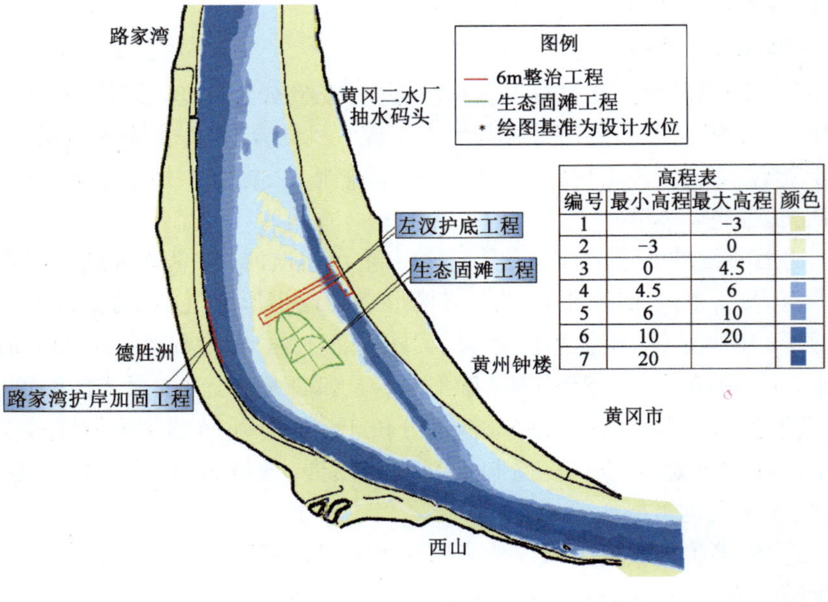

图4-39　沙洲水道航道整治工程方案平面布置示意图

(3)戴家洲河段

航道治理思路:充分利用已建工程的整治效果,进一步稳定两汊分流,完善对滩槽格局的守护,结合浅区疏浚,增强直水道的水流动力,将航道尺度提高至6.0m×110m;后期,完善对滩槽形态的调整,拓宽航道。

工程方案为:在池湖港边滩修建2道护滩带,并护滩带根部高滩岸线进行守护,抑制边滩冲刷,稳定直水道进口右边界;采取梳齿型守护的方式将新洲洲头已建鱼骨坝进行延长,塑造有利的进口航道左边界;在直水道右岸乐家湾一带修建5道护滩带,并护滩带根部高滩岸线进行守护,抑制直水道下段航道右边界的冲刷下移;对戴家洲右缘已建护岸进行加固,加强直水道左边界的稳定;对直水道进出口进行疏浚,浚深浅区,并引导水流归槽(图4-40)。

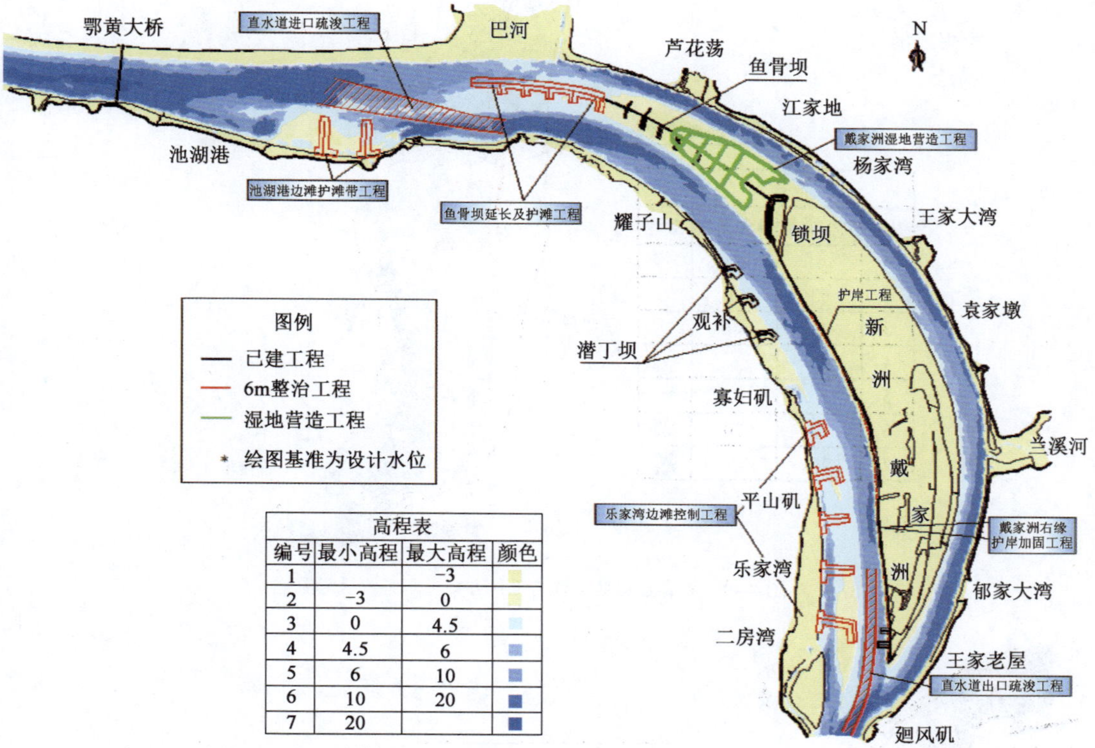

高程表

编号	最小高程	最大高程	颜色
1		−3	
2	−3	0	
3	0	4.5	
4	4.5	6	
5	6	10	
6	10	20	
7	20		

图4-40　戴家洲河段航道整治工程方案平面布置示意图

(4)牯牛沙水道

为改善航道条件,可以通过加强已建工程控制强度,增加退水过程中过渡段浅区枯水水流冲刷能力。但由于水道位于生态保护红线,而且已建工程已经控制了滩槽格局的稳定,宜采取加大维护疏浚的措施,保障6m航道畅通。

(5)蕲春水道

航道治理思路为:稳定李家洲边滩,抑制航道出现的不利变化趋势,维持目前相对较好的航道条件。

工程方案为:在李家洲边滩中上段布置一道潜坝和三道护滩带,并对根部高滩岸线进行守护,封堵边滩头部窜沟,防止边滩刷低后退;对左岸挂河口一带已建护岸进行加固,加强已护险工段岸线的稳定(图4-41)。

(6)鲤鱼山水道

航道治理思路为:适当提高关键洲滩束水归槽能力,加大北槽中枯水水流冲刷动力,提高航道尺度。

工程方案为:加高黄莲洲心滩(图4-42)。

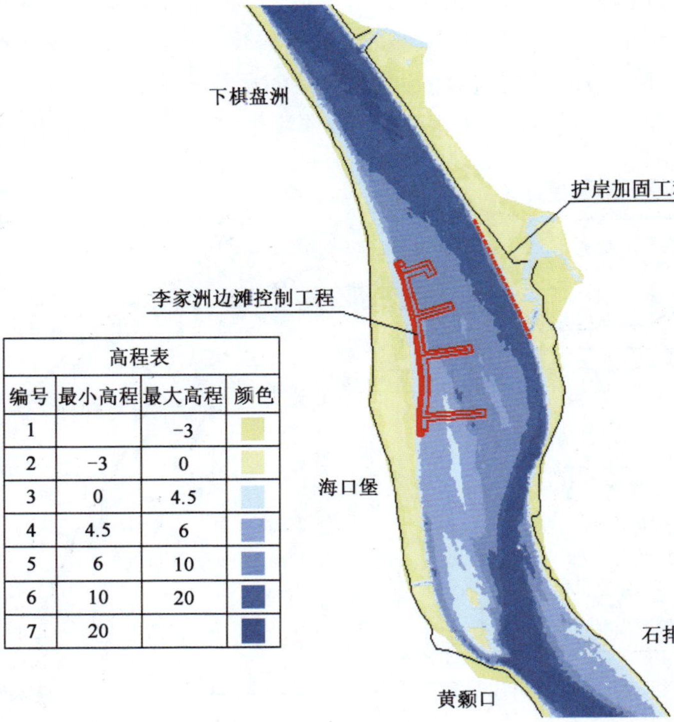

编号	最小高程	最大高程	颜色
1		-3	
2	-3	0	
3	0	4.5	
4	4.5	6	
5	6	10	
6	10	20	
7	20		

图 4-41　蕲春水道航道整治工程方案平面布置示意图

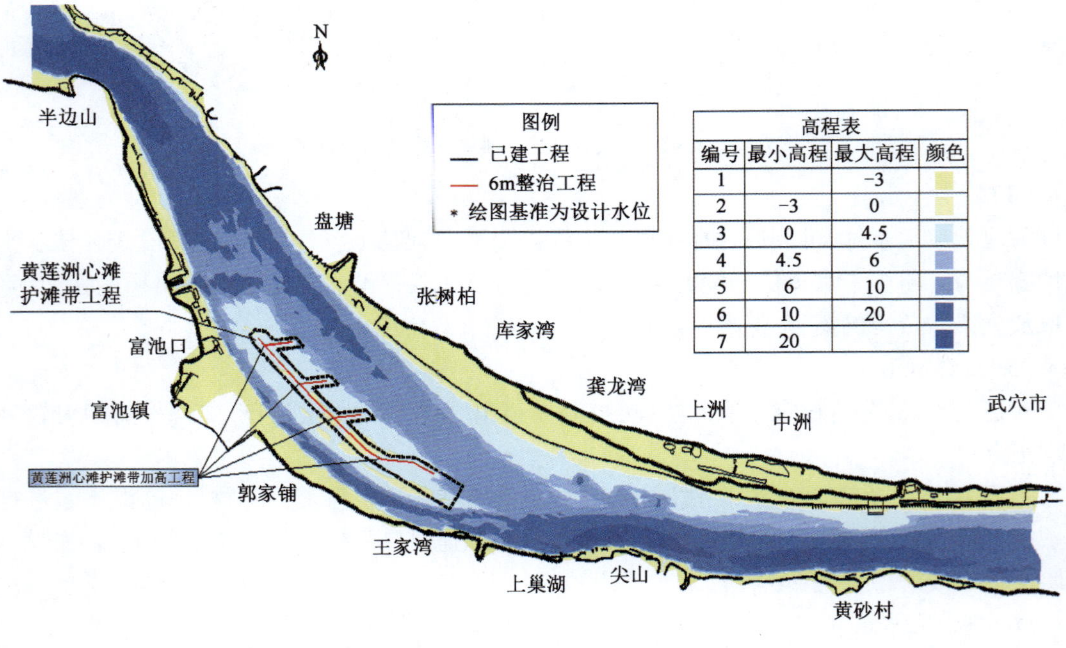

编号	最小高程	最大高程	颜色
1		-3	
2	-3	0	
3	0	4.5	
4	4.5	6	
5	6	10	
6	10	20	
7	20		

图 4-42　鲤鱼山水道航道整治工程方案平面布置示意图

(7)新洲—九江河段

航道治理思路为:在已有工程的基础上,增强边滩的控制力度,限制沿岸槽及支汊发展,同时辅助疏浚，达到 6m×110m 的航道尺度。

工程方案为：对新洲右缘高滩岸线进行守护，抑制岸线崩塌，稳定主流；在已建徐家湾护滩带工程上游新建 2 道丁坝，对已建 3 号、4 号护滩带进行加高，在其下游新建 1 道护底带，完善对徐家湾边滩的守护，增强新洲浅区水流冲刷动力；新洲浅区进行疏浚，浚深航道并引导水流归槽；对左岸蔡家渡岸线进行守护，稳定河道边界；在鳊鱼滩洲头已建梳齿坝上游增加一纵一横两道护滩带，稳定滩体，适当限制左汊冲刷发展，增加九江上浅区分流（图 4-43）。

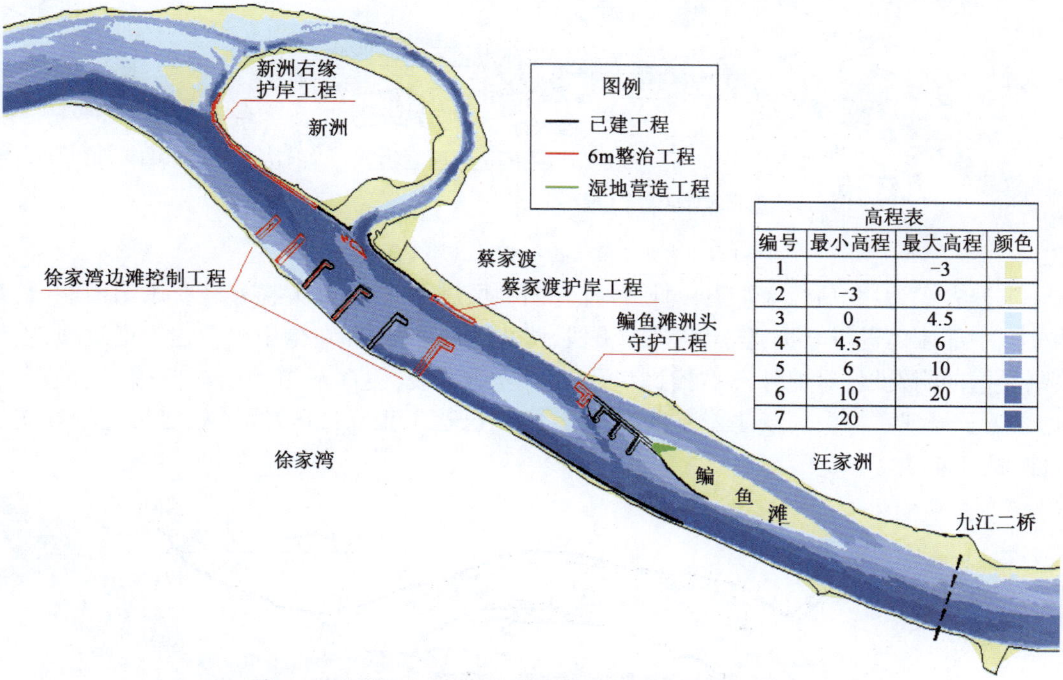

图 4-43 新洲—九江河段航道整治工程方案平面布置示意图

（8）张家洲水道

航道治理思路为：在已建工程的基础上，完善岸滩守护，抑制官洲夹发展，并进一步束窄水流，增强南港上浅区冲刷能力。

工程方案为：对张家洲洲头高滩岸线进行守护，防止洲头冲刷，稳定当前分流态势；在官洲夹进口新建 1 道护底带，抑制官洲夹进口河床冲刷，适当限制官洲夹冲刷发展；在官洲左侧新建 1 道护滩带，抑制官洲左侧低滩倒套的进一步发展；对张家洲右缘大套口一带已建护岸进行加固，加强已护岸线的稳定（图 4-44）。

（9）东北河段

为维持目前较好航道条件，可通过守护下三号洲洲头低滩，稳定两汊分流，遏制横水道放宽段河道展宽，引导水流冲刷航槽。但由于工程部位位于生态保护红线，而且航道边界不利变化幅度，可先以疏浚维护为主，后期加强观测，结合湿地公园建设，研究改善措施。

（10）马当河段

航道治理思路为：在马当南水道，维持右槽为主航道，稳定并调整棉外洲形态，适当限制左槽冲刷发展，结合疏浚，保留棉外洲左槽通航资源的同时，使右槽航道尺度达到 6m×110m；在马阻水道，完善洲滩格局，稳定航道左边界，维持 6m×200m 畅通。

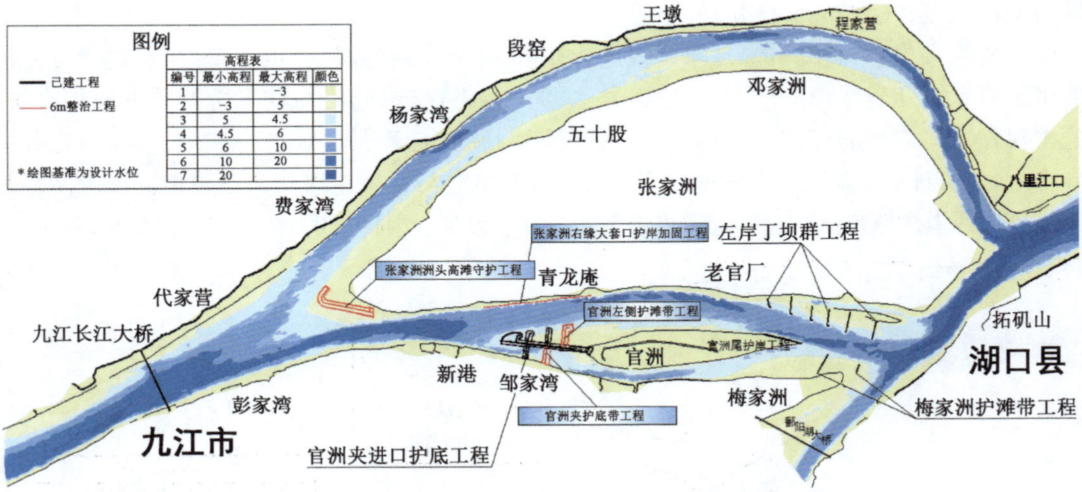

图 4-44　张家洲水道航道整治工程方案平面布置示意图

工程方案为：在马当南水道，对已建棉外洲顺坝进行加高，加大棉外洲束水归槽能力；对棉外洲中部滩体进行守护，稳定棉外洲下段，防止不利冲刷；在左槽中段新建 1 道潜坝，适当限制左槽冲刷发展；对棉外洲右槽进口段浅区进行疏浚，浚深航道并引流归槽。在马阻水道，在瓜子号洲右缘中部新建 3 道带护滩带，抑制已建工程空挡区冲刷，稳定目前较好航道条件（图 4-45）。

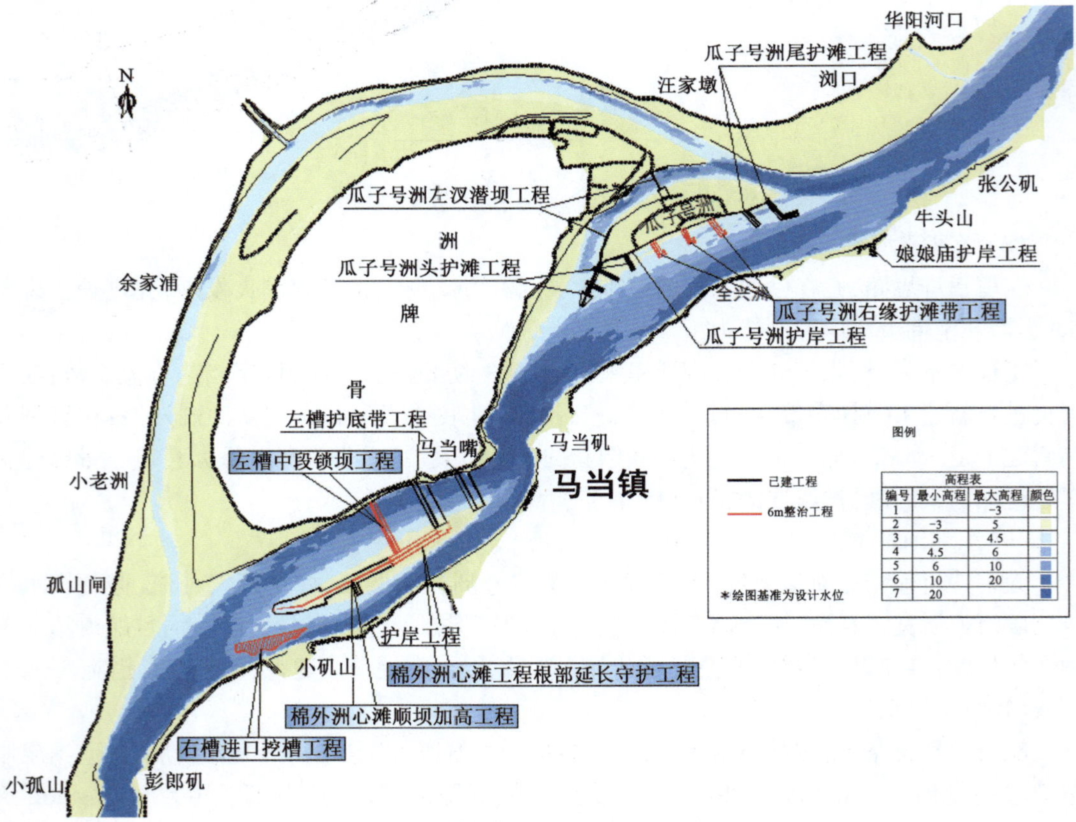

图 4-45　马当河段航道整治工程方案平面布置示意图

(11)东流水道

航道治理思路:基于已建航道整治工程,进一步守护关键洲滩、稳定洲滩格局,结合疏浚,打通西港6m航槽(航宽110m),促进西港发展及航道条件改善。

工程方案为:对老虎滩左缘已建护滩工程外缘及未守护的空挡区进行加固守护,稳定受冲严重的老虎滩头部及左缘,促进总体滩槽格局的维持;在天玉串沟已建护底带区域新建2道护底带,限制天玉串沟过流能力,增强西港过渡段水流动力;沿西港现有深槽走向进行疏浚,浚深浅区并引导水流归槽;对右岸稠林矶以下高滩岸线进行守护,防止因西港出流增加而进一步冲退,促进河势稳定;对玉带洲右缘高滩岸线进行守护,抑制玉带洲右汊进一步宽浅变化,防止航道条件不利变化的进一步发展(图4-46)。

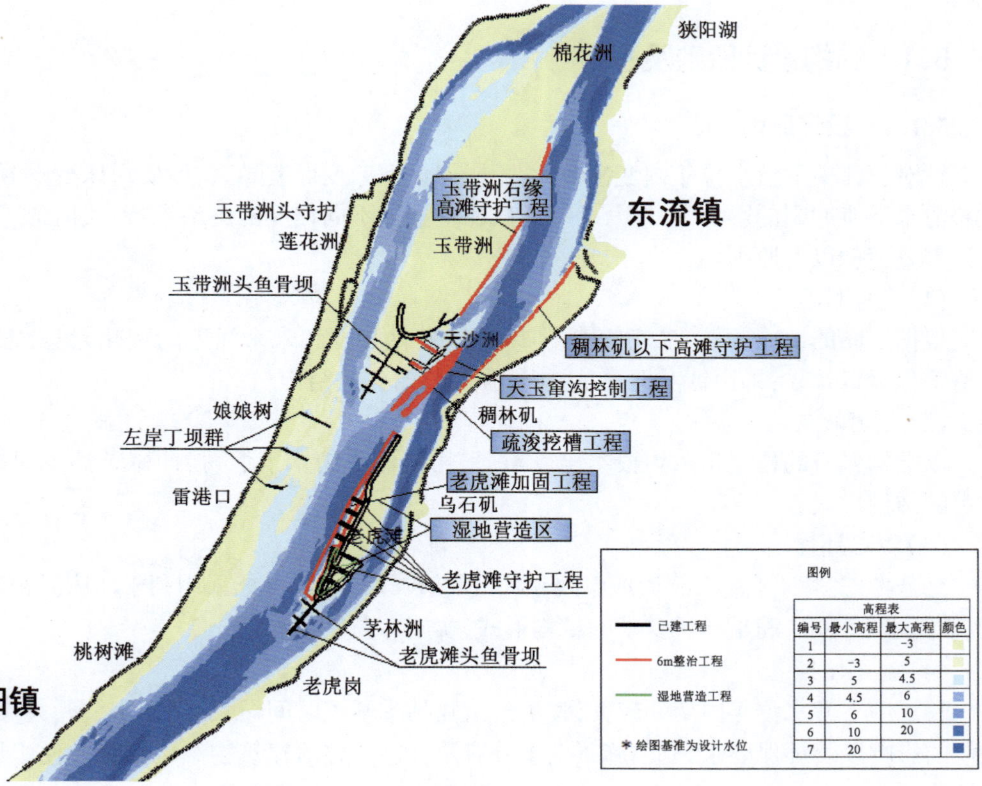

图4-46　东流水道航道整治工程方案平面布置示意图

5 航道工程结构

长江中下游的航道治理方法有整治和疏浚。整治主要是修建护滩(底)带、中低水坝体、护岸和护岸加固,其结构形式因所在河段的河床地质不同会有所差异。而且,通过长期的工程实践以及研究创新,各种整治建筑物结构得到不断改进(其中生态结构创新将在第6章中介绍)。

5.1 结构设计原则及思路

5.1.1 设计原则

针对长江中下游水位年内变幅较大,不同河段河床变形差异大,沙质河床变形频繁且受三峡清水下泄冲刷的影响大,以及一些碍航滩险经过不同程度的整治等特点,航道工程结构设计需要遵循以下原则:

(1)适应性强

根据不同的地质条件、水流条件、河床冲淤变化强度和未来河道的变化趋势,根据已有整治工程运行效果,采用针对性强、适应性强的整治建筑结构。

(2)稳定耐久

以结构自身的稳定耐久为根本出发点,采用能够在清水下泄、强冲刷条件下保持安全、稳定的结构形式。

(3)生态环保

充分考虑"生态优先"的治理原则,在工程结构设计中尽可能采用利于河床淤积、生境恢复、改善水生环境、满足环保要求的结构形式,实施"绿色"整治。

(4)施工便捷

长江中下游水位年内变幅较大,整治建筑物枯季施工时间短,加之雨水、雪、大雾等不良气候的影响以及环保要求,有效施工期十分有限,因此,整治建筑物结构设计应便于机械化、规模化施工。

(5)前后衔接

对于存在后续工程的,或在已建、在建工程上进行加高或加固的,应充分考虑两期工程的衔接,并对工程结构进行适当加强,确保工程稳定。

(6)积极创新

在确保整治建筑物结构稳定的基础上,结合工程特点及环保要求,采用新材料、新结构,并在工程中开展新材料和新结构试验研究。通过新材料、新结构的试验,不断改进和创新,提升航道整治技术水平。

5.1.2 设计思路

枝城以下的砂卵石河段和沙质河段,由于河床具有不同程度的可冲性,整治建筑物建造时需要先采用软体排进行护底。枝城以上的砂卵石河段，由于河床组成大多为上层10m以上的板结砂石层、下层基岩，抗冲性较强，所以建筑物建造时不需要采用软体排进行护底，而是直接在河床上建造。

1)护滩(底)工程

护滩(底)工程可划分为水下和陆上两类。

(1)水下护滩(底)工程

枝城以上砂卵石河段一般采用抛石的方式进行护滩(底)，局部边缘流速较大的部位采用扭王字块进行防冲消能；枝城以下河段先采用软体排进行护底，并根据护底上下游侧及头部变形的差别，在护底排边缘设置不同宽度的透水框架起到防冲促淤的作用。

对于护滩(底)紧临航道的部位，采取加厚边缘抛石的方式进行处理，避免采用透水框架对船舶的航行造成威胁。对于滩体下段存在倒套的，位于滩体下段的护滩(底)带受水流的作用相对较强，护滩(底)带下游侧透水框架的宽度可适当加宽。

枝城以下河段内，与原有护滩工程进行衔接的护滩，采用软体排或透水框架与原有工程进行适当的搭接(搭接宽度根据加长和加宽的范围具体确定，但最小搭接宽度不小于10m)。

(2)陆上护滩工程

枝城以上砂卵石河段一般采用铺石。

枝城以下河段一般采用单元排进行守护。为增强护滩边缘的抗冲性，边缘采用预埋块石的方式进行处理；陆上护滩的铺石稳定区设置10m宽的护面砖结构，提升建筑物的美观度。对较为稳定的滩体或滩体高程较高的部位，采用生态型的防冲促淤网垫、促淤网箱等生态型护滩结构作为陆上护滩结构，利于河床淤积和生境恢复。

2)筑坝工程

(1)砂卵石河段

抛石筑坝，局部边缘流速较大的部位采用扭王字块进行防冲消能。

(2)沙质河段

筑坝工程先采用软体排进行护底，根据软体排护底上下游侧及头部变形的差别，在护底排边缘设置不同宽度的透水框架起防冲促淤的作用。对于护底紧临航道的部位，采取加厚边缘抛石的方式进行处理，避免采用透水框架对船舶的航行造成威胁。

坝体，一般采用抛石坝。对于坝高较高的坝体，采用预制混凝土坝体，减小坝体横断面面积。当坝高高于4m时，可在上下游坡脚均设置抛石棱体，起到防止水流淘刷和局部消能的作用，有利于坝体的稳定。对于在已建工程上加高为坝体的，当原护底淤积幅度小于3m时，在加高的设计断面上方设置对应的抛石量，以便淤沙冲刷后形成最终设计断面；当淤积幅度大于3m时，重新护底，轴线按高程抛石加高。

3)护岸工程

护岸工程一般采用斜坡式守护结构，特殊地形或在功能上有特殊要求的采用混合式的守护结构。

枝城以上砂卵石河段的护岸主要由枯水平台、陆上护坡和镇脚三个部分组成，枝城以下河段的护岸由枯水平台、陆上护坡、水下护底三个部分组成。

(1)枯水平台：铺石结构+枯水平台护面结构。具体结构：开挖脚槽，其底部设置无纺布或排水垫;块石填充;枯水平台护面砖;枯水平台外缘设水泥砂浆,用于挡碎石垫层。枯水平台每隔20m设置一条变形缝。

(2)陆上护坡:采用生态护坡结构,其中位于主流顶冲的部位或地质条件较差的岸段采用钢丝网格护坡,位于非主流顶冲的部位且地质条件较好的岸段采用生态护坡砖护坡。对于沙质河段地质条件不好的岸坡,应采取加密排水盲沟、加大盲沟填充物级配、采用排水垫等增大排水的措施有利于地下水的排出和岸坡的稳定。

(3)镇脚:采用抛石的方式从脚槽开始向河心进行镇脚,但较陡的岸坡应按照1:2.5的坡比先抛石补坡,镇脚边缘加厚抛石进行防冲处理。

(4)水下护底:采用软体排,从脚槽开始向河心沉放;排体上抛石覆盖,排体边缘加厚抛石进行防冲处理。将水下护底区域划分为基本稳定区和预留变形区,基本稳定区主要为抛石补坡和抛石镇脚的区域,预留变形区为抛石压载和边缘处理区域。

4)护岸加固工程

对已建护岸进行加固,一般采用水下加抛块石的方式,加固的重点是坡脚。在进行护岸加固工程设计时,需要根据已建护岸工程设计及维护情况,掌握已有护岸工程自身稳定现状,并根据对滩段演变趋势的判断及模型试验成果,结合岸坡的重要性以及水下岸坡的实际情况,明确加固的重点部位并度进行针对性的加固。

5.2 砂卵石河段整治建筑物结构

这里的砂卵石河段主要是指枝城以上河段。三峡工程运行后,由于枝城以上河段的河床表层细沙和中细沙已经冲刷殆尽,现大多为板结的砂石层且厚度一般大于10m,再下层为基岩,河床抗冲性较强,所以建筑物均不需要采用软体排进行护底,而是直接在河床上建造构筑物。而枝城以下的砂卵石河段,由于河床表面存在0.5~3m厚的细沙或中细沙层,河床仍具有一定的可冲性,所以需要采用软体排进行护底,与沙质河段的建筑物结构设计一致。

5.2.1 护滩工程结构

护滩带由护滩和根部接岸两部分组成。

(1)护滩

护滩带宽度为120m,轴线上游面宽50m,轴线下游面宽70m,为平顺水流,头部采用圆弧形设计,最大宽度60m。采用抛石的方式对河床进行守护,平抛石厚度为1.0m,沿纵轴线20m(纵轴线两侧各10m)宽的范围抛石厚度加厚至2.0m,护滩带轴线部位采用抛石坝的方式封堵倒套,坝顶宽度为10m,坝体迎水面坡比为1:2.5,背水面坡比为1:3,顶高程为34m,护滩带头部20m宽范围抛石加厚为1.5m,护滩带护底下游侧20m宽范围抛石1.0m厚再抛扭王字块1层(按13个/10m^2控制)。

(2)根部处理

护滩带根部与已有岸坡相连接,根部衔接长度为220m(护滩带上游侧20m,下游侧80m)。根部处理结构主要包括枯水平台和镇脚部分。枯水平台:枯水平台为铺石结构,宽3m,厚1m。在底部设置一层无纺布。镇脚:从脚槽开始向河心进行抛石镇脚,厚度为1.0m,镇脚宽度为181~212m。局部高于高程38.46m(施工水位)的地形采用铺石结构。

5.2.2　筑坝工程结构

坝体由护底、坝体和根部处理三部分组成。

(1)护底

采用抛石的方式对河床进行保护,护底宽度为140m,上游侧60m,下游侧80m,护底抛石厚度为1.0m,其中,上游侧20m宽范围抛石1.5m厚,下游侧20m宽的范围坝体后方设置抛石1.0m厚再抛扭王字块1层(按13个/10m^{2}控制)防冲,护滩后方设置抛石1.5m厚防冲。

(2)坝体

采用抛石结构,坝顶宽为10m,坝体迎水面边坡为1:2.5,背水面坡比为1:3,顶高程为32.96m。坝体迎水面及背水面坝体坡脚10m和15m的范围内设置一层扭王字块防冲消能,扭王字块按13个/10m^{2}控制。

5.2.3　护岸工程结构

护岸工程包括主体段和上下游过渡段。上下游过渡段长度一般为50m,在平面衔接上有特殊要求的可适当调整。

(1)主体段

包括枯水平台、陆上护坡和镇脚三个部分。

与施工水位同一高程设有一枯水平台,枯水平台以上为陆上护坡,以下为水下守护。

①陆上护坡:主要包括岸坡开挖、岸坡回填、排水盲沟、陆上反滤层、护面、截流沟和排水沟等工序。

岸坡开挖:对于陡于1:3的岸坡按1:3削坡,对于缓于1:3的坡岸可按自然坡比削坡。削坡土堆放在临时征地范围内,堆放高度不高于2m。

岸坡回填:护坡局部回填时要求对回填土层夯实,夯实后的密实度不低于原状土的80%,对于回填土方较高的断面,先在坡脚设挡土墙,阻止回填土下滑。

排水盲沟:在坡面每隔10m设置由坡顶至脚槽的倒Y形排水盲沟。盲沟横断面尺寸为40cm×50cm(宽×深),下铺无纺布,然后充填碎石。

陆上反滤层:坡顶至脚槽前缘间由下至上设置10cm厚黄沙一层、400g/m^{2}无纺布一层和10cm厚碎石一层。

护面:护面采用生态护坡砖。对施工水位上3m以上的护坡砖,在其孔洞内播撒植物种子、肥料和泥土的混合物,然后在孔洞上盖上大小合适的、带孔洞的塑料罩,便于保土和后期洒水养护。

截流沟:在护坡顶部设有1.95m宽的截流沟。其中,排水沟宽50cm、深45cm;排水沟外侧以及底部均为浆砌块石,横断面尺寸分别为宽100cm、深40cm,宽140cm、深45cm和宽45cm、深45cm;其中在内侧的浆砌块石壁上距顶端35cm的地方设置碎石反滤包和长45cm、直径为7.5cm的PVC管,PVC管沿截流沟每隔5m布置一根。内侧浆砌块石与尾部按1:2开挖,2m宽的密实土平台相连。

排水沟:从护岸头部开始,每隔100m在坡面上布置一条排水沟,底宽为140cm,高90cm,三面均为厚45cm的浆砌块石,沟深为45cm。排水沟顶端与截流沟连通,底端与枯水平台齐平。

②枯水平台:枯水平台为铺石结构+枯水平台护面结构,宽3m、厚0.5m,从下至上依次为:35cm厚块石、5cm厚碎石和10cm厚枯水平台护面砖;枯水平台外缘设高5cm、厚5cm的水泥砂浆,用于挡碎石垫层,砂浆强度等级为M10;枯水平台下设深0.5m、宽度1.0m的脚槽,块石填充。在底部设置一层无纺布。枯水平台每隔20m设置一条变形缝。

③水下镇脚:从脚槽开始向河心抛石镇脚,镇脚宽度为100m,镇脚抛石厚度为1.2m,其中,边缘20m抛石加厚至2.0m进行防冲处理,当水下地形陡于1:2.5时,先按1:2.5的边坡进行抛石补坡。

(2)过渡段

陆上先铺400g/m^{2}无纺布一层,再铺石0.6m厚;水下40m宽范围抛石1m厚,当水下地形陡于1:2.5,先按照1:2.5的边坡进行抛石补坡后再抛1m厚块石。

(3)天然沟的处理

对于修建高滩守护部位的岸段存在的天然水沟,为便于排水顺畅,保留天然水沟并进行衔接处理,衔接措施为:对天然沟的边坡进行开挖后,铺设400g/m^{2}无纺布一层(无纺布搭接20cm)再铺石0.6m厚,两侧与高滩守护工程的护坡连接,底部与枯水平台连接。

5.3 沙质河段整治建筑物结构

5.3.1 护滩(底)工程结构

护滩工程包括新建护滩(底)、护滩带加固以及已建护滩带加高三类。

1)新建护滩(底)

护滩(底)包括水下护滩(底)带和陆上护滩(底)带两种。

根据软体排护滩(底)原理,护滩(底)带分为预期稳定区和预留变形区两大部分。由于本河段均为砂质河床,河床抗冲性较差、可动性强,因此,预期稳定区宽度为30m宽(纵向护滩带的预期稳定区加宽至50m),上游预留变形区宽度为50~60m(纵向护滩带左右两侧的预留变形区宽度均为75m),头部预留变形区宽度为90m,下游预留变形区宽度为80~90m。

对于陆上护滩(底)带和水下护滩(底)带相交的部位,两种不同护滩(底)结构交接处进行搭接,搭接长度为10m。

当护滩(底)带尾部与已建护岸、护滩及坝体时相接,护滩(底)带排体搭接在已建工程之上,搭接长度不小于10m,排上抛石1.0m厚。当护滩(底)带尾部没有已建护岸工程时,在其尾部岸坡设计护滩带根部护岸,并在其上下游设置一定长度的过渡段(一般上游过渡段长50m、下游过渡段长100m,在平面衔接上有特殊要求的可适当调整),接岸结构与护岸的陆上护坡相同,过渡段的结构与护岸过渡段结构相同。

(1)水下护滩(底)带

护滩(底)采用D型联锁软体排进行守护。不同区域之间软体排设计搭接宽度为10m,相同区域之间水深大于10m的软体排设计搭接宽度为6m、水深小于10m的软体排设计搭接宽度为5m。典型结构见图5-1。

护滩(底)带压载:护底轴线30m宽(左右各15m宽)范围抛石1.5m(有特殊要求的可适当加高),其余排上抛石1m厚压载。

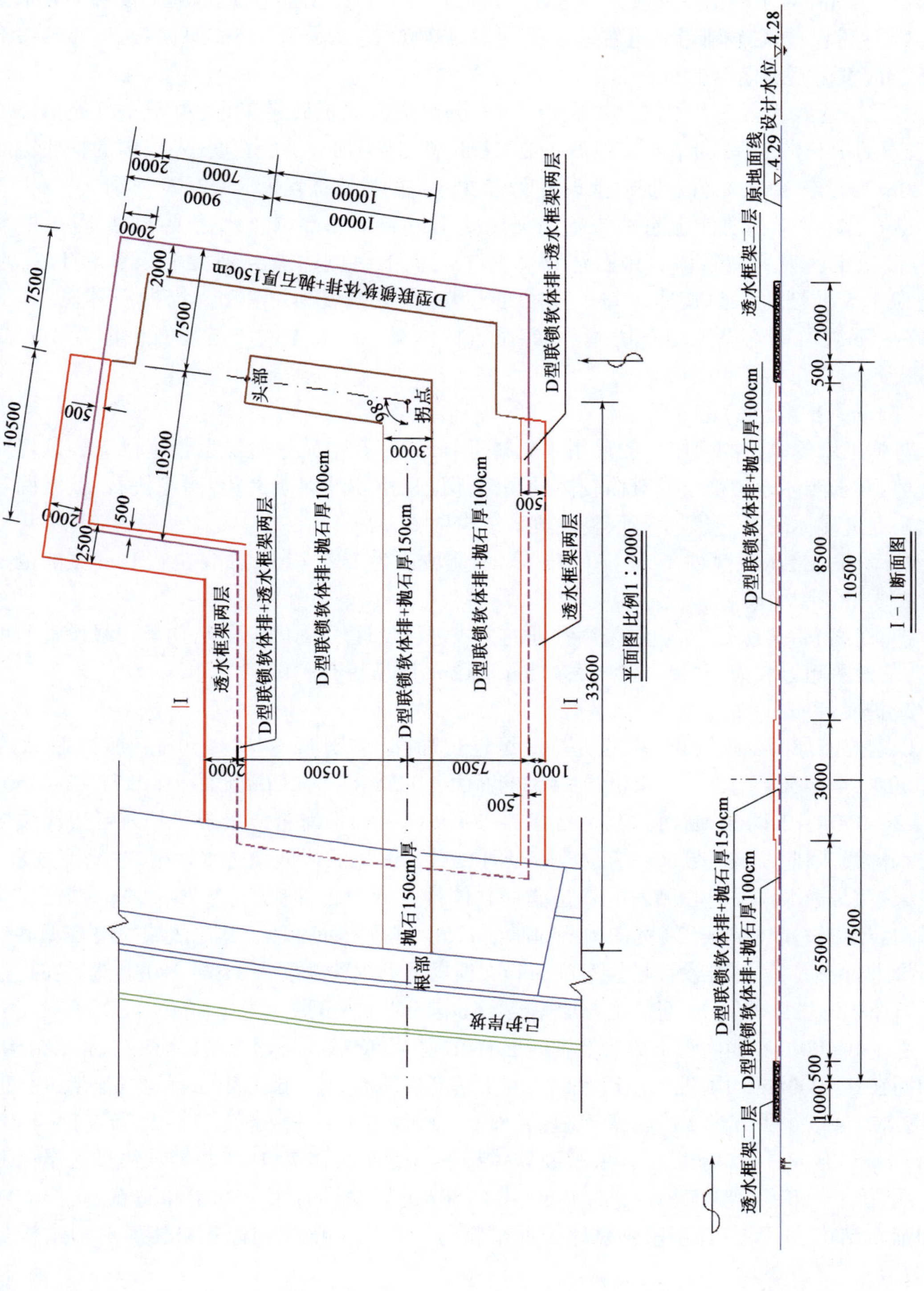

图5-1 马阳水道瓜子号洲右缘护滩(底)带典型结构图(尺寸单位：mm；高程单位：m)

护滩(底)带边缘处理:护滩(底)上游及下游侧抛投框架,上游侧15m,5m在排上;下游侧加宽至25m(对于冲刷变形较大的区域,可适当加宽),5m在排上,透水框架按每平方米抛2层4架控制。如果护滩带靠近航道较近,上下游侧改抛20m宽1.5m厚抛石,护滩带头部边缘20m宽抛石加厚至1.5m。

对位于发展状态之中支汊的护底带,如沙洲水道左汊护底带工程,由于左汊处于发展中,汊道的护底带工程,为增左汊强护底带的稳定性,适当加宽护底宽度(左汊内的护底宽度由180m加宽至300m),并在护底上设置两道20m宽的抛石堰坎。

抛石体:对于在功能上有适当抬高河床地形或起到局部调整水流要求的,需在护滩(底)带稳定区设置抛石体。抛石体顶宽为3m,上下游侧边坡分别为1:2.5和1:3,坝头按照1:5的坡比向前延伸。勾头段段为平坡,直段纵坡为1:300。当抛石体高于4m时,在上下游坡脚均设置抛石棱体,上游抛石棱体宽2m、高1m;下游抛石棱体宽3m、高1.5m。

(2)陆上护滩(底)带

对施工水位以上的河床一般采用单元排进行守护,在单元排边缘设置基槽进行预埋块石处理;对于滩体较为稳定或滩体较高的高滩部位采用防冲促淤网垫、网箱块石、促淤网箱等结构促进滩体淤积,有利生境恢复。典型结构见图5-2。

护滩(底)带压载:稳定区铺石1.5m厚,两侧坡比为1:2,其中,轴线左右10m宽的范围铺设枯水平台护面砖。

护滩(底)带边缘处理:边缘采用预埋的方式进行处理。对于单元排,两侧边缘设置预埋基槽,基槽两侧边坡为1:1.5、1:10,底宽5m,高2m,回填块石。

2)护滩带加固

以老虎滩加固工程为例,对老虎滩左缘进行加固,加固长度为4150m。加固断面为0+000#~4+150#。其中1+400#~1+530#断面、1+700#~1+830#断面、2+035#~2+150#断面、2+350#~2+450#断面区域为已有7#、8#、9#和10#护滩带。由于原护滩带边缘设置了透水框架,因此在该区域从已有护滩带至河心侧10m宽的区域设透水框架、按每平方米2层4架控制,透水框架河心侧采用D型联锁软体排进行护底,护底宽为70~90m,然后在排上满抛石厚1m,排体外侧20宽的抛石加厚至1.5m进行防冲处理。其他区域采用D型联锁软体排进行护底,软体排设计搭接宽度为6m,根据地形护底宽度为110~250m,然后在排上满抛石厚1m,排体外侧20宽的抛石加厚至1.5m进行防冲处理。

由于0+000#断面附近下游为老虎滩已有#2刺坝,#2刺坝排边缘为已有透水框架结构。本加固在0+000#断面附近采用透水框架与上游老虎滩#2刺坝排边缘已有透水框架进行衔接,透水框架按每平方米2层4架控制;另外0+100#~0+430#断面、1+210#~1+400#断面、1+530#~1+700#断面D型联锁软体排近岸侧滩面较缓,D型联锁软体排近岸侧滩面采用无纺布和铺石厚0.6m;2+750#~4+150#近岸侧已有水下抛枕和抛石、陆上无纺布和铺石结构,加固在D型联锁软体排近岸侧与已有水下抛枕和抛石搭接。典型结构见图5-3。

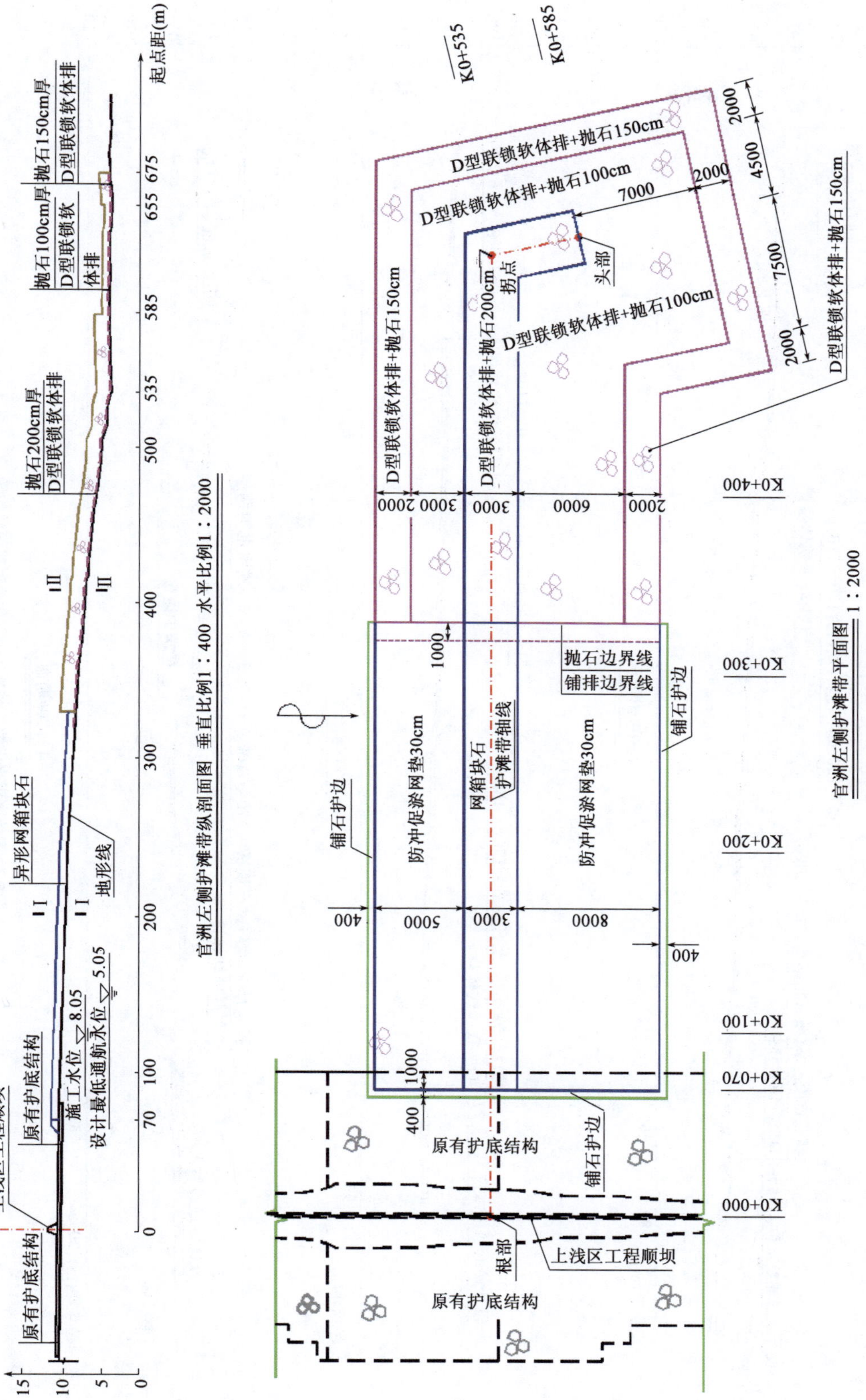

图5-2 张家洲水道官洲左侧护滩带典型结构图(尺寸单位：mm)

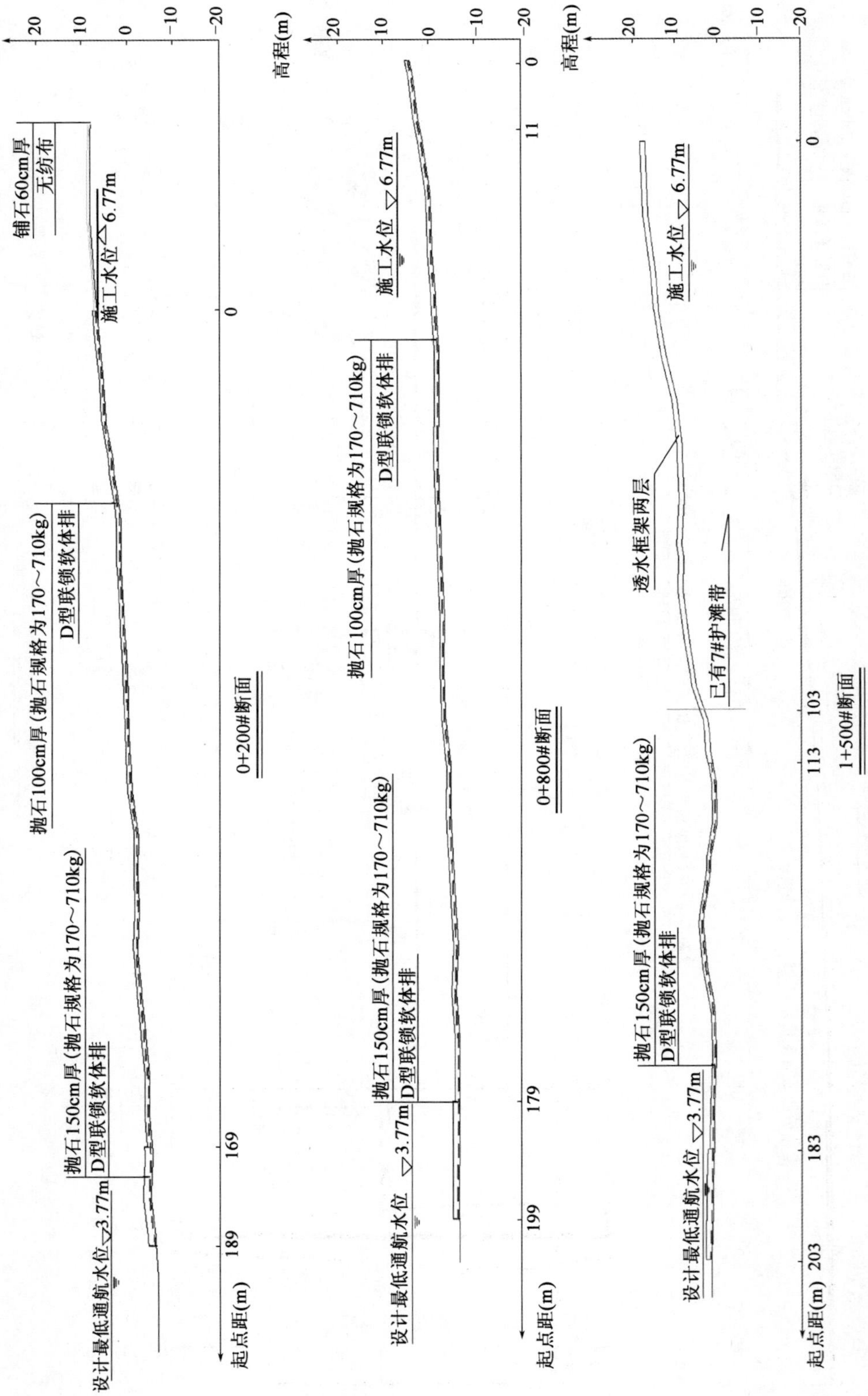

图5-3 东流水道老虎滩护滩带加固工程典型断面结构图

3)护滩带加高

以鲤鱼山水道黄莲洲护滩带加高工程为例。由于护滩工程较为完好,且轴线需要加高为坝体的局部部位出现了小幅淤积,淤积幅度小于3m,在加高的设计断面上方设置对应的抛石量,以便淤沙冲刷后形成最终设计断面。典型结构见图5-4。

(1)#1护滩带加高

总长2502m,由坝体和护滩两种结构组成。上段1270m长采用抛石坝结构,头部顶高程为8.47m,坝顶宽为3m,两侧边坡为1:2.5,头部坡比1:10,根部与护滩结构平顺衔接;下段1232m长由于已经接近设计高程,采用护滩的形式进行加高,施工水位以下轴线20m宽区域抛石0.5m厚,施工水位以上轴线20m宽区域铺石0.5m厚。

(2)#2~#5护滩带加高

#2~#5加高长度分别为400m、387m、403m、734m,为抛石坝结构,头部顶高程为8.47m,坝顶宽为3m,上游侧边坡1:2.5,下游侧边坡1:3,头部坡比1:5,根部与#1护滩带平顺衔接。

5.3.2 筑坝工程结构

本工程坝体分为两类,一是新建坝体,另一类是已建坝体加高和延长。

1)新建坝体

新建坝体主要由护底、坝体和根部处理组成。其结构详见图5-5。

(1)护底

坝体采用D型联锁软体排进行护底,护底宽度为180m,头部余排宽度90m。不同区域之间排体搭接宽度为10m,相同区域之间水深大于10m的搭接宽度为6m、水深小于10m的搭接宽度为5m。轴线30m宽区域抛石1.5m厚,余排上抛石1m厚压载,在上游侧抛投15m宽的透水框架两层,其中5m压在排体上,在下游侧抛投25m宽的透水框架两层,其中5m压在排体上,透水框架按每平方米抛2层4架控制。

(2)坝体

坝体采用抛石结构,坝顶宽3~5m,上游边坡1:2.5,下游边坡1:3,向河心侧边坡为1:5。

(3)根部处理

建筑物根部护底与其他工程衔接,衔接宽度不小于10m,衔接部位加抛块石进行防护。

2)已建坝体延长及加高坝体

已建坝体延长部分需要进行护底,然后筑坝;只延长、不加高的类似护滩工程;只在已建坝体上进行加高的,当原护底淤积幅度小于3m时,在加高的设计断面上方设置对应的抛石量,以便淤沙冲刷后形成最终设计断面;当淤积幅度大于3m时,重新护底,轴线按高程抛石加高。其结构详见图5-6。

(1)护底

已建坝体延长的护底:如戴家洲鱼骨坝顺坝延长工程。延长部分采用D型联锁软体排进行护底守护,护底宽度为180m,头部余排均为90m。不同区域之间排体搭接宽度为10m,相同区域之间水深大于10m的搭接宽度为6m、水深小于10m的搭接宽度为5m,与已有工程护底最小搭接宽度为10m。护底余排上抛石1.0m压载。护底两侧边缘抛投20m宽(5m宽在排上)的透水框架两层防冲,透水框架按每平方米抛2层4架控制。护底头部边缘20m宽抛石加厚至1.5m防冲。

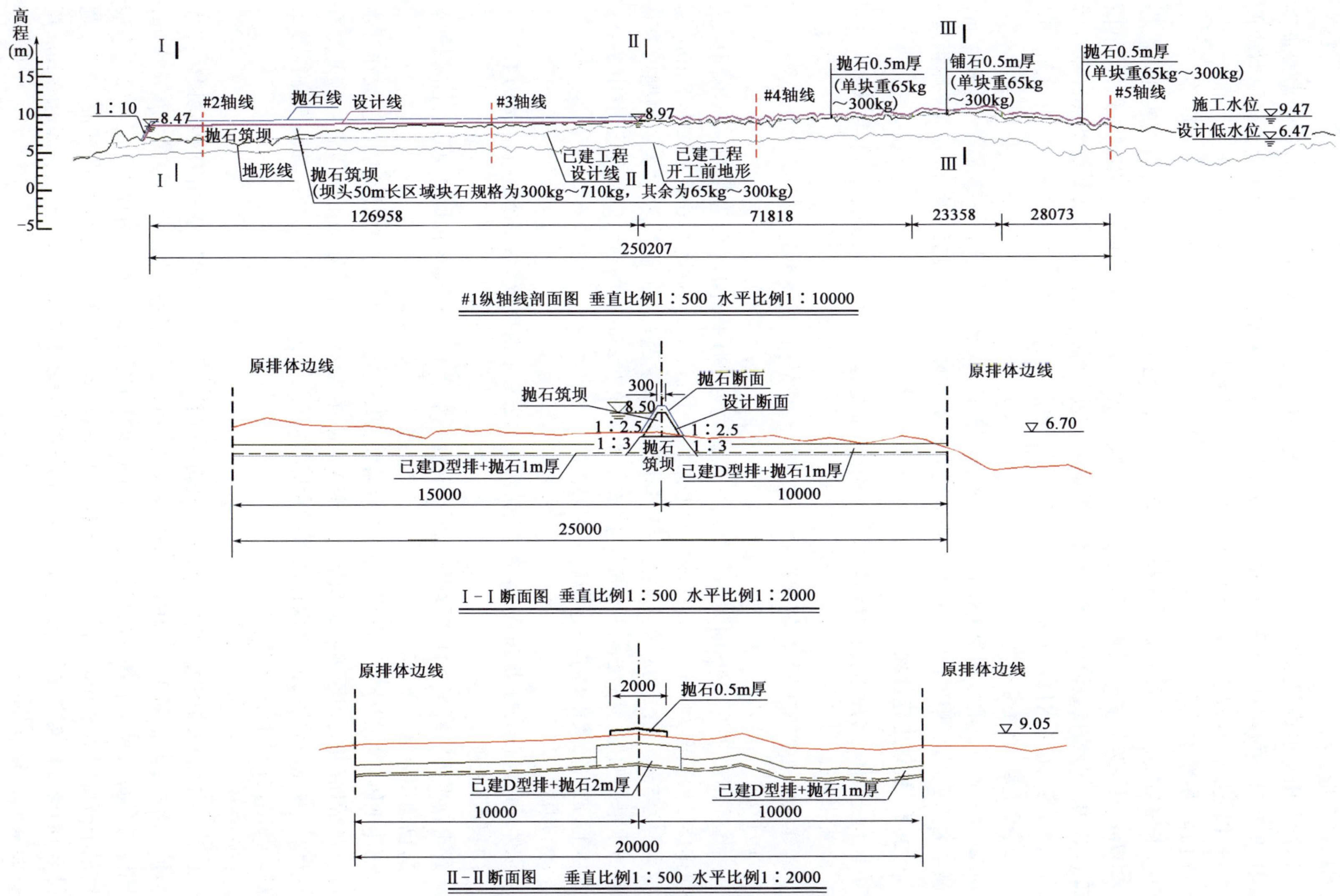

图5-4 鲤鱼山水道已建护滩带加高工程结构图

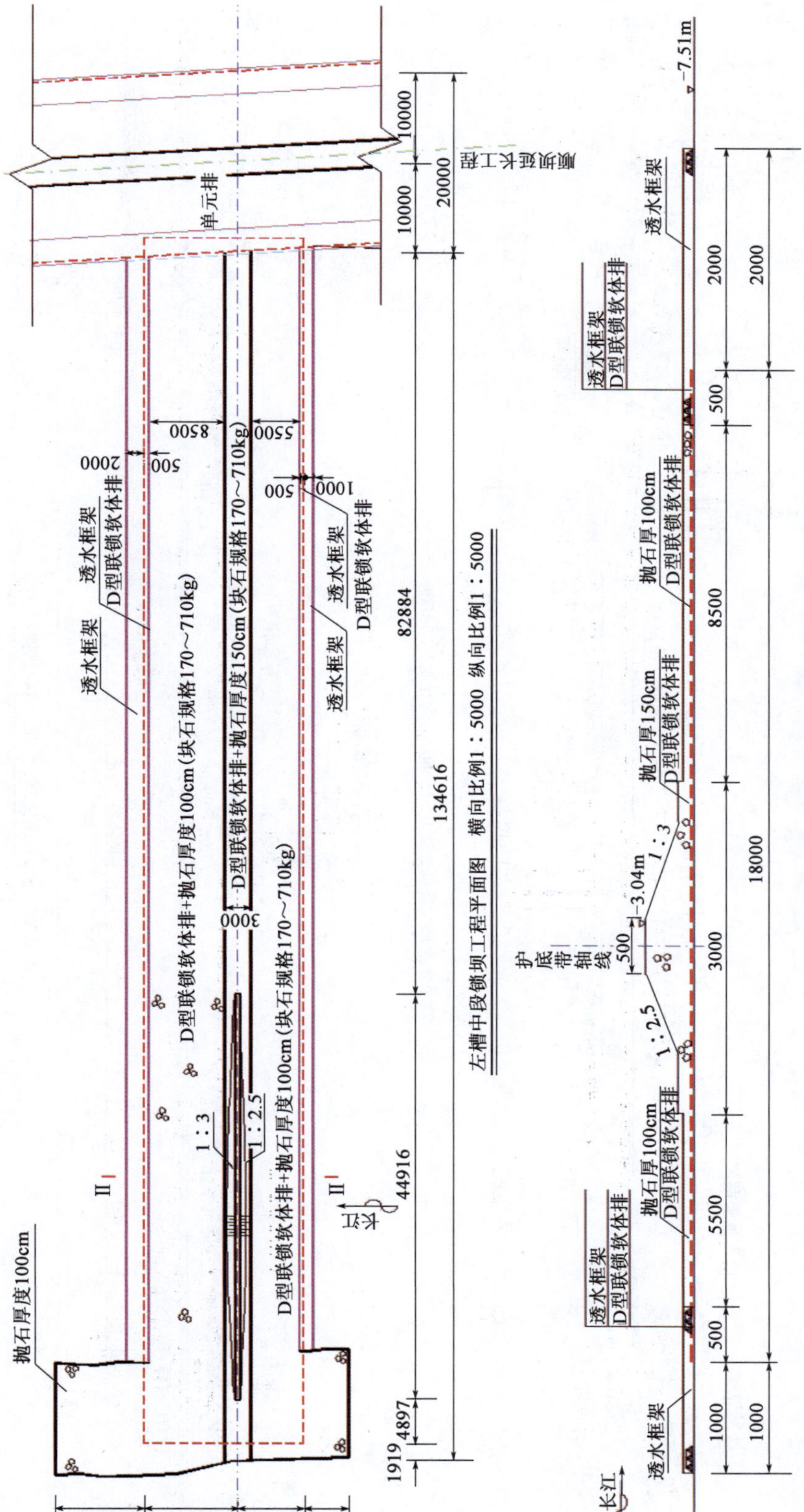

左槽中段锁坝工程平面图 横向比例1：5000 纵向比例1：5000

II-II断面图 竖向比例1：400 纵向比例1：400

图5-5 马当南水道棉外洲左槽筑坝工程结构图(尺寸单位：mm)

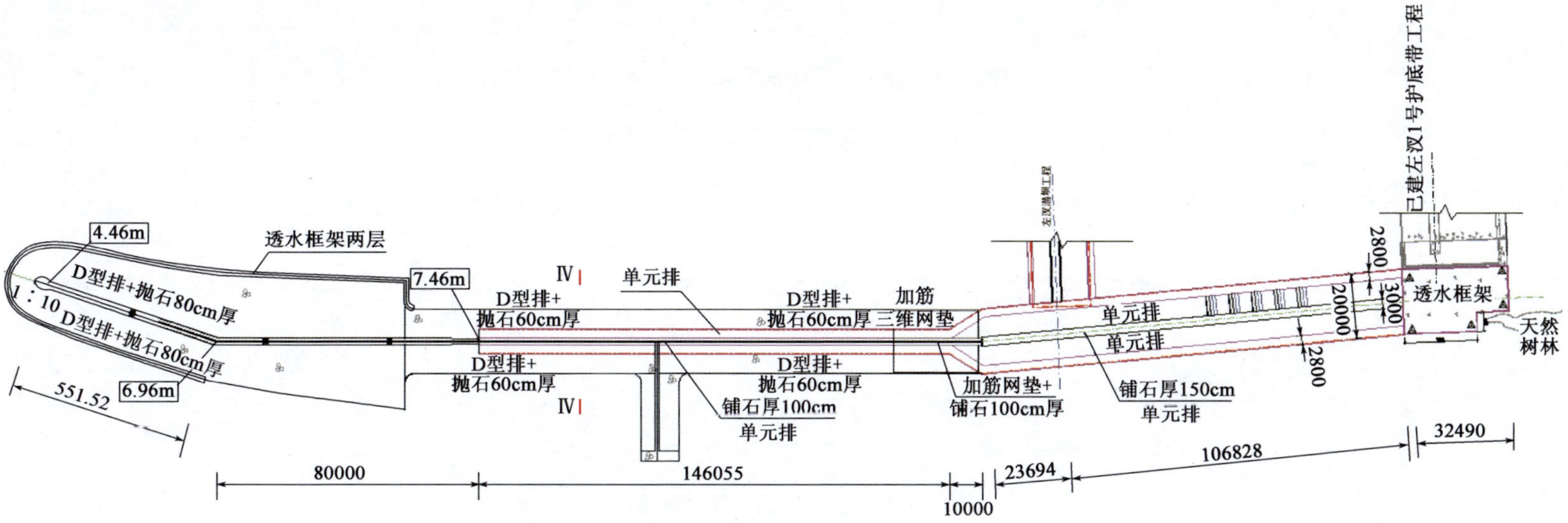

顺坝平面图 横向比例1∶15000 纵向比例1∶15000

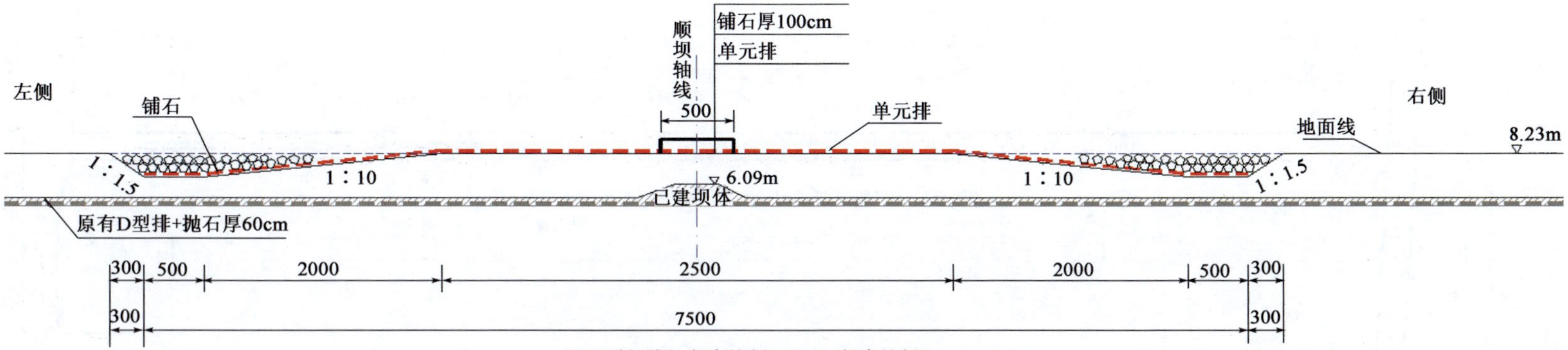

Ⅳ-Ⅳ断面图 竖向比例1∶400 纵向比例1∶400

图5-6 马当南水道棉外洲已建坝体延长及加高工程结构图(尺寸单位：mm)

已建坝体延长部分为护滩的:如棉外洲中段护滩工程。自已建棉外洲顺坝尾部延长至已建左槽1#护底带,长1630m,宽度为140~200m。延长部分采用护滩的形式进行守护。Y0+000~Y1+310段,宽200m,采用单元排进行护滩,轴线30m铺石厚1.5m,铺石边坡1:3,单元排两侧边缘设置预埋基槽,基槽两侧边坡为1:1.5、1:10,底宽5m,高2m,回填块石。Y1+310~Y1+635段为与已建左槽1#护底带衔接段,宽140~200m,采用透水框架进行衔接,透水框架按每平方米抛2层4架控制。其中,部分陆上部分试验性运用促淤网箱结构进行养滩。

在坝体上加高且需要新护底的工程:对于淤积幅度大于3m的,需重新护底,护底宽度根据淤积幅度及护底冲刷坑深度进行计算确定,护底上抛石1m厚进行压载,其中边缘20宽加厚至1.5m进行防冲。

(2)坝体

已建坝体延长:如戴家洲鱼骨坝顺坝延长工程。坝体采用混合坝结构,其中,脊坝上段540m,坝高大于4m,采用混凝土预制坝结构,混凝土预制坝顶宽为1m,混凝土预制坝下设抛石基床;其余部位采用抛石坝,顶宽均为5m。坝体头部坡比1:10,两侧边坡均为1:2.5。

坝体加高:由于部分已建工程在实施后出现了普遍淤积,已建工程较为稳定,未出现破坏。本次加高以已有结构为基础进行加高,当原护底淤积幅度小于3m时,在加高的设计断面上方设置对应的抛石量,以便淤沙冲刷后形成最终设计断面;当淤积幅度大于3m时,重新护底后,轴线按高程抛石加高。坝体采用抛石坝结构,其中,坝宽为3~5m,坝体头部坡比1:10,两侧边坡均为1:2~1:3。

5.3.3 护岸工程结构

护岸工程包括主体段和上下游过渡段。上游过渡段长度一般为50m,下游过渡段长度一般为100m,在平面衔接上有特殊要求的可适当调整。当与已建护岸进行衔接的,根据原有过渡段的完好情况进行处理:对于过渡段比较完好的,陆上护坡改为标准护岸,水下部分进行抛石加强;对于过渡段变形较大的,陆上护坡按照标准护岸进行修复,水下部分局部沉排护底,抛石加固;对于过渡段已经基本损毁的,对过渡段按照标准护岸进行重建,并与原护岸的护体段连接。

(1)主体段

包括枯水平台、陆上护坡、水下护底和镇脚四个部分。与施工水位同一高程设有一枯水平台,枯水平台以上为陆上护坡,以下为水下守护。

①陆上护坡:主要包括岸坡开挖、岸坡回填、排水盲沟、陆上反滤层、护面、截流沟和排水沟等工序。

岸坡开挖:对于陡于1:3的岸坡按1:3削坡,对于缓于1:3的坡岸可按自然坡比削坡。削坡土堆放在临时征地范围内,堆放高度不高于2m。

岸坡回填:护坡局部回填时要求对回填土层夯实,夯实后的密实度不低于原状土的80%,对于回填土方较高的断面,先在坡脚设挡土墙,阻止回填土下滑。

排水盲沟:对于地质条件较好的岸坡,在坡面每隔10m设置由坡顶至脚槽的倒Y形排水盲沟。盲沟横断面尺寸为40cm×50cm(宽×深),下铺无纺布,然后充填碎石;对于地质条件不好的岸坡,在坡面每隔5m设置由坡顶至脚槽的倒Y形排水盲沟。盲沟横断面尺寸为底宽80cm、顶宽100cm、深100cm，下铺无纺布，然后充填拳石。倒Y形盲沟的汇流交叉点设置在枯水平台至坡顶1/3的岸坡高处。

陆上反滤层：对于地质条件较好的岸坡，坡顶至脚槽前缘间由下至上设置10cm厚中粗砂一层和400g/m^2无纺布一层；对于地质条件不好的岸坡，坡顶至脚槽前缘间由下至上设置10cm厚中粗砂一层和排水垫一层。

护面：位于主流顶冲的部位或地质条件较差的岸段采用钢丝网格护坡，位于非主流顶冲的部位且地质条件较好的岸段采用生态护坡砖护坡。

截流沟：在护坡顶部设有1.95m宽的截流沟。其中，排水沟宽50cm、深45cm；排水沟外侧以及底部均为浆砌块石，横断面尺寸分别为宽100cm、深40cm，宽140cm、深45cm和宽45cm、深45cm；其中在内侧的浆砌块石壁上距顶端35cm的地方设置碎石反滤包和长45cm、直径为7.5cm的PVC管，PVC管沿截流沟每隔5m布置一根。浆砌块石内侧设置2m宽的密实土平台，平台末端坡比不陡于1:2。

排水沟：从护岸头部开始，每隔100m在坡面上布置一条排水沟，底宽为140cm，高90cm，三面均为厚45cm的浆砌块石，沟深为45cm。排水沟顶端与截流沟连通，底端与枯水平台齐平。

②枯水平台：枯水平台为铺石结构+枯水平台护面结构，宽3m、厚0.5m，从下至上依次为：35cm厚块石、5cm厚碎石和10cm厚枯水平台护面砖；枯水平台外缘设高5cm、厚5cm的水泥砂浆，用于挡碎石垫层，砂浆强度等级为M10；枯水平台下设深0.5m、宽度1.0m的脚槽，块石填充。排水垫或无纺布与护底排垫在脚槽里重叠。枯水平台每隔20m设置一条变形缝。

③水下护底：从脚槽开始向河心沉放软体排，水深大于10m的搭接宽度为6m、水深小于10m的搭接宽度为5m。稳定区采用抛石的方式进行镇脚处理，先对陡于1:2.5的部位先按照1:2.5的边坡进行抛石补坡，然后再平抛石镇脚；缓于1:2.5时抛石平抛石进行镇脚处理，平抛石厚度为1.0~1.5m。变形区采用抛石的方式进行压载和边缘处理。变形区排上抛石1.0~1.5m厚，排体边缘20m抛石加厚至1.5m，对于主流顶冲岸段边缘可加厚至2.0m，对于根部护坡的排体边缘可根据护滩带边缘抛石的厚度进行调整。

(2)过渡段

护岸两端设置过渡段，上游过渡段一般长50m，下游过渡段一般长100m，在平面衔接上有特殊要求的可适当调整。过渡段的结构为：陆上先铺400g/m^2无纺布一层，再铺石0.6m厚；水下抛石1m厚，当水下地形陡于1:2.5，先按照1:2.5的边坡进行抛石补坡后再抛1m厚块石。

(3)天然沟的处理

对于修建高滩守护部位的岸段存在的天然水沟，为便于排水顺畅，保留天然水沟并进行衔接处理，衔接措施为：对天然沟的边坡进行开挖后，铺设400g/m^2无纺布一层（无纺布搭接20cm）再铺石0.6m厚，两侧与高滩守护工程的护坡连接，底部与枯水平台连接。

5.3.4 护岸加固工程结构

水下加固采用抛石结构。按照已建护岸部位的重要性以及完好情况分别进行考虑，对于较陡的岸坡先按照1:2.5的边坡进行抛石补坡，再抛石0.6~1m厚至坡脚；对于较缓的部位，平抛石0.6~1m厚至坡脚。其中边缘20m加厚至1.5~2.0m。

5.3.5 传统结构优化及创新

5.3.5.1 护滩(底)新结构

(1)研发了D型联锁软体排,提高了软体排护底施工效率,并在武安段及其他工程中进行了大范围的推广运用。

针对D型软体排施工需要工人多,施工机械化程度和施工效率较低等问题,研究提出了D型联锁软体排,并在太平口水道三八滩中下段守护工程进行了试验,改进后的护底结构施工机械化程度高、方便快捷,铺设效率提高了将近1倍,施工效率大大提高。目前,该新型护底结构已在后续实施的航道整治工程中进行大规模推广应用(图5-7)。

图5-7 D型联锁软体排制作及施工照片

(2)改进了用于护滩(底)边缘防护的透水框架预制工艺,提高了制作质量和使用寿命,并提出了框架群抛工艺,提高了抛投效率和均匀度。

透水框架在长江中下游航道整治工程中运用效果良好,但也存在以下问题:杆件之间采用焊接方式进行连接,焊接部位遭受泥沙的冲刷摩擦后,防锈漆易脱落,框架会出现散架现象,影响了框架的使用寿命。同时,传统的抛投工艺施工效率较低,抛投不均匀等现象,影响了使用效果。在工艺允许的前提下,改进生产工艺,采用整体式模具进行一体式预制,框架一次振捣保养成型,省去焊接、除锈、刷防锈漆等环节,提高了使用寿命。改进后的透水框架在表观质量、使用寿命上都得到较大程度的提高。在抛投施工方面,提出采用专用抛投船舶,通过自动脱钩装置进行群抛施工,可大幅提高施工效率和抛投的精准度。目前,透水框架一体式预制及群抛工艺已在长江其他航道整治工程中进行了大范围的推广应用(图5-8)。

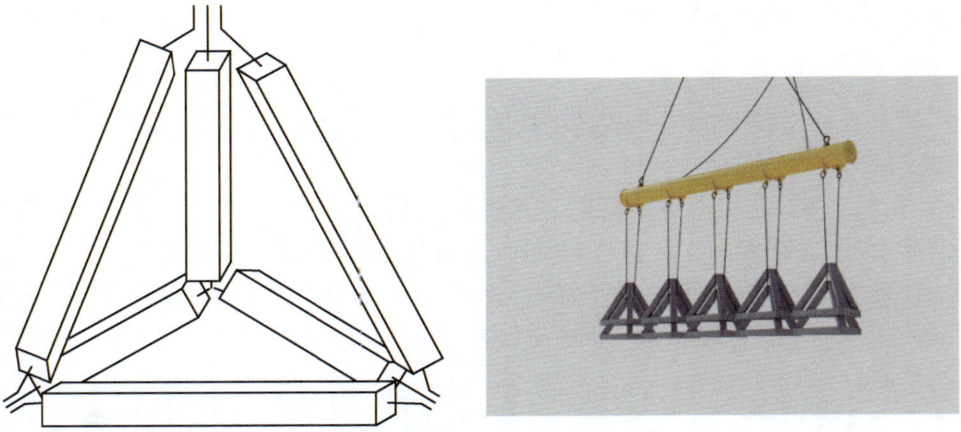

图 5-8　透水框架一体式预制及群抛工艺示意图

(3)采用了新型仿生水草垫促淤结构,在中小流速的护滩守护工程中取得了较好的工程效果。

根据部分边滩水位涨落特点,提出了仿生水草垫促淤结构,利用不同流速条件下,水草的倒伏形态,增大河床糙率,降低河底流速,促进悬砂的淤积,增强沙滩的保砂、抗冲能力(图 5-9、图 5-10,表 5-1)。

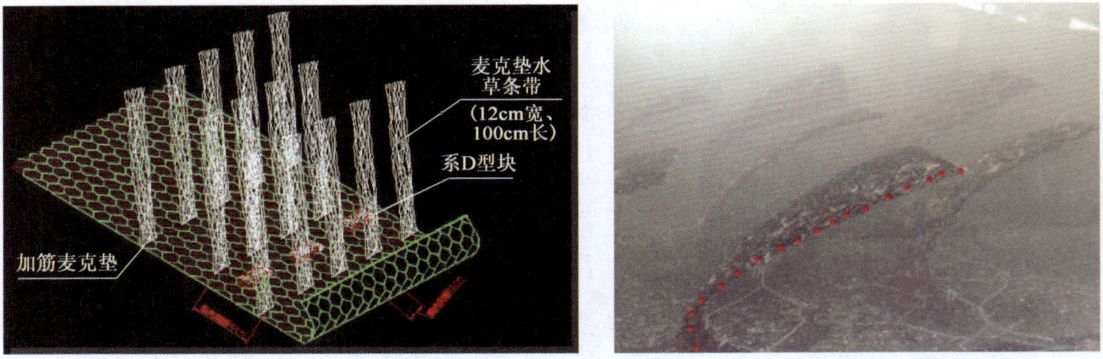

图 5-9　新型仿生水草垫模拟图

冲淤幅度图例			
编号	冲淤下限	冲淤上限	颜色
1	-2.00	-1.50	
2	-1.50	-1.00	
3	-1.00	-0.50	
4	-0.50	0.00	
5	0.00	0.50	
6	0.50	1.00	

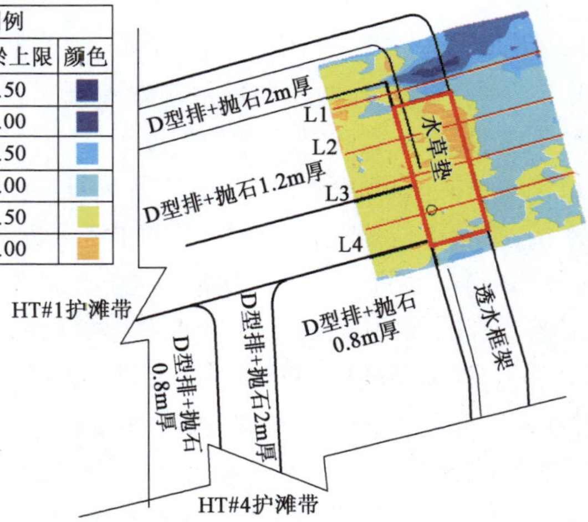

图 5-10　水草垫区域冲淤变化图(2013 年 12 月—2014 年 2 月)

水草垫区域实测断面平均流速表(监测时间:2014 年 3 月 2 日)　　表 5-1

相对位置	L2 断面		L3 断面		L4 断面	
	流速(m/s)	流向(°)	流速(m/s)	流向(°)	流速(m/s)	流向(°)
上游	0.475	84	0.369	92	0.35	90
区域内	0.441	89	0.415	90	0.43	91
下游	0.376	90	0.358	92	0.314	94

(4)研发了新型的可控式促淤网箱结构,实现定量淤积效果。

网箱促淤结构由一定间距、纵向排列的透水网片组成,可量化河床淤积定的预期幅度,适用于中小流速的促淤固滩工程。该结构在藕池口水道倒口窑心滩上进行了试验,从试验情况看,网箱整体上是稳定的,上、下游侧及网箱内部均有一定的泥沙落淤,总体效果较好,适用于来沙急剧减少情况下的保沙固滩(图 5-11)。

图 5-11　可控式促淤网箱设计图及实景照片

5.3.5.2　坝体新结构

(1)研发了透水坝体结构形式,在保障工程效果的同时减缓坝体上游的淤积,工程效果显著。

张家湾潜丁坝工程区上游存在颜家台春灌站,为尽可能减小对上游春灌站附近河床淤积的影响。通过理论分析、水槽试验、三维模型计算等手段深入研究了透水丁坝结构缓流透沙的水沙运动机理,提出了透水坝体结构形式,确保了张家湾潜丁坝工程顺利实施,从工程实施后的情况看,透水坝体上下游均未出现淤积,还有小幅的冲刷,工程效果显著,为今后类似工程积累了经验(图 5-12 ~ 图 5-14)。

图 5-12　透水坝设计效果图及实景照片

图 5-13　透水坝水槽试验照片

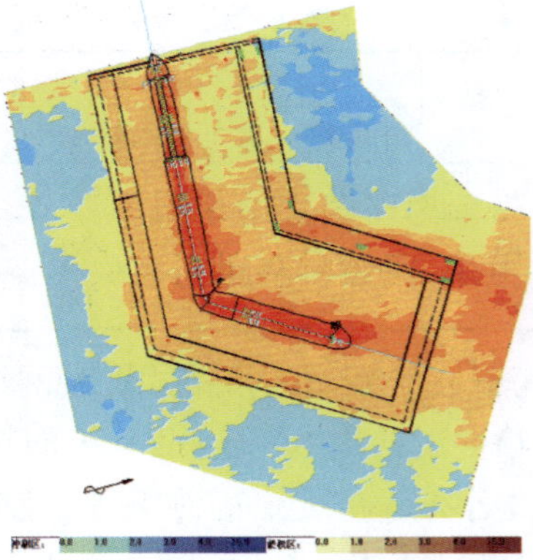

图 5-14　透水坝区域河床冲淤分布图

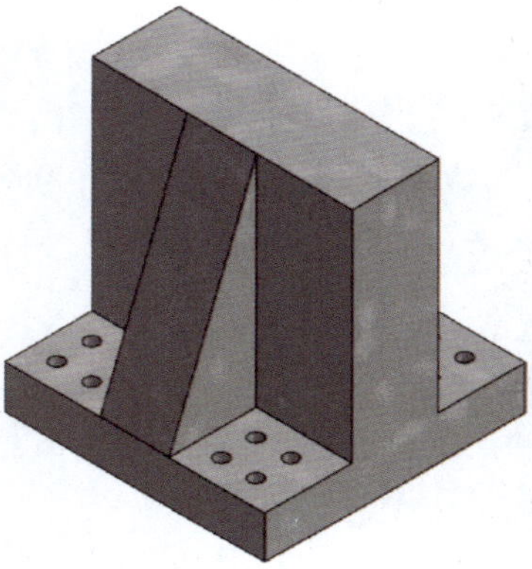

图 5-15　预制坝设计效果图

(2)采用了预制坝体,构件为整体式钢筋混凝土结构,缩小了坝体的断面结构,减少了材料用量,节约了工程成本,提高了坝体的观感度(图 5-15)。

(3)研发了新型大型钢丝网笼结构,增强了抗冲性,并研发了一套完整的施工工艺,提高了施工效率。

针对江口水道工程区域水深、流急、冲刷大的复杂条件,提出了增强建筑物压载抗冲性和稳定性的新型结构——大型卵石包,并研发了由钢管和格栅组成的填料模具(称为可分解支架),减少人工、提高施工效率、保证施工质量、实现标准化大规模装填施工。从应用效果看,工程区域稳定,钢丝网笼到位率高,压载作用强,能增强强冲刷条件下建筑物的稳定性,有利于整治建筑物功能的持久发挥(图 5-16)。

图 5-15　钢丝网笼制作及施工照片

5.3.5.3　*护岸新结构*

(1)采用护面砖砌筑枯水平台面层,提高了施工效率、增加了平整度和美观度。

枯水平台护面砖为连锁式设计,铺设后砖与砖之间紧紧地卡在一起,大大提高了面层的整体性;与传统的干砌石面层相比,提高了施工效率、增加了平整度和美感。

目前,在长江中下游航道整治护岸的枯水平台面层砌筑中已经大量采用护面砖结构进行铺设,推广应用前景广泛(图 5-17)。

图 5-17 护面砖砌筑枯水平台实景照片

(2)采用排水垫代替传统的无纺布和碎石垫层反滤结构进行不良地质岸段浅层排水,提高了排水效率。

荆江河段岸滩大多为土-沙-砾石的三元结构,部分岸段存在淤泥质,不利于岸坡排水及稳定,对岸坡的排水提出了更高的要求,结合对原有反滤结构优缺点的总结,提出了适应不良地质岸坡浅层排水的新型反滤结构——排水垫,该结构抗压屈服强度高,通水量大,施工便捷,具有高于传统反滤垫层的排水效率。

从排水垫的应用情况看,经过三个洪水期的考验,未见局部塌陷、鼓包和整体的崩塌现象,护岸整体稳定,达到了预期效果,提高了护岸的整体稳定性。目前,排水垫反滤结构已在长江中下游航道整治工程中岸坡不良地质岸段进行了推广应用(图 5-18)。

图 5-18 排水垫照片

(3)创新水平排水管深层排水技术,加快水位降落期岸坡地下水的排出,利于岸坡稳定。

常规浅层排水措施在地下水问题突出岸段存在排水施工难度大河排水效果较差等问题,因此,研究了具有深层排水作用和剖面汇流作用的水平排水管,能加大岸坡的排水能力(图 5-19、图 5-20)。

从斗湖堤水道江陵高滩及大马洲水道大马洲高滩局部不良地质岸段水平排水管使用后的情况看,深层排水新技术加快了水位降落期岸坡地下水的排出,汛后退水期的排水效果良好,为今后类似工程条件的岸坡排水提供了经验借鉴。目前,水平排水管深层排水技术已在长江下游江乌河段等存在不利地质条件的岸段中进行了推广应用。

图 5-19　水平排水管施工实景照片

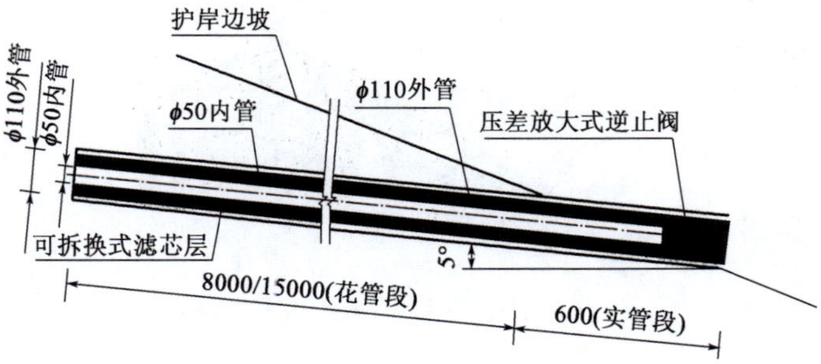

图 5-20　水平排水管设计图(尺寸单位：mm)

(4)研发了自嵌式挡墙直立式护坡结构，减少滩地占用，提高了施工效率和美观度。

研究提出了岸坡后方开挖受限地段的护坡新结构——自嵌式挡墙，采用直立式进行守护，减少了滩地的占用，同时，提高了施工效率和护坡美观度。

该结构在周天河段新厂高滩守护工程中进行了应用，从沉降、位移等观测成果看，自嵌式挡土墙基本上未出现沉降、变形，经历了 3 个水文年的考验，结构十分稳定，达到了预期目标(图 5-21)。

(5)预制块体拼接式截流沟。

目前截流沟和排水沟等均采用浆砌块石结构，对块石质量和工人技术的要求较高，且受施工的天气要求较高，施工质量通病较多，施工效率较低。因此，在武安段东流水道玉带洲高滩守护工程试验了预制块体拼接式截流沟，预制构件采用工厂化生产，不受天气影响，施工质量能够得到保证，质量观感度高，现场拼接的施工效率高。试验成功后，将在今后的航道整治工程中进行全面推广。

图 5-21　自嵌式挡墙实景照片

5.4　疏浚工程挖槽断面

5.4.1　挖槽设计断面

挖槽设计断面主要包括挖槽宽度、挖槽深度及开挖边坡（图 5-22）。

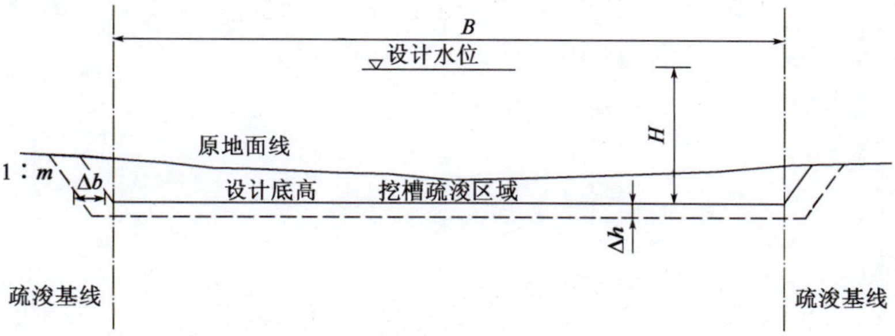

图 5-22　挖槽断面示意图

B-设计宽度；H-设计水深；Δb-施工计算超宽值；Δh-施工计算超深值；m-航槽边坡系数

注：实线为挖槽设计断面，虚线为工程量计算断面。

（1）设计宽度

挖槽的宽度一般根据挖槽的目的相一致，对于提升航道尺度的、增加过流量的挖槽宽度一般设计宽度大于航道设计宽度，且一般挖槽的上段宽度大于中下段宽度；对于清除航槽内浅区的疏浚，挖槽的最大宽度与浅区的最大宽度一致。

（2）设计水深

设计水深一般为航道设计水深加上一定的富裕水深，富裕水深根据河床的地质组成进行确定。

（3）航槽边坡系数

根据河床地质组成确定航槽的边坡系数，长江中下游砂卵石河段的疏浚，开挖边坡一般取 1:3；沙质河床的疏浚，开挖边坡一般取 1:5。

5.4.2　超深和超宽

施工计算超宽值和施工计算超深值主要取决于施工所选用的施工设备，而施工设备与河床组成、施工期的水深、疏浚工程量、疏浚施工与船舶通航方案等密切相关。长江中下游砂卵石河段的疏浚，一般选择抓斗挖泥船进行施工；沙质河床的疏浚，一般选择自航耙吸挖泥船进行施工；对于部分具备条件的河段，也可采用绞吸式挖泥船进行施工。

6 航道治理生态措施及技术

围绕“生态优先”的航道系统治理原则,生态措施以生境修复、生态固滩与生态涵养为主。一方面,加强生态友好型工程结构创新和推广应用,促进工程区生境修复;另一方面,实施生态固滩,试点建设生态涵养试验区,营造河岸湿地环境和高等水生动物休养生息场所。

6.1 生态结构

为促进航道整治工程区生态修复,减小航道整治对局部生境的影响,同时也为主动改善航道工程的生态效益,长江中下游航道整治引进、研发了一系列生态护岸、生态护滩、生态护底结构。

6.1.1 生态护岸结构

生态护岸设计的基本理念是与自然生态相作用和相协调,将生态设计理念引入到航道建设中,能保证航道在满足航运功能的前提下,最大限度保护水岸生态环境、保持生态平衡,营造自然、和谐的水岸环境,促进内河水运的可持续发展。

生态护岸有展示自然植被面貌、维持生物多样性、净化改良航道水质、减风消浪能力强、建设成本低等诸多优点。同时,采用生态护岸,克服了原块石护坡和预制混凝土块护坡的呆板和生硬,实现工程与自然的协调统一(图6-1)。

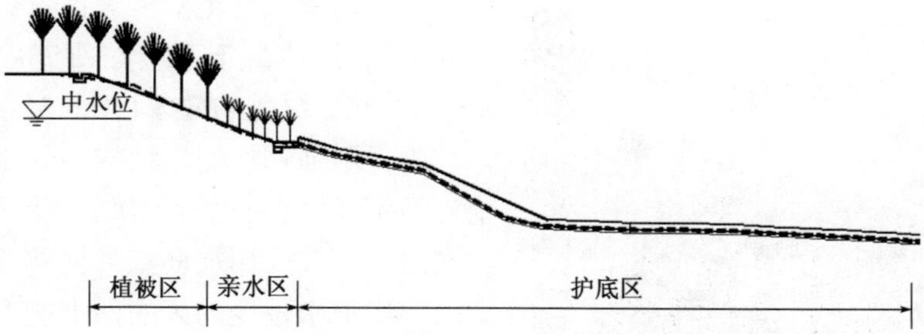

图6-1 生态护岸结构示意图

在近年来的航道整治工程中,大量的护岸工程已采用了生态型的护坡结构,并取得了良好的效果,建设生态型护岸是今后航道整治工程建设的发展方向。目前长江中下游应用最为广泛的生态护坡结构有钢丝网格和生态护坡砖,还应用了无砂混凝土六角块、特拉锚垫。另外,在护岸工程枯水平台以下也广泛应用了鱼巢砖。

(1)钢丝网格

位于主流顶冲的部位或地质条件较差的岸段常采用钢丝网格进行护坡。钢丝网格为由双绞合六边钢丝网格构成的规则的矩形钢丝笼,钢丝及其镀高尔凡层的品质满足国际标准。在钢丝网格里装填石头后,封闭盖板,它就成为一个大型的、具备柔韧性和整体性的工程结构。钢丝网格所用的钢丝通过厚镀高尔凡特殊处理,有极强的抗锈蚀能力。

结合本工程的需要，钢丝网格的尺寸设计为6m×2m×0.23m（图6-2），网格规格为6×8，网格钢丝直径为2.0mm，端钢丝直径为2.7mm，边钢丝直径为2.4mm，绑扎钢丝直径为2.2mm，钢丝采用厚镀高尔凡进行防腐蚀处理。采用卵石或块石进行填充，石料要求粒径在7~15cm之间。

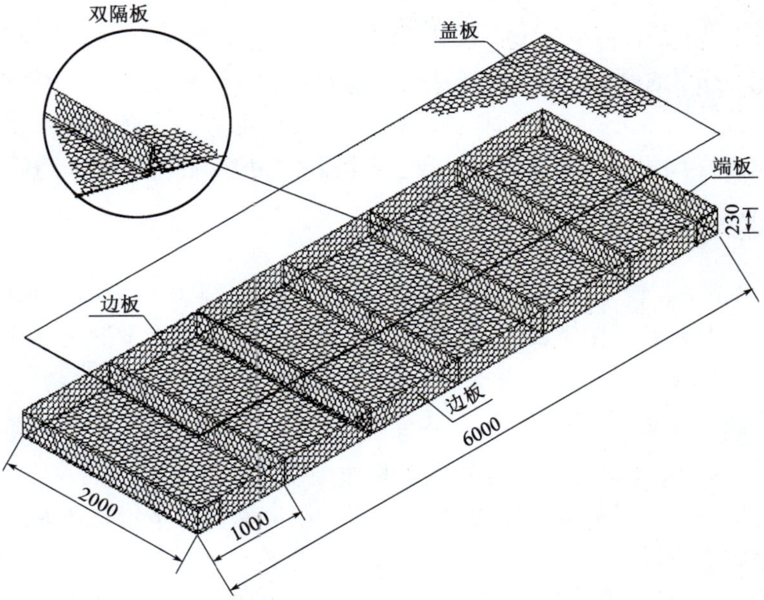

图6-2　钢丝网格构件设计图（尺寸单位：mm）

钢丝网格具有整体性和透水性好、可适应变形、耐久、防水流冲刷和防浪、不破坏垫层、网垫内充填物选材范围广等优点，且由于石笼垫表面粗糙，泥沙易于落淤在石笼内，可以长出青草，起到环保绿化的效果（图6-3）。

图6-3　钢丝网格应用实景照片

为了增强钢丝网格结构的保土效果，研发了植生型钢丝网格护坡结构，将土、种子等放在钢丝网格内部并采用加筋三维网垫盖面（图6-4）；为增强岸坡水位变动区的保土能力，增强植被成活率，研发了生态袋—钢丝网格结构（图6-5），其结构为将4cm厚的生态袋（袋内填充营养土和草种的混合物）安装在23cm（其内填充17cm后卵石）厚钢丝网格的面层，以利于草种从生态袋中长出，并有较好的固土性能。

（2）生态护坡砖

位于非主流顶冲的部位且地质条件较好的岸段常采用生态护坡砖进行护坡。

生态护坡砖采用连锁式设计，单块生态护坡砖为C30混凝土块体，中间开孔，空隙率大于20%，块体尺寸为50cm×30cm×10cm（长×宽×厚），质量为21.57kg。铺设时，每块砖与周围的6块砖产生较强的连锁作用，使得护坡结构在水流作用下具有良好的整体稳定性（图6-6）。

图 6-4 植生型钢丝网格应用实景照片

图 6-5 生态袋—钢丝网格应用实景照片

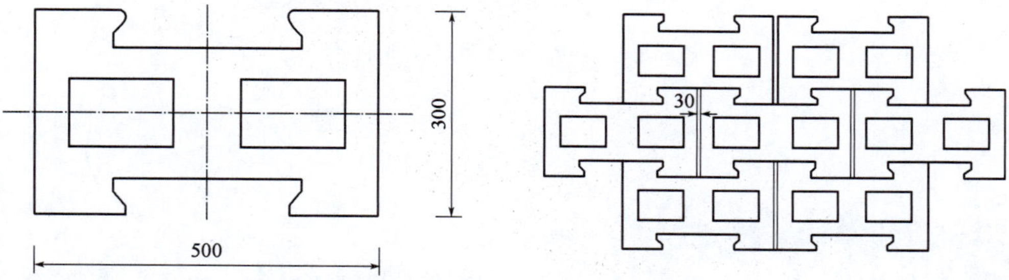

图 6-6 生态护坡构件设计图(尺寸单位:mm)

生态护坡砖的优点主要为:为柔性结构,遇到小规模变形(由沉陷、结冰、滑坡、膨胀土等引起的)时候具有较好的适应性;抗冲刷能力强,高速水流以及其他恶劣环境下保持完整的面层,不让下面的土体被侵蚀;具有空隙率高,透水性好,各独立块之间和单块内的空隙内可以长草,在美化环境的同时又可以形成自然坡面改善生态环境等优点(图 6-7)。

图 6-7 生态护坡砖应用实景照片

(3)无砂混凝土六角块

无砂混凝土六角块是混凝土六角块改进而来的一种生态护坡结构,其结构与混凝土预制块类似,所不同预制块采用无砂混凝土制作,无砂混凝土与普通混凝土的主要不同之处就是没有细骨料,只有粗骨料。无砂混凝土孔隙大,具有良好的透水性,利于泥沙附着和植物生长。本工程采用的无砂混凝土六角块,边长 30cm,厚度 10cm,构件照片见图 6-8 和图 6-9。

图 6-8　无砂混凝土六角块构件预制照片

图 6-9　无砂混凝土六角块铺放实景照片

(4)特拉锚垫

特拉锚垫是具有独特截面形状的三维立体草皮增强垫层和起固定左右的特拉锚系统组成的生态护坡结构。

此结构由反滤系统、草皮增强垫层和特拉锚系统组成,为轻型护面结构,对岸坡的防护主要是通过特拉锚固定土壤和植被生长后的根系共同作用(图 6-10)。

图 6-10　特拉锚垫施工实景照片

(5)鱼巢砖

最早使用的鱼巢砖为一种单面开孔的素混凝土预制构件,应用于护岸工程枯水平台以下,既能保证护岸结构的稳定,又可促进水流紊动,从而增加水中的溶解氧、为鱼类的生活提供了栖息场所,提高鱼类群落密度,增加河流生态系统的多样性(图6-11和图6-12)。

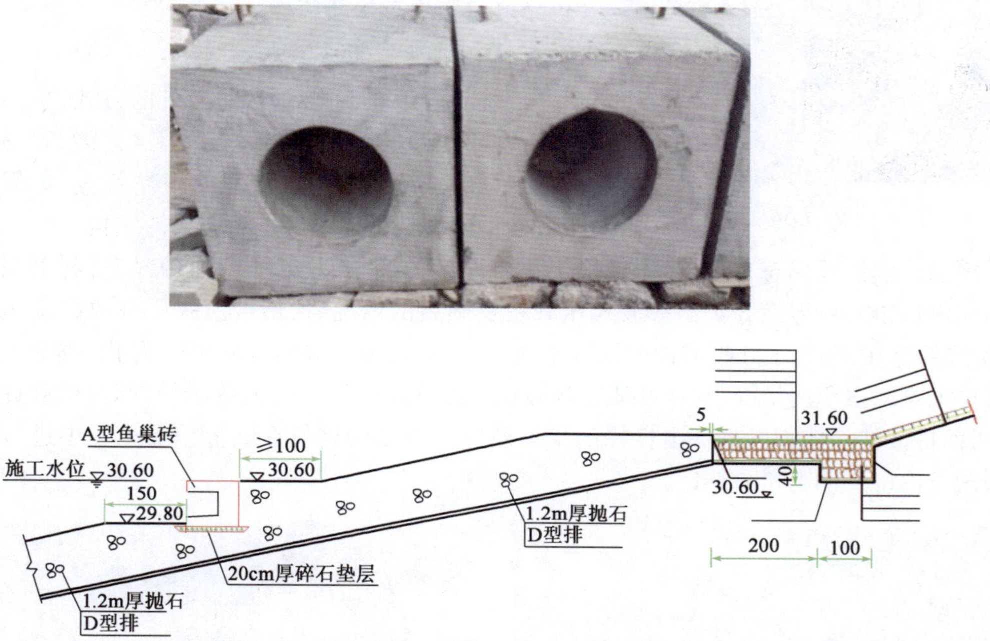

图6-11　鱼巢砖构件照片及护岸工程中摆放位置示意图(尺寸单位:mm;高程单位:m)

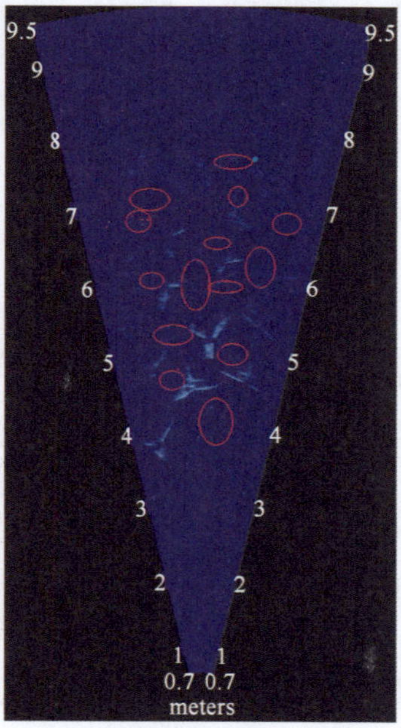

图6-12　鱼巢砖DIDSON监测效果照片(照片中圈出的为鱼体)

图 6-13 改进型鱼巢砖照片

为更好地发挥鱼巢砖的生态功能，单孔式鱼巢砖已演化为三面带孔的结构，不仅能更有效地促进微生物在鱼巢砖内生长，安装后还能在鱼巢砖内形成一个长的通道，适于鱼群筑巢和嬉戏（图 6-13）。

6.1.2 生态护滩结构

（1）仿沙波软体排护滩

传统陆上护滩一般采用铺 X 排的方式，X 排体压载块顶面平整光滑，泥沙难以在护滩区落淤，容易形成硬化河床的情况。为增加工程的生态效应，工程实践中研发了仿沙波软体排这一生态护滩结构。模仿天然沙波形态，将排体压载块优化沙波形式，能有效增加床面的糙率，利于泥沙落淤。从倒口窑心滩滩面守护仿沙波式压载块实施后的情况看，仿沙波式压载块由于压载块波峰-波谷存在，改善了守护滩面的局部水流环境，使得泥沙在沙波块波谷淤积，改变了以往护滩排上难以淤积的情况，河床底质得到较快速的恢复。泥沙逐渐落淤的同时，植被逐渐徙入，目前仿沙波软体排已呈现出良好的生态效应。该结构具备在陆上护滩工程中进行推广运用的条件（图 6-14 和图 6-15）。

图 6-14 传统 X 排护滩实景照片

图 6-15 仿沙波软体排试验照片

（2）防冲促淤网垫护滩

防冲促淤网垫是钢丝网石笼间隔式摆放形成的护滩结构，采用防冲促淤网垫护滩，既能够促进滩体淤积，更能较好地实现护滩的生态效果（图 6-16）。

图 6-16 防冲促淤网垫护滩实景照片

6.1.3 生态护底结构

生态型压载结构是采取堰坎的布置方式——间隔一定距离设置一定宽度和厚度的抛石体（图 6-17），促进泥沙落淤，有利于水生生境的恢复。在大马洲水道高滩守护工程中的应用来看，浮游植物与浮游动物群落结构及现存量的恢复效果良好。

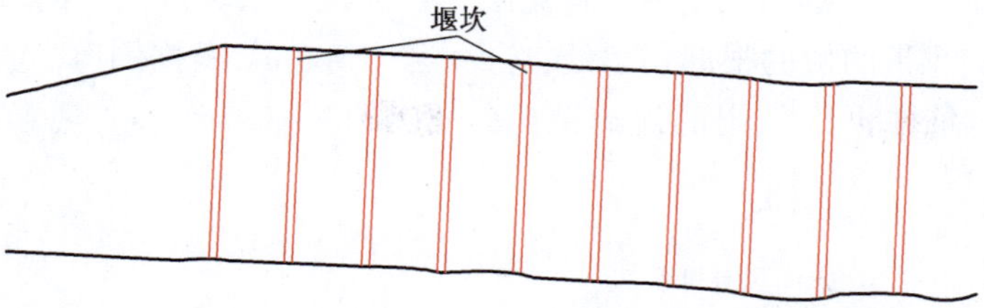

图 6-17 生态型压载结构设计示意图

6.2 生态固滩

近年来,开发和应用兼具生态保护、资源可持续利用以及符合工程安全需求的洲滩和岸坡防护生态工程技术,已经成为河流整治工程的创新内容。当前我国河道生态修复措施主要集中于生态护坡和护岸,即以滨河带的重建为主。河漫滩植被在河流生态系统的完整性中占有重要地位。植被的存在能够减小近底水流流速,促进泥沙落淤,有助于河漫滩的稳定,同时落淤的泥沙也将有助于河漫滩的进一步发育。因此,一旦植被丰度达到一定规模,将能够有效增强河道内滩体的稳定性。长江干线航道近年来实施了一系列航道整治工程,生态护岸技术相对成熟,尤其是钢丝网格生态护岸应用较为普遍,而对于江心沙质滩地的守护工程,基本上都采用软体排加抛石压载的工程结构,以确保工程的稳定。这类心滩守护工程对目前的滩地进行硬化,对生物的生境造成很大影响。

与滨河带的生态护坡和护岸工程相比,在河道中游移性较强的洲滩上的生态护滩工程有着不同的特点。心洲滩地面积大、地形复杂、形态各异,为非封闭状态,且水流、水位年内年际变幅大,滩体砂土结构疏松等,对于生态固滩的实施带来很大难度。目前对于河流中稳定性较差的洲滩,开展生态守护工程措施的研究较少。为了在确保滩体结构稳定性和安全性的前提下兼顾工程的生态效应,中游航道治理实践中研究提出了一种植入型生态固滩方法,并在典型洲滩守护工程——倒口窑心滩护滩工程中进行原位试验的基础上,进行了较大范围的推广应用。

6.2.1 生态固滩原位试验

6.2.1.1 试验区基本情况

倒口窑心滩位于长江中游藕池口水道,藕池口水道地处湖北省石首市境内,由一个顺直段和一个弯道段组成,是长江中游重点碍航水道之一。顺直段河道较宽,河道内分布有藕池口心滩和倒口窑心滩两个较大型的滩体。藕池口心滩形成于 20 世纪 90 年代,目前滩面植被茂盛,滩体稳定性较好。倒口窑心滩形成于 2006 年前后,滩面无植被覆盖。近年来倒口窑心滩左缘持续冲刷后退,对文艺村附近航槽稳定性有不利影响。

倒口窑心滩守护工程主要是为了确保倒口窑心滩的完整性,防止滩槽格局的不利变化。该项工程为一梳齿形护滩带,含一纵二横共 3 道护滩带。纵向护滩带上段为半椭圆形,下段为刀形,其中上段长度为 400m、底宽 660m,下段长度为 1810m、宽度为 300m,其主要功能是防止因水流顶冲与侧蚀造成倒口窑心滩头部及左侧出现冲刷后退;横向护滩带轴长分别为 500m、640m,宽度均为 180m,其主要功能为对纵向护滩带的后方滩体进行适当保护,避免滩面发生剥离式冲刷。倒口窑心滩守护工程见图6-18。现场试验区位于倒口窑心滩梳齿形护滩带第2道横向护滩带两侧的根部拐角处，总面积约$2500m^2$，根据倒口窑心滩航道整治模型试验的结果，试验条件下区域内的流速范围约为0.73～1.56m/s。现场试验区示意图见图6-19。

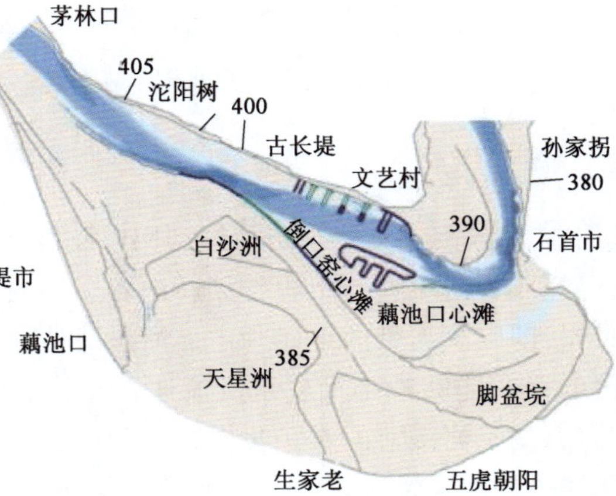

图6-18　藕池口水道河势示意图

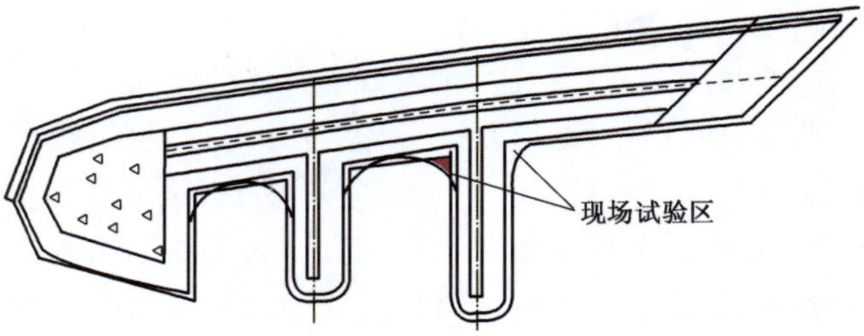

图6-19　现场试验区位置示意图

6.2.1.2　植入型生态固滩方法

(1)倒口窑心滩生态守护的特点

三峡工程蓄水以后，来沙大幅减少，洲滩易冲不易淤，且由于大量冲泻质淤积于库区，坝下游冲泻质大幅减少，蓄水以来落淤形成的滩体的组成物基本都是中细沙。植物徙居于洲滩的重要前提是洲滩能提供必要的养分，中细沙组成的洲滩保水保肥能力差，植物徙居并增殖的难度大。倒口窑心滩，尽管目前高程较高，清水下泄的情况下进一步淤高的难度较大。这是因为在即使洪水期漫滩，由于表层水流含沙量极低，粗砂落淤的可能性很小，较细泥沙落淤的可能性则几乎不存在，该滩体即使维持当前形态，也极难生长出成规模的植被。因此进行生态固滩的主要思路是在分析工程区水文情势的基础上，合理选择用于固滩的先锋植被，并设计相应的培育方案，在试验的基础上，选择必要可行的辅助措施，确保先锋植被的繁育增殖，在试验工程区实现初步的保水保肥，为试验区以后植被的逐步演替以及丰度的逐步提升创造条件。

对倒口窑心滩水文情势进行分析，主要分析心滩淹没情况。以石首站水位近似代表藕池口附近水位,采用2003年三峡蓄水以来的水位资料计算分析工程区淹没情况,包括最大淹没深度和淹没深度年内年际变化见图6-20和图6-21,工程区特征流量下的淹没深度见表6-1。分析可知,倒口窑心滩淹没时段主要集中在汛期的5—9月,12月至第二年4月无淹没历时出现,心滩年平均淹没历时为61天/年,一年内最大淹没历时曾达到过93天。心滩的淹没深度和淹没历时与来水量关系紧密,历年出现最大淹没深度4.2m,平均淹没深度为0.2～1.6m,淹没深度及淹没历时均在7月份达到最大值。

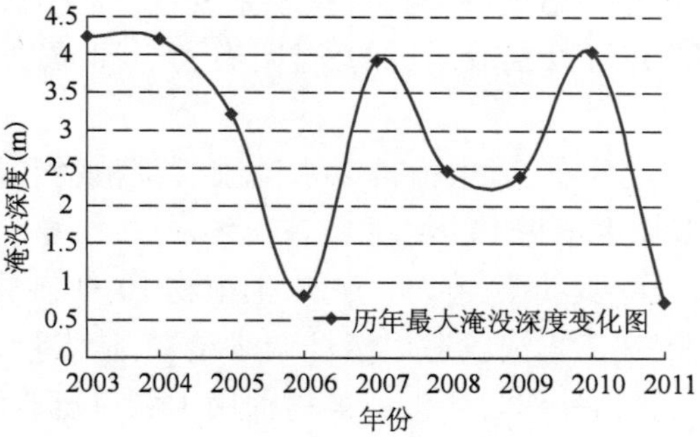

图6-20　历年最大淹没深度变化图

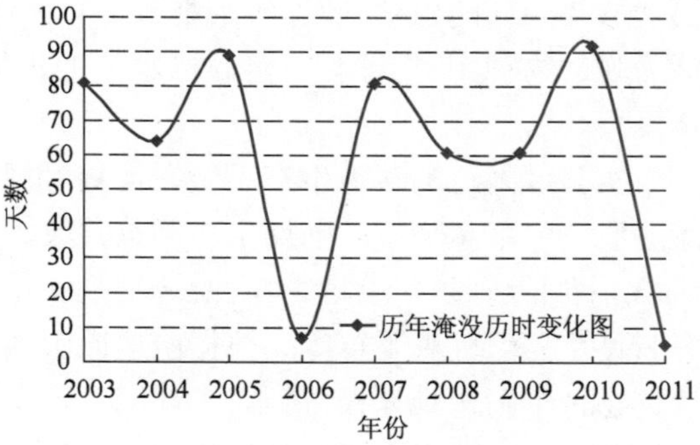

图6-21　淹没历时年际变化图

特征流量下的淹没深度统计表　　表6-1

流量(m^3/s)	石首水位(m)	工程区高程(m)	淹没深度(m)	备　注
7280	27.1	32.4	0.00	整治流量级
12600	29.6		0.00	平均流量级
25000	32.9		0.31	平滩流量级
40350	36.4		3.02	洪水流量级

从植被的生长期来看,倒口窑心滩上具备基本的出露条件。考虑到倒口窑心滩为季节性漫滩,雨季淹没旱季出露,植被物种的选择方面存在较大的难度;同时,该漫滩土壤质地疏松,营养匮乏,表层土壤容易被水流冲刷带走,植物根系难以固定。为此,需解决两方面问题:①固滩植被的选种和培育方案,确保选育植被具有较好的耐淹性,能够在倒口窑心滩滩面存活;②土壤基质的固定技术,通过适当措施,确保在植被生长初期所需的土壤基质稳定,同时所选措施能够满足植物生长空间及环保可降解等方面的需要。

(2)植被选育

植物群落的配置就是通过人为设计,将拟恢复重建的植物群落,根据环境条件和群落生长特性按一定比例在空间分布、时间分布方面进行安排,高效运行,达到恢复目标,即形成稳定可持续利用的生态系统。一般而言,先锋物种的选择是在对湿生植物生物学特性、耐污性以及光补偿点的研究基础上,筛选出几种具有一定耐污性、能适应当地生态环境的物种作为恢复的先锋物种,同时为湿生植物群落的恢复提供建群物种。物种的选择主要有以下几个原则:①适应性原则。所选物种应对该流域气候水文条件有好的适应能力。②本土性原则。优先考虑采用当地的原有物种,尽量避免引入外来物种,以减少可能存在的不可控因素。③强净化性原则。优先考虑对N、P营养物质有较强去除能力的植物。④可操作性原则。所选物种的繁殖、竞争能力较强，栽培管理容易。

从以上原则出发，遴选适宜倒口窑心滩的植物物种，物种既能在干燥土壤中长期生存和繁育，具有正常生命代谢活性，又能耐受长时间的淹没和水涝，具备很好的耐受能力，同时还需要满足上述的其他要求。初步确定物种的具体选择标准如下：①夏天能耐受30～60天的淹没仍然保持生命活性；②注重生物多样性与生态安全，以本地土著物种为主；③注重人工植被的立体空间层次，确定不同物种的搭配；④注重植被的自然性状和生态功能，依据季节更迭选择不同的植被，确保每个季节均有一定的植被覆盖度，同时，选择根系发达，固土保土能力强的物种；⑤物种有一定的抗水流冲击能力，并可以截留一定的泥沙，有利于洲滩进一步发育。

实验区附近的草地生态系统在河堤和滩地广泛分布，适生植被以水生维管束植物和河滩的灌丛灌草丛为主。前期生态调查共收集到多年生植物14种，主要有狗牙根、牛鞭草、天名精、小蓟等。越年生植物3种，分别是一年蓬、异叶黄鹌菜、卷耳。一年生植物10种，主要有雪见草、荠菜、鸡眼草等。根据前述原则和标准，在工程河段适生植被调研结果，从大量的植物物种中筛选狗牙根、芦苇、三叶草三种本地土著物种作为适生植被物种用于倒口窑心滩的植被恢复。选择上述三种植物的具体原因如下：狗牙根、三叶草、芦苇三个物种具有空间上的层次，狗牙根匍匐在土壤表层，具有发达的根系，位于最下层，三叶草介于狗牙根和芦苇之间，芦苇株高可达2m以上，空间层次分明；另外，就土壤表层的狗牙根和三叶草，也分别分布在不同空间上，狗牙根有良好的耐淹能力，一般位于水分充裕地势较低的区域，三叶草有一定的耐旱能力，位于水分较少地势较高的区域。同时，狗牙根和芦苇具有发达的根系，对洲滩土壤有良好的固定作用，尤其是处于地势较低区域的狗牙根，耐水淹，具备良好的抗水流冲击能力和泥沙截留效应；三叶草有一定的土壤改良作用，可以改善土壤肥力。芦苇以其固土整沼、开发荒地、保持生态平衡等多方面的优势，成为具有综合经济用途的资源植物，发挥着巨大的经济和生态作用。此外，三者存在一定的季节更迭，三者混交种植，有助于洲滩植被的稳固和促进未来植被盖度的提高。

(3)土质改良

倒口窑心滩表层主要淤积物为砂质粗颗粒，粒径大，营养贫瘠，粘连性和稳定性差，易于在外力作用下移动，不利于植被定植生长与成活。针对倒口窑心滩土壤基质的现状和存在的问题，需要对该处土壤基质进行改良。基质改良的技术设计参数上主要需要考虑土壤团聚体稳定性、土壤养分与保墒能力。

土壤团聚体稳定性指标包括粒径级配、团聚体体积质量或团聚体密度等，植被生长良好的土壤基质需要满足的具体指标要求为黏粒(粒径<0.002mm)占全部团聚体颗粒的比重不低于25%，粉粒(0.05mm$>$粒径$>$0.002mm)所占比重不低于65%；团聚体的体积质量1.2～1.8g/m^{3}或者团聚体密度$>$2.0g/m^3。基于上述要求，结合经济成本的考虑，土壤改良拟就地取材，从附近的农田、林地等选择黏土作为回填的土壤基质，通过测定土壤的粒径级配，按照上述要求计算不同土壤的搭配混合比例，将土壤基质人工或者机械搅拌均匀后敷设到项目区中。

土壤养分方面的主要指标有有机质、全氮、速效氮、速效磷、速效钾；植被生长良好的土壤需要满足有机质质量分数20g/kg、碳酸盐质量分数$>$85g/kg、全氮$>$0.8g/kg、速效氮$>$

60mg/kg、速效磷 >30mg/kg、速效钾 >100mg/kg；对按适宜比例混合的土壤基质测定肥力指标，按照植被生长的养分需要通过定期施农家有机肥以确保植物的养分需要，同时可缓慢改变土壤质地。保墒能力方面的要求为土壤质量含水量不低于 15g/kg，按照上述设计要求敷设的土壤基质，如果土壤含水量不够，需要定期浇水，以弥补不足，保障植物生长的充足水分供应。

基于以上要求制定倒口窑心滩土壤基质改良的具体设计方案如下：

①采集黏土，运输到项目区；测定级配后计算不同土壤的适宜搭配比例，按照该比例混合均匀后敷设到项目区。

②黏土按比例植入项目区，植入土尽量夯实。

③植入土层厚度为 50cm。

④植入土表层使用农家有机肥进行养分改良，确保农家肥均匀均匀分布在植入土层表面；施肥标准以有利于植被适度生长为宜。

⑤接种和培育土壤藻类，将藻种接种到土壤基质表面，每天洒水保持表层土壤湿润，确保土壤藻类的活性和作用发挥。黏土就地取材，农家肥需要从当地采购，土壤藻类需要联系专业部门采购并接种，确保活性与效果。

(4)临时防冲结构

茂盛的植被不仅能有效的保护土壤基质，同时还能从水体中截留泥沙，促进滩体的淤高。但在滩面植被具备足够的丰度之前，必须采取临时性的工程措施对迁入的客土进行必要的保护。对此，提出了采用可降解草绳网构成的临时防冲结构，如图 6-22 所示，在植被生长发育期间起到临时固土防冲刷作用。

开展了水槽试验，研究防冲结构不同布置方式的固土抗冲作用。出于防冲刷和植被繁育的需要，工程区回填土拟采用黏性土。黏性土的起动不同于散粒体泥沙和一般淤泥的起动，由于其黏性较强，需克服团粒间较强的黏结力才能起动，因此一般情况下都具有较强的起动临界条件。考虑到用来进行冲刷模型试验的普通开敞式无压水槽的流速条件不能满足黏性土试验的要求，另外冲刷试验土体颗粒的黏聚性也很难通过模型模拟，因此在管道内开展临时防冲结构作用下的土体冲刷试验，用以观测分析临时防冲结构的防冲效果。在试验管道内模拟现场试验区的近底流速条件，可视为 1:1 的模型比尺，流速和土体以及临时防冲结构均与现场实际情况相同。

试验在矩形有机玻璃管道中开展，矩形管道示意图见图 6-23。整个试验装置为封闭管道循环系统，包括进水管道、水泵、阀门、电磁流量计、试验管段、顶土装置、出水管道、水库等几部分。其中试验管段为封闭矩形管道，采用有机玻璃加工而成，内部断面尺寸为 50cm×20cm，长度为 3m。试验土样放在距进出口等距离处，以保证水流条件的稳定；水泵功率为 4.8kW，最大流量可达 $150m^3/h$，矩形管道有效段最大流速可达 2.08m/s。为了使试验过程中土样表面的水流条件基本一致，考虑在矩形有机玻璃管道底部安装土样升降装置(顶土装置)，下方升降机装置采用电动机及减速装置控制其升降速度。在试验过程中，当土样在水流的冲刷逐渐降低时，适时调整土样高度使其表面与矩形管道底部齐平。

试验是在封闭压力管道中进行的，与明渠中的无压条件有所不同。依据相关研究成果，在有压管道中进行冲刷试验，其压力变化对土样冲刷的影响基本可以忽略，试验结果基本可代表土样在一般开敞水槽中的结果。主要测量内容包括：①流量采用电子流量计测量。②冲刷形态采用高清相机拍摄结合测尺测量冲刷深度。

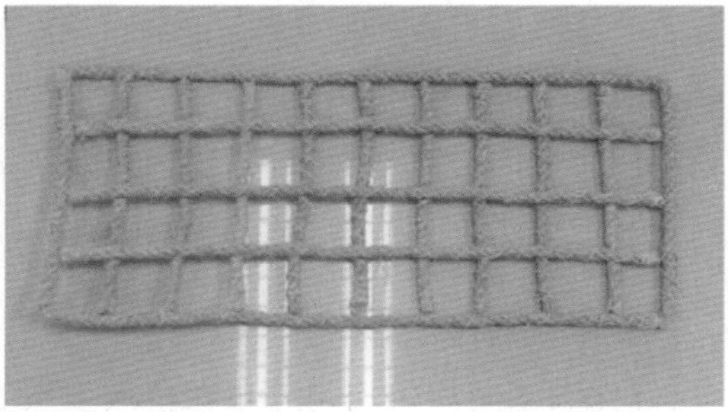

图 6-22 临时防冲结构照片

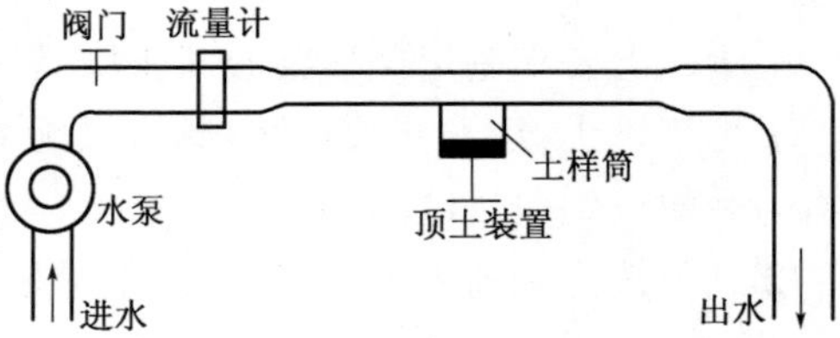

图 6-23 管道试验系统示意图

工程区回填土的来源主要来自附近农田和荒地黏土，在回填土源区内采集了两种代表性土样开展试验。对以上两种土样进行颗粒分析试验，主要包括土样粒径、比重、孔隙率等。土样颗粒级配见图 6-24 和图 6-25，土体特征值见表 6-2。

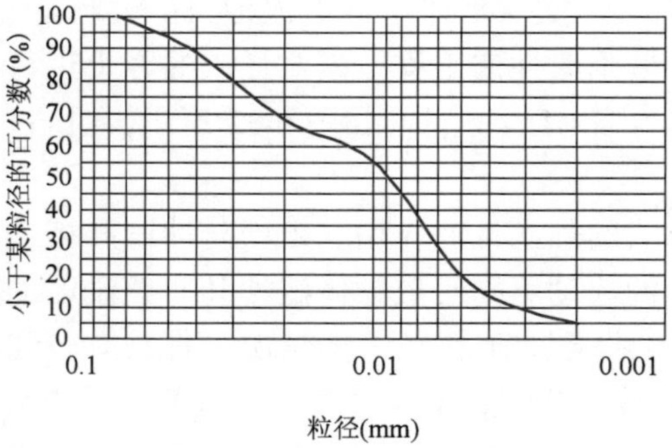

图 6-24 土样 A 颗粒级配曲线

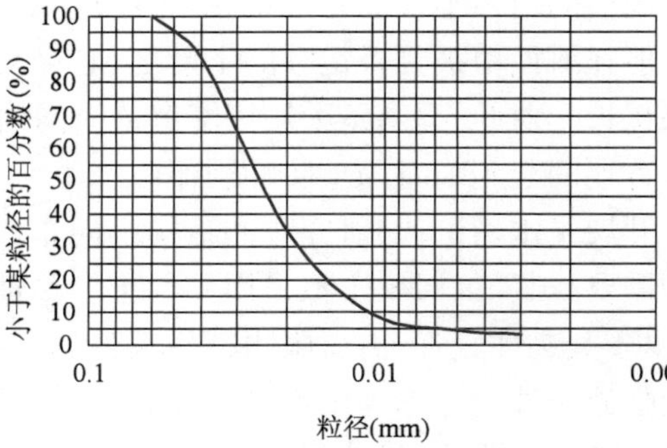

图 6-25 土样 B 颗粒级配曲线

土样特征值对比表 表 6-2

土样号	密度 ρ (g/cm^3)	干密度 ρ_d (g/cm^3)	天然含水率 (%)	比重	孔隙率 n	中值粒径 (mm)	黏粒含量 (%)
A	2.163	1.796	20.43	2.51	0.28	0.009	20
B	1.899	1.547	22.75	2.35	0.34	0.026	5

注：黏粒指的是粒径 0.005mm 以下的颗粒。

用草绳结网的临时防冲结构，从设计方案上的变化主要考虑草绳的直径 d 和绳间距 L。设计了四组临时防冲结构形式，对应尺寸分别为：$d_1=0.5\text{cm}$，$L_1=10\text{cm}$，$d_2=1\text{cm}$，$L_2=10\text{cm}$，$d_3=0.5\text{cm}$，$L_3=5\text{cm}$，$d_4=1\text{cm}$，$L_4=5\text{cm}$。在平滩流量级～洪水流量级范围内，工程部位的最大流速为 0.7～1.6m/s。参考该成果，冲刷试验采用了 6 组流速条件，分别为 0.56m/s、0.69m/s、0.97m/s、1.25m/s、1.53m/s、1.81m/s，在两种土样下分别开展正交试验。观察泥沙起动情况，并记录两种土样在10min内的冲刷深度，结果见表6-3。

回填土冲刷试验结果　　表6-3

流速(m/s)	冲刷深度(cm)									
	土样1					土样2				
	无结构	结构Ⅰ	结构Ⅱ	结构Ⅲ	结构Ⅳ	无结构	结构Ⅰ	结构Ⅱ	结构Ⅲ	结构Ⅳ
0.56	—	—	—	—	—	0.65	0.55	—	—	—
0.69	—	—	—	—	—	1.25	0.9	0.5	—	—
0.97	0.7	—	—	—	—	2.05	1	1.6	1.5	1.35
1.25	1.9	0.7	0.5	0.65	0.3	2.4	1.9	1.7	1.6	1.7
1.53	2.2	1.5	1.2	1.1	0.95	4.9	2.8	2.75	2.75	1.75
1.81	2.8	1.7	1.3	1.3	1.2	—	—	—	—	—

结合试验结果可知，草绳防冲框架结构在减弱冲刷方面有着明显的作用，且对于土样1的作用更加明显。土样2中粉粒含量较多，土体间孔隙较大，吸水能力更强，随流速的变化所受到的扰动更大。不同结构的防冲结构防冲能力不同，同等条件下，结构的空隙越大，防冲作用越小。土体中黏性颗粒的含量对起动流速的影响较大。细颗粒含量比较多的土样1，中值粒径比较小，黏性颗粒含量较多，颗粒间黏结力比较大，需更强的水流强度才能起动，故使其开始明显冲刷的流速更大，且其冲刷的深度在同等条件下较土样2小。

试验采用的回填土为新填土，没有经过淤积固结过程，相对冲刷深度较大。考虑工程区的实际情况，土体回填以后会有一定时间的固结过程，密实度会有所增加，因此土样1的成果更接近工程实际情况。对于土样1来说，理论上讲草绳铺设的越密，防冲效果越好。试验对比发现，四种临时防冲结构均有一定的防冲效果，起动流速有所增加。根据试验结果，临时结构能有效地提高防护区的起动流速，从而提高回填土的防冲能力，为植被发育期提供顺利过渡条件。因此临时防冲结构的选取应考虑到首先满足工程区的临时防冲需求，在此基础上考虑植株的生长空间需求、种植的可操作性以及临时防冲结构的经济性和使用寿命。

6.2.1.3 *原位试验及效果分析*

综合考虑种植的可操作性及经济型，确定选用结构Ⅱ（$d=1\text{cm}, L=10\text{cm}$）作为现场试验的临时防冲结构体型。生态护滩结构采用浆砌块石形成围墙，并充填土方，通过播撒植物种子的形式进行绿化，在播撒种子之后，在表面每隔间距10cm铺设一根1.0cm直径草绳，草绳采用带勾头的$\phi10$钢筋固定，钢筋总长为2m，间距为3m；在边缘设置透水框架，宽10m，如图6-26所示。生态固滩工程于2014年7月开工，2015年初实施了生态护滩区域的回填土工作，至2015年3月，生态护滩结构及主体工程基本实施完成。

对试验区进行了两年的跟踪观测，分析生态固滩工程试验实施后的效果。植入基质在运行1年后检测发现粉粒和黏粒占基质的90%以上，团聚体密度达到2.1g/m^3，基质的密实度和稳定性满足固滩项目的要求。种植的狗牙根、三叶草和芦苇在春夏季显示了强劲的长势，生长指标正常。春季，三叶草生长茂盛，实现了对项目区的全覆盖，目测估算植被盖度达到90%以上；狗牙根新芽发育，植株密度达到30株/m^2以上；芦苇高度在1.0～1.5m之间，平均植株间距1.2m。单位面积上的植物生物量达到15.7g/m^2以上。夏季，三叶草逐渐枯萎，为土壤提供了养分，狗牙根长势旺盛，植株密度达到60株/m^2以上，植被盖度达到80%；芦苇平均高度2.0m，平均植株间距0.8m，密度显著增加。同时，试验区出现很多其他的植物，物种多样性指数增加。单位面积上的植物生物量达到40.3g/m^2。秋季，狗牙根长势旺盛，植株密度达到70株/m^2以上，目测估算植被盖度达到92%以上；芦苇高度在2.4m以上，平均植株间距0.7m。单位面积上的植物生物量达到46.7g/m^2。除此以外，试验区还发现了鸟类栖息的痕迹（图6-27和图6-28）。

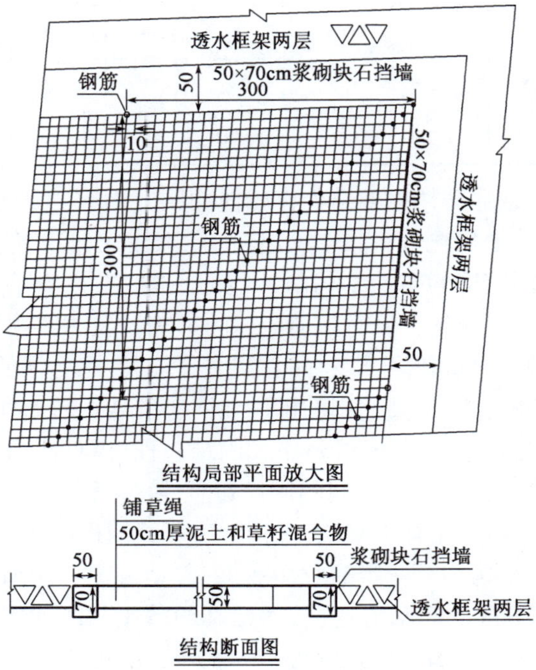

图6-26　生态护滩现场试验结构图（尺寸单位：cm）

图6-27　生态固滩试验实施2个月后的现场照片

图 6-28　生态固滩试验实施 1 年后的现场照片

6.2.2　疏浚弃土生态化利用

按照“整疏结合”的航道系统治理原则，航道治理中有大量的基建性疏浚弃土需要进行处理。为消除疏浚弃土对生态环境的影响，利用生态固滩技术实现了疏浚弃土生态化利用，即以疏浚土作为固滩基质，辅以临时固土措施，迁入生命力顽强的先锋植被，后期通过适当养护，实现滩面植被丰度的逐步提升。

疏浚弃土生态化利用的依托滩体应主要需要满足三个条件：一是，滩体规模较大、形态相对稳定，因为在植被繁育至足够丰度以前，滩体的稳定性是相对较弱的，这客观上要求滩体自身具有相对稳定的特性；二是，滩体高程应适中，因为高程过高，则滩体自身就具备生长植被的条件，湿地营造意义不大；高程太过低矮，则淹没期太长，即使是亲水植物可能也难以成活；三是，尽量靠近疏浚工程区，避免因过长的弃土转运距离，大幅提升营造成本。因此，基建性疏浚弃土生态化利用的区域选择在沙洲水道黄州心滩、戴家洲河段戴家洲头部滩体、东流水道老虎滩。

6.2.2.1　生态固滩顶高程设计

生态固滩的顶高程设计主要考虑淹没期的长短。顶高程过低，淹没期过长则可能导致先锋植被大量死亡，芦苇、狗牙根等能够适应的淹没期大概为 3 个月左右，常见野草如牛鞭草、莎草等多年生禾本科本土植物耐淹期较长，有研究表明耐淹期长达 6 个月左右；顶高程过高，滩面过水时间短，其作为湿地的生态效应也难以充分发挥。

通过统计三峡水库 175m 蓄水运行以来黄石站（沙洲水道、戴家洲河段附近）水位过程以及安庆站（东流水道附近）水位过程，见表 6-4 和表 6-5。可以看出，在黄石站，水位超过航基面上 9m 的平均持续时间约 101 天，部分年份超过 4 个月；水位超过航基面上 8m 的平均持续时间约 126 天，部分年份为 5 个月左右；水位超过航基面上 7m 的平均持续时间约 160 天，部分年份为 6 个月左右。在安庆站，水位超过航基面上 9m 的平均持续时间约 65 天，部分年份 4 个月左右；水位超过航基面上 8m 的平均持续时间约 100 天，部分年份为 4 ~ 5 个月左右；水位超过航基面上 7m 的平均持续时间约 122 天，部分年份为 5 个月左右。

近年来黄石站水位过程统计(天)　　表6-4

统计水位	年份							
	2011	2012	2013	2014	2015	2016	2017	平均值
大于7m	89	173	131	170	175	152	230	160
大于8m	61	154	117	153	106	146	146	126
大于9m	32	142	90	132	77	137	96	101
大于10m	18	113	59	109	59	129	61	78

近年来安庆站水位过程统计(天)　　表6-5

统计水位	年份							
	2011	2012	2013	2014	2015	2016	2017	平均值
大于7m	53	157	95	154	97	148	153	122
大于8m	36	143	80	136	78	138	90	100
大于9m	17	110	24	73	59	129	41	65
大于10m	0	51	0	20	40	91	31	33

对沙洲水道上游的罗湖洲水道岸线的现场踏勘表明,航行基面上7m左右植被较为丰富,既有牛鞭草、莎草等多年生植被,亦有小苜蓿、益母草等一年生植被(图6-29)。

图6-29　罗湖洲水道西河铺已建护岸现场照片

(2018年5月14日,对应黄石水位7.2mm)

综合三个工程区的淹没条件、有关植被的耐淹性以及现场踏勘情况,为保障稳定性以及持久的生态效果,黄州心滩、戴家洲洲头的固滩顶高程控制在航行基面上8~10m之间、老虎滩的固滩顶高程控制在航行基面上7~9m之间。高程相对较高区域引入芦苇、狗牙根等植物作为先锋植被;高程相对较低区域引入牛鞭草、莎草等植物作为先锋植被。

6.2.2.2　生态固滩平面及结构设计

(1)生态固滩工程平面布置

生态固滩工程平面布置原则基本相同,即在分汊河段高滩前沿的中低滩上沿滩脊及两侧布置,通过设置一定高度的围埝加高中低滩高程,并通过生态型结构实现固滩工程的生态化。

黄州湿地设置在黄州心滩前沿中低滩区域，平面布置见图 6-30，其典型横断面结构见图 6-31，长约 900m，最大宽度约 550m，面积约 50 万 m^2。戴家洲湿地设置在戴家洲洲头护岸前部区域，长约 1400m，宽度约 230 ~ 800m，面积约 65 万 m^2。老虎滩湿地设置在老虎滩滩头已有#2 至#6 护滩带之间的区域，纵向范围为沿着#3 护滩带上游高程 5.0m 到#6 护滩带上游 9m 之间，长约 1000m；横向范围为#2 护滩带之间，左侧在高程 5.0m 以上，右侧为 4.0m 以上，宽度约 600m，面积约 30 万 m^2。

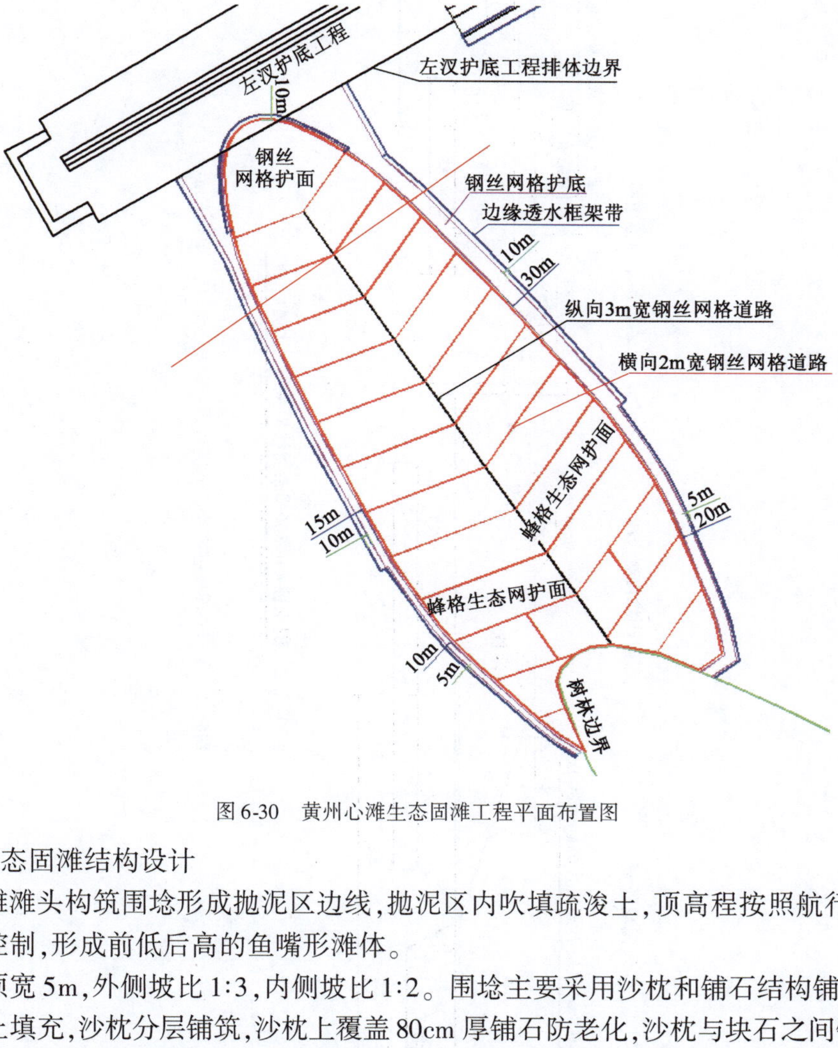

图 6-30 黄州心滩生态固滩工程平面布置图

(2)生态固滩结构设计

在心滩滩头构筑围埝形成抛泥区边线，抛泥区内吹填疏浚土，顶高程按照航行基面上确定的高程控制，形成前低后高的鱼嘴形滩体。

围埝顶宽 5m，外侧坡比 1:3，内侧坡比 1:2。围埝主要采用沙枕和铺石结构铺筑，沙枕采用疏浚弃土填充，沙枕分层铺筑，沙枕上覆盖 80cm 厚铺石防老化，沙枕与块石之间铺 400g/m^2 无纺布一层，其中，沙枕顶面的无纺布沿铺石内侧至铺石顶面回搭 50cm 长并压在块石中，防止吹填的沙体外漏；对于围埝高度小于 1.3m 的采用全铺石结构砌筑；对于围埝高度小于 30cm 的先对地形进行适当平整，保证围埝高度不小于 30cm，全铺石围埝须在下方及内侧铺设无纺布一层，并在铺石顶面回搭 50cm 长压在块石中。为保持围埝的稳定性，在围埝外缘(从坡顶外边线开始，压在铺石下方)设置钢丝网格护底，其中围埝左缘上段护底宽为 30 ~ 131m，左缘下段护底宽为 20m，围埝右缘上段护底宽为 15 ~ 93m，左缘下段护底宽为 10m；

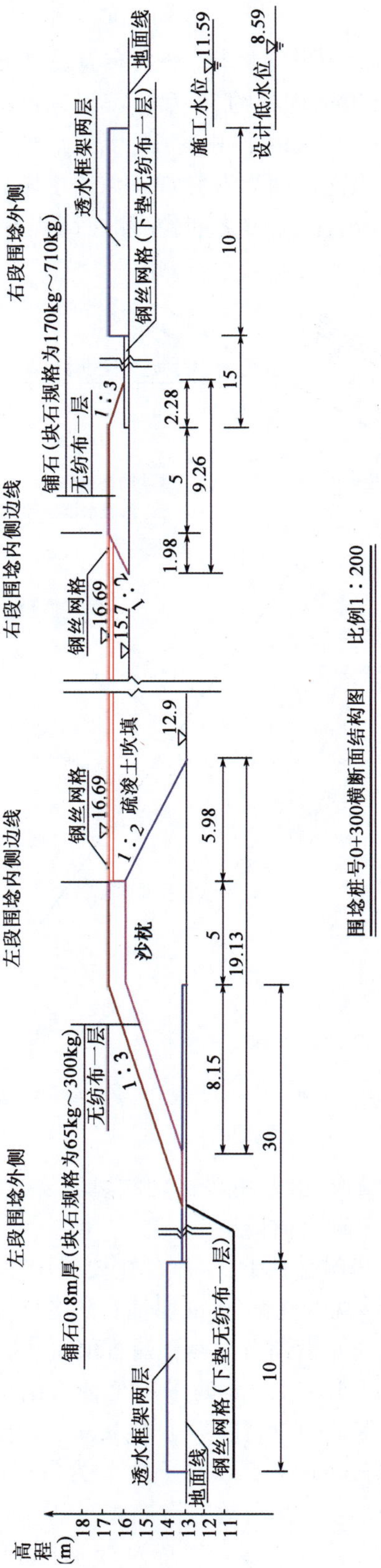

图6-31 黄州心滩生态固滩典型横断面结构设计图(尺寸单位:m)

钢丝网格下方铺设无纺布一层，护底外侧设置 5 ~ 10m 宽的一次成型透水框架两层进行防冲处理，其中围埝上段边缘的透水框架带宽为 10m，围埝下段边缘的透水框架带宽为 5m，另外，与滩面支路相接的部位，将透水框架改为 2m 宽、0.23m 厚钢丝网格人行通道，便于人员上下。

围埝构筑完成后，由泥驳将戴家洲水道的疏浚弃土运至工程区附近，并由砂泵吹填至围堰内的抛泥区。由于本工程的围埝高度不大，均在 4m 以内，且考虑到滩体的地质以粉细砂为主，地基的渗水性较好，因此吹填采用堰流方式自然排水。吹填至设计顶高程后再进行滩面平整。

围埝头部约 200m 和 100m 长的范围铺设钢丝网格和蜂格网生态结构，在尾部 100m 范围铺设蜂格网护面，以对比蜂格网护面在不同部位的护面效果。其余区域在面层均匀铺一层 10cm 厚植草土壤基质，随后采用撒种、扦插的方式种植先锋植被。先锋植被增殖至足够丰度需要 1 到 2 年，在此期间，为避免土壤基质在汛期流失，需在 3 月之前实施辅助的临时固土措施，具体的方式是：对于蜂格网生态结构在其上覆盖绿色的保土网，并采用钢丝与木桩进行连接固定；对于其他先锋植被部位在表面按纵横交错的方式铺设麻绳绳网。选择孔径 10cm × 10cm 的绳网，配合初步长成的先锋植被，控制住土体冲失。据此，麻绳纵横间距均为 10cm，麻绳直径为 1.0cm。麻绳采用带勾头的竹片固定，每处竹片长为 0.5m，宽 5cm，间距为 3m。滩面平整后，沿滩脊设置 3m 宽的钢丝网格主路，两侧间隔 100m 设置 2m 宽钢丝网格支路与滩脊主路相接。根部设置 3m 宽、453m 长的钢丝网格道路与树林边界相接。

6.2.2.3 先锋植被的苗种繁育和植株插播方法

狗牙根、芦苇、三叶草三种植物作为高程相对较高区域的先锋植被，牛鞭草等本土植物作为高程相对较低区域的先锋植被。

各类植物的种植方法如下：

(1) 狗牙根、牛鞭草等本土植物

采用播种和根茎繁殖：选纯净度高、杂质少、发芽率高的种子，播种量为 6 ~ 8g/m^2。播种后立即洒上粉粒覆土镇压，使种子与土壤充分接触，覆土厚度 2 ~ 4mm。播种后采用雾化管浇水灌溉，并覆盖一层秸秆，减少水分蒸发，利于幼苗生长发育。

(2) 芦苇

将芦苇根状茎，截取 30cm 的小段，运往项目区进行栽植，每平方米栽植 6 根左右，当苗高达 30cm 以上时，进行浅水灌溉。

(3) 三叶草

在 3 月下旬或 9 月中旬播种，保证表土湿润或用覆盖物覆盖遮阴。三叶草建坪的播种量以 8 ~ 10g/m^2 为宜。每克三叶有 1400 ~ 2000 粒种子。播种时，按地块面积和确定的播种量等分种子，将种子与干土混匀，人工撒播。播种深度为 1 ~ 1.5cm，种子撒入坪床后，可用草坪耙将种子耙入土中，也可用沃土或基质覆盖 1cm。

另外，为促进局部植物群落的健康发育，还需适量引入其他土著植被及土壤藻类，主要是采用少量迁入邻近高滩草皮的方式，见表 6-6。

先锋植被繁育方法及有关建议　表 6-6

植被	狗牙根、本土植物	芦苇	三叶草	其他土著植被及土壤藻类
种植方式	播种	扦插	播种	临近高滩上的草皮迁入
种植时间	3—4 月	3—4 月	3—4 月	2 月
种植密度	6 ~ 8g/m^2	块茎切成 30cm 一段，6 段/m^2	8 ~ 10g/m^2	采集面积约 50m^2，采集后，将草皮均匀的分散敷设在示范区内
田间管理	需要专职管理 1 名，每天定期检查，插播初期的 15 天内，每 2 天浇水一次，浇水以确保土壤湿润为宜，防范人畜干扰；插播前施一次底肥，300 ~ 375kg/hm^2；苗种成活后 7d 内按照 250 ~ 300kg/hm^2 施一次追肥，以有机肥为宜，化水稀释后喷洒			
绳网覆盖时机	汛前铺设			
备注	1. 土著植被及土壤藻类采用草皮迁入的方式引进，可尽早进行；草皮不宜集中采集，以避免造成采集地的水土流失；敷设草皮的同时，可按 2g/m^2 左右的量适当撒播稗草草种。 2. 狗牙根是主要植入物种，不耐低温，建议在日最低气温回升至 6℃ 以上后播种扦插。 3. 春旱若有露头，应加强浇水，保持土壤湿润			

6.3 生态涵养区

航道治理时试点建设水域生态涵养区，是指选择合适水域，通过增殖放流、局部生境改良、船舶交通流引导、生态涵养试验区宣传等措施，在发展航道的同时，做好局部原生态的保护与涵养。生态涵养区试点位置的选择主要考虑水域的生态资源与外部条件，一方面是水域的生态资源总量应有一定的规模，具有建设价值，这客观要求水域具有较大的面积；另一方面是外部条件应具备保护的可行性，即所选择水域周边人类活动较少、外界环境相对宁静、水域内通航需求较小。

结合武汉至安庆河段内分汊河型众多的特点，工程实践中重点选择了张家洲水道北港、东流水道莲花洲港两处支汊试点建设生态涵养区。这两处支汊的建设条件比较理想，均是主汊航道条件明显占优，但支汊枯水期分流不低于 30%；支汊较长，通航需求不大；周边以农业生产活动为主。另外，戴家洲河段的圆水道分流量也较大，虽然中下段分布有兰溪镇港区，通航环境相对较为复杂，但也可以对圆港的水生态进行适当的宣传性保护。

(1) 增殖放流

根据河段生态环境保护特点，增殖放流对象主要选择四大家鱼、珍稀保护鱼类以及豚类的饵料鱼，放流量根据汊道水域面积确定。放流时间与航道工程施工期对应，施工期内每年进行一次。

(2) 局部生境改良

局部水下生境改良是通过在支汊微冲区域沉放透空格栅鱼巢排，促进局部微生境改善。透空格栅鱼巢排构件见图 6-32，为 2m(长) × 2m(宽) × 0.5m(厚) 田字形钢混透空格栅。该结构能保持水体与河床之间的联通，格栅结构及结构面层绑缚的树枝、芦苇能够在空腔内形成局部缓流，既能改善局部微生境，也能发挥一定的保沙效果。而且，树枝、芦苇在逐渐降解过程中还可在一定程度上提升近底生境的初级生产力。

图 6-32　透空格栅鱼巢排构件效果图

透空格栅鱼巢排分别放置于张家洲水道北港内凸岸串沟头部和东流水道莲花洲港内深槽头部。张家洲水道北港内布置两组，每组 2000 件，按横向 80 件、纵向 25 件吊放，单个构件按间隔 1m 吊放在河床上，形成阵列。东流水道莲花洲港内布置一组，采用透空格栅鱼巢，长 240m，宽 75m，覆盖面积 $1800m^2$。吊放横向 80 件、纵向 25 件，单个构件按间隔 1m 吊放在河床上，形成阵列。透空格栅鱼巢阵列后，能在空腔内形成局部缓流，有利于生境改善，促进水生生物的繁殖和生长（图 6-33）。

图 6-33　东流水道莲花洲港内透空格栅鱼巢排平面布置图

（3）船舶交通流引导牌

在张家洲水道北港、东流水道莲花洲港的进口上游、出口下游分别设置大型生态涵养试验区提示标牌 1 座。牌面尺寸为 8m×4m（长×高），标牌为四立柱支撑，柱高 8m，牌上绘制生态建设范围的河势图和所在支汊，标明“生态涵养试验区，建议避让”。

(4)生态涵养试验区宣传

在涵养试验区沿岸设置小型宣传牌,张家洲水道北港左岸布置6座,东流水道莲花洲港左岸布置6座,戴家洲河段圆水道左岸布置2座。根据各涵养试验区特点分别编制宣传册,宣传册以图文并茂、通俗易懂的方式介绍生态涵养试验区设置的重要意义、功能和范围,以及区域内生态环境特点,起到发动人民群众共同参与保护涵养试验区的作用。

7 工程实践与效果

为贯彻落实党中央、国务院领导关于建设长江黄金水道的指示精神,充分发挥长江水运优势,适应流域经济社会发展对长江水运的更高要求,“十二五”期以来,长江干线航道加快推进系统治理,长江干线宜昌至安庆段先后实施了长江中游荆江河段航道整治工程昌门溪至熊家洲段工程(以下简称“荆江工程”)、长江中游宜昌至昌门溪航道整治一期工程(以下简称“宜昌至昌门溪一期工程”)、长江中游宜昌至昌门溪航道整治二期工程(以下简称“宜昌至昌门溪二期工程”)、长江干线武汉至安庆段6m水深航道整治工程(以下简称“武安工程”)共4项系统治理工程。

7.1 荆江工程实践

荆江工程是首次在长江中游实施的长河段系统治理工程,是突破长江中游碍航瓶颈的关键工程。工程可行性研究报告于2013年4月获得国家发展改革委批复,初步设计于2013年5月获得交通运输部批复。工程于2013年9月正式开工建设,2014年被交通运输部评为“全国内河航道生态环保示范工程”,2015年投入试运行,2017年通过竣工验收。

7.1.1 工程方案

(1)建设标准和规模

工程范围为长江中游荆江昌门溪至熊家洲河段,全长为280.5km(中游航道里程263~543.5km)。对枝江—江口河段、太平口水道、斗湖堤水道、周天河段、藕池口水道、碾子湾水道、莱家铺水道、窑监大河段、铁铺—熊家洲河段共计9个滩段(包括13个浅滩水道)实施航道治理。

①航道等级:Ⅰ级航道。

②航道尺度:3.5m×150m×1000m(水深×航宽×弯曲半径),水深保证率为98%。

③代表船型:3000吨级货船,船型尺度为95.0m×16.2m×3.0m;设计代表船队为2000吨级驳船组成的船队1942kW+4×2000t,船队尺度为196m×32.4m×3.0m,3000吨级驳船组成的船队1942kW+4×3000t,船队尺度为266.0m×32.4m×3.2m。

(2)设计最低通航水位

根据荆江河段1982年以来的水文资料分析,结合设计最低通航水位相关研究成果,研究确定设计最低通航水位为:枝江—江口河段的枝江水道32.21m、江口水道31.32m,太平口水道28.40m,斗湖堤水道27.60m,周天河段的周公堤水道26.19m、天星洲水道24.93m,藕池口水道24.70m,碾子湾水道24.09m,莱家铺水道22.51m,窑监大河段的窑监河段21.14m、大马洲水道20.60m,铁铺—熊家洲河段的铁铺水道19.09m、熊家洲水道18.56m。

(3)建设方案

工程建设内容主要包括三个方面:一是整治工程,包括护滩(底)带34道、坝体6道、深槽护底带 3 道、乱石堆整平 1 处、高滩守护 39.32km、护岸加固 20.58km，整治工程平面布置方案见表 7-1；二是配套工程，建设航道整治工程建筑物示位标总计 58 座；三是生态工程，通过播撒植物种子的形式，位于施工水位以上 3m 以上的钢丝网格和护坡砖进行植草，植草总面积 64.53 万 m^2。

工程平面布置方案列表 表 7-1

序号	水道(河段)名称	工程名称	建设内容
1	枝江—江口河段(枝江、江口水道)	陈家渡一带水下乱石堆整平工程	对枝江上浅区陈家渡一带 1 处乱石堆进行整平。整平面积为 12.5 万 m^2
		张家桃园边滩下段守护工程	张家桃园边滩下段新建 2 道护滩带工程，长度分别为 487m、437m(均含 75m 勾头)，守护宽度为 150m
		吴家渡边滩守护工程	将一期工程吴家渡边滩已建 5 道护滩带加高至设计水位，使之成为潜丁坝，其中将 3#、4#、5#潜丁坝适当延长，1#～5#坝体长度分别为 269m、318m、357m、426m、417m(均含 80m 勾头)； 在吴家渡边滩下段增加 1 道勾头护滩带，长度为 451m(含 75m 勾头)，守护宽度为 150m
		柳条洲尾护滩带工程	在柳条洲尾低滩建设 1 道护滩带，长度为 727m，守护宽度为 180m
		七星台一带护底工程	在七星台一带深槽建设 3 道深槽护底带，长度分别为 464m、417m、396m，宽度均为 200m
		七星台护岸加固工程	对七星台一带长 1791m 的已护岸线进行加固
2	太平口水道	腊林洲中部守护工程	在腊林洲中部低滩建设 1#、2#、3#三道带勾头的护滩带。1#护滩带布置在腊林洲守护工程的护底排之上，长度为 360m(含 100m 勾头)；2#护滩带长 642m(含 200m 勾头)；3#护滩带长度为 713m(含 120m 勾头)。宽度均为 180m。 守护护滩带根部高滩，上端与腊林洲守护工程的尾部平顺衔接，长度为 1320m
		三八滩中下段守护工程	在三八滩滩体中下段建设一道护滩带，头部与已建工程衔接，长度为 1230m，守护宽度为 200m
		北汊左岸护岸加固工程	对北汊左岸长 2976m 的已护岸线进行重点部位加固
3	斗湖堤水道	南星洲右缘下段守护工程	对南星洲右缘下段的高滩岸线进行守护，长度 1744m。两端均设置长度为 50m 的过渡段
		江陵高滩守护工程	对江陵一带防洪大堤堤外高滩岸线进行守护，长度为 1771m。并在上下游端分别设置长度为 50m 和 100m 的过渡段
		右岸已护岸线加固工程	对右岸长 3082m 的已护岸线进行重点部位加固

续上表

序号	水道(河段)名称	工程名称	建设内容
4	周天河段(周公堤、天星洲水道)	张家湾勾头潜丁坝工程	在颜家台下游附近建设1道潜丁坝,坝长450m,其中直线段长290m(坝根长97m为透水段,其余193m长为实体段),勾头段长为160m。坝面高程25.96m(黄海)
		张家榨护岸及护岸加固工程	在张家榨一带对未护岸线实施守护,长度为2780m;对长1344m的已护岸线进行加固
		新厂高滩守护工程	对新厂高滩岸线实施守护,长度为5626m,下端与水利部门已建护岸平顺衔接
		天星洲高滩上段守护工程	对天星洲高滩岸线上段实施守护,长度为2850m,下端与航道部门已建护岸平顺衔接
5	藕池口水道	倒口窑心滩守护工程	在倒口窑心滩上建设梳齿形护滩带,一纵二横共3道,纵向护滩带上段为半椭圆形,下段为刀形,其中上段长度为400m、底宽660m,下段长度为1810m、宽度为300m;横向护滩带轴长分别为500m、640m,宽度均为180m
		陀阳树边滩护滩带工程	在陀阳树边滩已建护滩带群的上游和下游各增加建设一道护滩带(TH0#、TH5#),长度分别为362m、581m,宽度均为180m;对一期TH3#、TH4#护滩带头部进行加固,加固长度分别为306m、197m
		天星洲高滩下段守护工程	对天星洲高滩下段岸线进行守护,长度为2640m,上端与航道部门已建护岸平顺衔接
		焦家码头护岸加固工程	对焦家码头一带长1406m的已护岸线实施加固
6	碾子湾水道	南碾子湾上段守护工程	对南碾子湾上段一带高滩岸线进行守护,长度为2285m,并在上下游端分别各设置长度为20m的过渡段,中段护底设置压石堰坎
		柴码头一带护岸加固工程	对左岸柴码头一带长1235m的已护岸线进行加固
		鲁家湾一带护岸加固工程	对右岸鲁家湾一带长1401m的已护岸线进行加固
7	莱家铺水道	桃花洲边滩守护工程	在桃花洲边滩建设1#、2#、3#护滩带,长度分别为439m(含150m勾头)、556m(含150m勾头)、439m,宽度均为180m。 对护滩带根部高滩实施守护,长度为1958m
		莱家铺边滩守护工程	在莱家铺边滩建设4#、5#护滩带,长度分别为270m、167m,护滩带宽度均为180m。对护滩带根部高滩实施守护,长度为1758m
		中洲子高滩守护工程	对左岸中洲子高滩岸线进行守护,长度为2658m
		南河口护岸加固工程	对左岸南河口一带长3111m的已护岸线进行加固

续上表

序号	水道(河段)名称	工程名称	建设内容
8	窑监大河段(窑监河段、大马洲水道)	新河口边滩守护工程	在新河口边滩头部建设6道护滩带,其中前面4道为集中守护,后面2道为分散布置形式,护滩带长度分别为884m、70m、99m、164m、385m(含勾头100m)和544m(含勾头100m)。宽度均为180m
		丙寅洲高滩守护工程	对丙寅洲高滩岸线实施守护,长度为3269m,上、下游分别设50m和100m的衔接段,下段护底设置压石堰坎
		大马洲加固工程	对河道左岸大马洲一带长1813m的已护岸线进行加固
		大马洲高滩守护工程	对大马洲高滩岸线实施守护,长度为2850m,上、下游分别设183m和100m衔接段
9	铁铺—熊家洲河段(铁铺、熊家洲水道)	广兴洲边滩守护工程	在广兴洲边滩建设4道护滩带,长度分别为380m(含150m勾头)、294m、348m、503m(含150m勾头),宽度均为180m。 对护滩带根部高滩实施守护,长度为1960m
		熊家洲右边滩守护工程	在熊家洲右边滩建设4道护滩带,长度分别为318m(含勾头长150m)、311m、426m、516m,宽度均为180m。对护滩带根部高滩实施守护,长度为1870m
		盐船套护岸工程	对盐船套高滩岸线实施守护,长度为1984m
		中沙堤护岸加固工程	对中沙堤一带长2398m的已护岸线进行加固

本工程航道整治建筑物采用的主要构件为:系混凝土块软体排,联锁块软体排、单元排、钢筋混凝土系排梁、空心块体、钢丝网格、四面六边透水框架、护坡砖、钢丝网石笼、三维加筋网垫、枯水平台护面块和排水垫。不同类型整治建筑物结构设计方案见表7-2。

工程结构设计方案列表 表7-2

序号	整治工程类型		结构设计
1	筑坝工程	新建坝体	包括周天河段的潜丁坝1道。 对坝体进行护底。护底采用D型系混凝土块软体排,宽度为180m,排上抛石1m厚压载,上下游侧采用抛透水框架的方式进行防冲处理,透水框架上下游侧宽度分别为15m和30m;头部及靠近航道边缘采用加厚抛石厚度的方式进行防冲处理,抛石加厚的宽度为30m、厚度为2.0m。 坝体为混合型坝,其中靠近根部一侧为抛石坝,中段为预制透水坝和抛石坝,勾头段及坝头为钢丝网石笼坝。坝顶宽为3m,上下游侧边坡分别为1:2和1:3,坝头边坡为1:5。勾头段为平坡,直段纵坡为1:300
		在已建护滩带基础上筑坝	包括枝江—江口河段的吴家渡边滩已建护滩带加高工程5道。 对原护滩带的护底进行加长和加宽。护底采用D型系混凝土块软体排,排体上抛石1.5m厚,其他部位防冲处理设计与新建坝体的护底相同。 坝体为混合型坝,其中坝体头部50m及坝头为钢丝网石笼坝,其他部分抛石坝。坝顶宽为3m,上下游侧边坡分别为1:2和1:3,坝头边坡1:5。勾头段为平坡,直段纵坡为1:300。在坝高高于4m的坝体的上下游坡脚均设置抛石棱体,上游抛石棱体宽2m、高1m,下游抛石棱体宽3m、高1.5m

续上表

序号	整治工程类型		结构设计
2	护滩工程	新建护滩带	共建设32道护滩带。包括枝江水道张家桃园边滩下段建设2道护滩带,江口水道柳条洲尾建设1道护滩带,吴家渡边滩尾部建设1道护滩带;太平口水道腊林洲中部低滩建设3道护滩带并守护根部高滩,三八滩中下段建设1道护滩带;藕池口水道倒口窑心滩建设3道护滩带,陀阳树边滩建设2道护滩带;莱家铺水道桃花洲边滩建设3道护滩带并守护根部高滩,莱家铺边滩建设2道护滩带并守护根部高滩;窑监河段新河口边滩建设6道护滩带;铁铺水道广兴洲边滩建设4道护滩带并守护根部高滩,熊家洲水道右边滩建设4道护滩带并守护根部高滩。 卵石河床的护滩带均为水下护滩带。采用D型系混凝土块软体排进行护滩,基本稳定区宽度为30m,上游变形区宽度为30m,下游为60m,头部为90m;护滩带稳定区抛石2.0m厚,变形区抛石1.5m厚,头部及靠近航道边缘的预留变形区边缘20m及外侧10m抛石加厚至2.0m;上下游侧采用抛透水框架的方式进行防冲处理,透水框架上下游侧宽度分别为15m和30m。 沙质河床的护滩包括水下护滩带和陆上护滩带两种。水下护滩带采用D型系混凝土块软体排进行护滩,基本稳定区宽度为30m,上游变形区宽度为60m,下游及头部变形区宽度为90m;位于边滩最上游的护滩带受水流冲刷作用最强烈的或位于边滩最下游的护滩带起到控制倒套发展的,稳定区抛石2.0m厚(其他护滩带抛石1.5m厚),变形区抛石1.5m厚(其他护滩带抛石1.0m厚),头部及靠近航道边缘的预留变形区边缘20m及外侧10m抛石加厚至2.0m(其他护滩带抛石1.5m厚);上下游侧采用抛透水框架的方式进行防冲处理,透水框架上下游侧宽度分别为15m和30m;对于在功能上有适当抬高河床地形或起到局部调整水流要求的,需在护滩带稳定区设置抛石体,抛石体采用块石和钢丝网石笼抛投,头部50m及坝头采用钢丝网石笼,其他部分采用块石抛投,抛石体顶宽为3m,上下游侧边坡分别为1:2和1:3,坝头按照1:5的坡比向前延伸。勾头段段为平坡,直段纵坡为1:300。 对位于边滩上,根部已有护岸工程的,护滩带根部与已建护岸进行搭接加强处理,护滩带与已建护岸搭接20m,排上抛石1m厚进行压载;对位于边滩上的护滩带且根部高滩未进行守护的,根部守护同高滩守护工程。陆上护滩为藕池口倒口窑心滩守护工程,基本稳定区宽度为30m,在功能上有特殊要求的按照平面要求的宽度确定,上游变形区宽度为60m,下游及头部变形区宽度为90m;稳定区采用X型排或钢丝网格,稳定区铺石1.5m厚,变形区主要采用单元排或钢丝网格,头部及靠近道侧边缘采用预埋的方式进行处理,并设置宽30m(10m宽位于排外)、厚1.5m的防冲石;其他部位边缘设置透水框架20m宽,并在护滩带上试验了三维加筋垫、仿沙波软体排、箱式网状促淤、植入型固滩结构等多种生态型护滩结构
		已建护滩带加固	包括藕池口水道陀阳树边滩护滩带加固2道。 采用抛石和抛四面六边透水框架的方式进行加固。抛石和抛框架的方式与新建护滩带相同

续上表

序号	整治工程类型	结构设计
3	护底带工程	包括枝江—江口河段的七星台一带深槽护底带3道。 按照护底功能可划分为基本稳定区和预留变形区,稳定区采用D型系混凝土块软体排、变形区采用联锁块软体排进。护底带的基本稳定区宽度为120m,上游、下游及头部变形区宽度分别为30m、50m、100m。稳定区轴线30m宽抛石2.0m厚,其余90m宽抛石1.5m厚进行压载。预留变形区边缘20m及外侧10m抛石1.5m厚
4	高滩守护工程	包括斗湖堤水道守护南星洲右缘下段、江陵一带堤外高滩;周天河段守护张家榨一带堤外未护高滩、新厂高滩、天星洲高滩上段;藕池口水道守护天星洲高滩下段;碾子湾水道守护南碾子湾高滩;莱家铺水道守护中洲子高滩;大马洲水道守护丙寅洲高滩、大马洲高滩;铁铺水道守护盐船套高滩。 高滩守护工程采用平顺式守护形式,一般采用斜坡式守护形式,对在功能上有特殊要求的,部分采用混合式的守护形式。高滩守护工程包括主体段和上下游过渡段,上游过渡段长度一般为50m,下游过渡段长度一般为100m,在平面衔接上有特殊要求的可适当调整。斜坡式守护形式主体段包括枯水平台、陆上护坡、水下守护三个部分。与施工水位同一高程设有一枯水平台,枯水平台以上为陆上护坡,以下为水下守护,枯水平台为铺石结构+护面砖结构,一般宽3m、深1m。陆上护坡主要包括岸坡开挖、岸坡回填、排水盲沟、陆上反滤层、护面、截流沟和排水沟等工序。位于主流顶冲的部位或地质条件较差的岸段采用钢丝网格护坡,位于非主流顶冲的部位且地质条件较好的岸段采用生态护坡砖护坡。水下守护区域分为基本稳定区和预留变形区,基本稳定区主要为抛石补坡和抛石镇脚的区域,宽度为40m,基本稳定区以外的护底区域为预留变形区,宽度为60~80m之间,当护底离深泓较远时,变形区宽度可适当增加;水下守护采用D型排护底,稳定区采用抛石的方式进行镇脚处理,先对陡于1:2.5的部位先按照1:2.5的边坡进行抛石补坡,然后再平抛石镇脚;缓于1:2.5时抛石平抛石进行镇脚处理,平抛石厚度为1.0~1.2m;变形区采用抛石的方式进行压载和边缘处理,变形区排上抛石1m厚,排体边缘20m及外侧10m抛石加厚至1.5m(主流顶冲岸段加厚至2.0m)。过渡段陆上采用无纺布及铺石0.6m厚处理;水下抛石1m厚,当水下地形陡于1:2.5,先按照1:2.5的边坡进行抛石补坡。 混合式守护形式与斜坡式守护形式的差别为枯水平台上方为斜坡式和直立式挡墙相结合的护面形式,直立式挡墙可采用钢丝网格砌筑、自嵌式砖砌筑或现浇混凝土
5	护岸加固工程	包括江口水道加固七星台一带已建护岸;太平口水道加固北汊左岸已护岸线;斗湖堤水道加固右岸已护岸线;周天河段加固张家榨一带已护岸线;藕池口水道加固焦家码头一带已护岸线;碾子湾水道加固柴码头、鲁家湾一带已护岸线;莱家铺水道加固南河口已建护岸;大马洲水道加固大马洲一带已护岸线;熊家洲水道加固中沙堤一带已护岸线。 按照已建护岸部位的重要性以及完好情况分别进行考虑,对于较陡的岸坡先按照1:2.5的边坡进行抛石补坡,再抛石0.6~1m厚至坡脚;对于较缓的部位,平抛石0.6~1m厚至坡脚
6	疏浚工程	包括枝江水道上浅区疏浚工程。根据地质情况,确定挖槽两侧边坡为1:2

7.1.2 工程实施情况

鉴于整治河段长、浅滩多、滩槽持续变化、工程规模大,为保证工程实施后建筑物的稳定和整治效果,工程设计按照循序渐进、先急后缓、动态管理的原则,统筹安排,分三个年度安排各单位工程的施工(表7-3)。

荆江工程设计进度表

表7-3

整治建筑物类型	单　位	总 数 量	2013—2014 年度	2014—2015 年度	2015 年度
护滩(底)带	道	34	25	7	2
坝体	道	5+1	0	5	1
高滩守护工程	处	16	9	7	0
护岸加固	处	9	5	4	0
深槽护底带	道	3	3	0	0
水下整平	处	1	1	0	0
合计	处	69	43	23	3

2013—2014 年度枯水期,主要完成对起及时稳定滩槽格局、控制守护发展较快不利变化作用的关键工程的实施,涉及 8 个滩段共 43 个单项工程,约占整个工程单项工程总数的 62%。

2014—2015 年度枯水期,根据上一年度工程实施情况及近年来水位变化情况,主要完成变化较缓、受先期工程影响不大的单位工程的实施,涉及 5 个滩段共 23 个单项工程,约占整个工程单项工程总数的 33%。

2015 年汛后,主要完成通航环境复杂、外部建设条件复杂河段的单位工程的实施,包括太平口水道的腊林洲中部低滩 3#护滩带勾头、三八滩下段护滩带、周天河段的潜丁坝,仅占整个工程单项工程总数的 5%左右。

而且,按照"建成一批、验收一批"的原则,自 2014 年 3 月开始至 2015 年 12 月,40 个单位工程分 9 个批次全部通过交工,各单位工程一次性合格率 100%,总体质量等级核定为合格。2015 年 12 月 24 日,交通运输部正式宣布荆江工程全面投入试运行,2017 年 4 月 15 日工程通过交通运输部竣工验收。

7.1.3 工程整治效果

(1)工程遵循"固滩稳槽、局部调整"的总体治理思路,针对不同碍航程度的浅滩河段采取不同的整治措施,显著改善了荆江河段航道条件,实现了设计航道尺度标准;而且,大幅增强了荆江河段滩槽格局的稳定性,为后续航道尺度的进一步提升奠定了基础。

21 世纪以来,遵循"总体设计、分期实施,先控导、后完善"的思路,长江航道局先期对荆江河段内一些重要浅险碍航滩段进行了初步治理。这些治理工程注重依托河道自身的"势",在理念上强调对有利滩槽格局的守护,或是对不利滩槽格局的逐步调整,并独创性地提出了一类适用于长江干线航道整治的措施——控导型整治工程,趋利避害地应对三峡工程蓄水后新水沙条件的影响。实践表明,控导型整治工程不仅有效,而且对外部环境影响小,能够较好地实现各方诉求的统筹兼顾。

荆江工程充分借鉴了已建工程的成功经验,在深入探究已建工程作用机理的基础上,于

2010年形成了成熟的“固滩稳槽、局部调整”的航道整治新理念、新思路，并针对不同碍航程度的浅滩河段采取不同的整治措施。

①对存在不利变化、但目前航道条件尚能满足3.5m规划要求的浅水道，采用守护型建筑物稳定浅滩河段航槽所依靠的洲滩及河岸，保持稳定的滩槽格局，以满足建设标准。在这类浅水道中，有的是关键部位已得到控制，但滩槽形势仍不稳定，如周天河段、碾子湾水道，仍存在不利的航道隐患；有的是尚未治理且三峡蓄水以来出现不利变化的水道，如莱家铺水道、大马洲水道、铁铺水道、熊家洲水道等，航道条件尚可但不稳定，存在碍航隐患。通过滩体、岸线的守护，上述河段滩槽格局的稳定性显著提升，大部分以往处于冲刷状态的滩体甚至出现淤积，在水流集中冲槽作用下，航道条件得到了显著的改善，甚至可满足更高航道尺度的要求。

②对于滩槽形态不好、航道条件不能长期满足规划要求的水道，进行局部滩槽形态调整，使中、枯水主流流路保持基本稳定、一致，使浅滩段的冲、淤部位相对应，利用三峡水库清水下泄的有利因素和河道枯水水流归槽的固有特点加强冲刷能力，提高航道尺度，改善航道条件。在这类浅水道中，本期工程前虽然采取了一些控制守护的工程措施，稳定了河道的一些关键部位，减缓了滩槽的剧烈调整，但这些已实施的工程只是各滩段总体方案中的一部分，对航道条件改善作用有限，整治效果离规划目标尚有差距，如枝江江口河段、太平口水道、窑监大河段等。对此，本期工程通过采取守护与调整相结合的措施，使其航道尺度能够满足3.5m的目标要求，同时在整治工程作用下滩槽形态正逐渐向有利方向逐渐转化，航道条件的稳定性也有一定程度的提升，为后续航道尺度的进一步提高奠定了基础。

(2)工程针对荆江河段水流冲刷动力强、防洪险工段多、部分岸滩地质条件不良等特点开展了大量的针对性的结构创新，保证了整治建筑物的稳定可靠。

在设计阶段，对长江中下游各类已建整治建筑物的结构形式优缺点进行了充分的总结，依托荆江工程开展了针对性的大量的结构研究和创新，在整治建筑物结构功能扩展、增强结构稳定性、提高结构使用寿命、改进结构的施工工艺、提高施工效率、生态结构等方面进行了研究和试验。如，对常用的软体排护底、抛石筑坝和透水框架边缘防冲结构及传统施工工艺进行改进，研发了D型联锁软体排、一次成型透水框架、勾连式透水框架、可控式促淤网箱、仿生水草垫、仿沙波软体排、大型钢丝笼等系列适用于强冲刷条件下航道整治建筑物新结构、新工艺；结合荆江河段部分岸段地质情况，通过对岸坡地层组成的分析及流场分布的模拟，研究揭示了不良地质、水文及降水等复杂因素影响下的高滩守护工程渗流破坏机理，形成了岸坡深、浅层排水技术，提出了适用于不良地质岸坡的水平排水管深层排水技术和排水垫浅层排水反滤新技术；出于尽可能减小坝体建设后坝田出现淤积影响颜家台闸取水的需要，研发了新型的透水坝体结构，在坝体近岸侧采用透水构件坝体结构以减少上游颜家台闸的淤积。同时，由于施工管理到位，工程质量得到保证，工程结构稳定性整体上比以往工程进一步加强。

从工程建设期间、试运行期的汛期观测以及竣工观测成果看，整治建筑物经过了2~3个水文年的考验，整治建筑物未出现预期外的冲刷和破坏，建筑物总体上保持稳定。通过创新和针对性的改进，整治建筑物的稳定性得到了保障。整治建筑物的结构形式是合理可行的，满足了三峡蓄水后新水沙条件下整治建筑物稳定的需要。

(3)工程贯彻“统筹兼顾”治理原则,采取有效措施控制防洪安全与河势、环境保护、港口与码头等外部环境所受影响,践行了“绿色”“和谐”的发展理念。

水利部门对宜昌至城陵矶段河道今后的治理思路是:因势利导、远近结合、分期实施。对变化较大的洲滩与长直过渡段需实施稳固工程,维护河道平面形态的基本稳定;对河势调整较为剧烈河段应综合考虑其治理方案,以适应河势变化与社会经济发展的需要。另外,对于本段的重点荆江河段,水利部门一方面积极争取尽快实施荆江河段河势应急控制工程;另一方面,考虑三峡工程蓄水运用对荆江河段的影响,巩固以往河势控制工程与护岸工程的成果,计划对以往实施的护岸工程实施加固,对新的险段实施新护等。荆江河段航道整治工程的治理思路与水利规划保持一致,即守护有利滩槽形态、局部调整枯水流路。而且,在工程方案设计过程中通过大量论证,合理布置工程形式,尽可能减小其对提防的影响,并辅以必要的护岸加固工程,确保提防安全。工程实施后,荆江河段两岸岸线稳定,实现了航道治理与河势控制协调一致。

荆江河段洲滩众多,丛生着茂密苔草,藜蒿、芦苇等湿地植物,是众多候鸟和水鸟重要栖息场所。该江段有重要的保护鱼类、经济鱼类和十多处四大家鱼产卵场。工程在设计施工过程中,严格执行环境影响评价报告书以及环保部门有关批复中的要求,配套实施了白鳍豚自然保护区建设工程、麋鹿自然保护区建设工程、四大家鱼种质资源保护区及鱼类重要生境建设措施,加大增殖放流、生态监测与科研等生态补偿措施力度,促进生境恢复以及日后的长期保护。与此同时,建设单位组织多家国内著名的权威研究机构,积极探索“生态航道”的建设技术,积极改进工程结构与施工工艺,减少工程本身对生态环境的不利影响,并研发了一系列具有生态保护与涵养功能的新型结构,并取得了良好的应用效果。

航道整治工程建设的本意是促进沿江两岸的经济发展,但是也难免对两岸的涉水设施产生一定影响,一方面是有些整治工程本身直接占用岸线,另一方面是有的整治工程由于改变水流流向,造成了码头或者取排水口区域淤积,恶化工作条件。从工程区段沿江码头、人(车)渡、取排水口位置与拟实施的整治工程布置位置关系来看,部分码头泊位、人(车)渡及取排水口会受到不利影响。工程论证阶段对于上述受影响部位及补偿措施进行了充分论证,工程实施期间,通过多方面协调,尽可能降低工程实施对港口码头的影响。同时对个别影响较为显著的渡口进行调整搬迁,尽可能降低工程对涉水设施的不利影响。

综上所述,荆江河段航道整治工程昌门溪至熊家洲段工程是成功的长河段系统治理工程,该项工程提出的“固滩稳槽、局部调整”的总体治理思路以及相应的治理方案科学合理,实现了设计目标,工程结构稳定可靠,工程与外部环境的关系和谐。

7.2　宜昌至昌门溪一、二期工程实践

进入“十二五”以来,对于宜昌至昌门溪河段航道尺度提升的需求也日益迫切,考虑到宜昌至昌门溪河段航道问题的复杂性,航道部门根据轻重缓急,分别于 2014—2017 年和 2018 年至今实施了宜昌至昌门溪河段航道整治一期工程和二期工程。

一期工程治理目标为:改善芦家河沙泓进口航道条件、稳定关洲右汊进口水深、维持河道自身对水位的控制作用,实现十二五期航道建设规划标准(即 $3.5\text{m} \times 150\text{m} \times 1000\text{m}$)。二期工程治理目标为:稳定宜都河段滩槽形态,维持宜都河段较为优良的航道条件,防止中沙

咀边滩冲刷及南阳碛右汊发展带来的宜昌水位下降及弯道段局部水流条件的不利变化，并为后续航道尺度提高奠定基础。

7.2.1 工程方案

1）设计最低通航水位

根据三峡水库蓄水后宜昌至昌门溪河段枯水位变化，结合设计最低通航水位相关研究成果，研究确定设计最低通航水位为：关洲水道 35.20m，芦家河水道 34.30m，宜都水道 35.25m。

2）建设方案

（1）一期工程

整治工程平面布置方案为：在关洲水道的左汊进口建设 1 道护滩带及 1 道潜坝，分别长 1364m（含勾头 947m）、1237m，其中潜坝坝顶高程为 32.2m；在芦家河水道的碛坝建设一纵一横 2 道护滩带，分别长 2838m、398m，其中纵向护滩带头部顶高程为 35.3m、尾部顶高程为 36.3m；芦家河水道的石泓内建设 2 道护底带，分别长 1264m、1111m，对护底带根部分别长 824m、166m 的高滩岸线进行守护；对芦家河左岸长 904m 的已建护岸进行水下加固。

工程结构方案见表 7-4。

工程结构方案列表　　表 7-4

序号	工程名称	结构设计
1	关洲水道左汊控制工程	包括护滩（底）、坝体、根部护岸结构。 护滩（底）结构：GZ1#护滩带护底采用 D 型排，排上抛石压载 0.8～1.2m 厚，边缘设置透水框架。GZ1#潜坝护底采用联锁块排，排上抛石压载 0.8～1.2m 厚；护滩采用 X 型排，排上沿轴线 20m 宽区域铺石压载，排边设铺石基槽，下游侧设置透水框架。 坝体结构：采用抛石结构，坝顶宽为 5m。坝体上游侧坡比为 1:2.5，下游侧坡比为 1:3，头部顶高为 32.2m。坝体两侧设置棱体，下游侧坡脚设置透水框架消能。 根部护岸结构：斜坡式护岸水下采用 D 型排护底，排上抛石压载；陆上护面采用混凝土六角块。混合式护岸直立式部分采用现浇混凝土挡土墙
2	芦家河水道碛坝鱼嘴工程	包括护底、抛石体结构。 护底结构：水下护底采用 D 型排，排上抛石压载 1.0～1.2m 厚，排边缘抛透水框架。 抛石体结构：采用抛石结构，坝顶宽为 5m。坝体上游侧坡比为 1:2.5，下游侧坡比为 1:3，两端以 1:5 的坡比延伸，顶高程为 35.3m，尾部顶高程为 36.3m。抛石体坡脚 10 米的范围内设置一层扭王字块
3	芦家河水道石泓护底工程	包括护滩（底）、根部护岸结构。 护底结构：水下护底采用 D 型排，排上抛石压载 0.8～1.2m 厚，排边缘抛透水框架。 根部护岸结构：水下采用 D 型排护底，排上抛石压载；陆上护面采用混凝土六角块
4	护岸加固工程	采用水上抛石结构，抛石厚度为 1m，抛石加固宽度为 35～40m

（2）二期工程

整治工程平面布置方案为：在宜都水道中沙咀边滩建设 4 道护滩带，分别长 635m、

759m、732m、664m；在南阳碛洲体上建设1道护滩带，长度为608m，局部窜沟区域为坝体，坝顶高程为36.96m；在南阳碛右汊建设1道潜坝和1道护底带，长度分别为625m、838m，潜坝坝顶高程为32.96m；建设左岸沙家湾护岸1229m，加固右岸后江沱护岸1920m。

工程结构方案见表7-5。

工程结构方案列表　　表7-5

序号	工程名称	结构设计
1	中沙咀边滩守护工程	采用抛石结构，宽度为120m，抛石厚度为1.0m，轴线20m宽范围抛石加厚至2.0m，1#护滩带边缘、2#~3#护滩带下游侧及2#~4#护滩带头部20m宽范围抛石加厚至1.5m。4#护滩带轴线局部采用抛石坝方式封堵倒套，坝顶宽度为10m，坝体迎水面坡比为1:2.5，背水面坡比为1:3，顶高程为34.0m，下游侧边缘20m宽范围加抛0.8吨扭王字块一层防跌水冲刷
2	南阳碛护滩工程	采用抛石结构，宽度为120m，抛石厚度为1.0m，护滩带轴线20m宽范围抛石加厚至2.0m，头部及左右两侧边缘20m宽范围抛石加厚至1.5m。抛石前应对地形进行整平。局部串沟区域采用抛石坝体进行封堵，坝顶宽为10m，左右两侧边坡均为1:3，顶高程为36.96m
3	南阳碛右汊守护工程	包括潜坝和护底带。 潜坝包括护底和坝体两部分，采用抛石结构。护底宽度为140m，抛石厚度为1.0m，上游侧20m宽范围抛石加厚至1.5m，下游侧20m宽的范围坝体后方设置抛石1.0m厚再抛扭王字块1层（按13个/10 m^2控制）防冲，护滩后方设置抛石1.5m厚防冲；坝体顶宽为10m，迎水面坡比为1:2.5，背水面坡比为1:3，顶高程为32.96m。在坝体迎水面及背水面坡脚分别设置宽10m和15m的0.8吨扭王字块一层防冲消能。近岸40m宽范围抛石1.5m厚进行接岸处理。 护底带采用抛石结构，宽度为140m，抛石厚度为1.0m，轴线20m宽范围抛石加厚至2.0m，下游侧边缘20m宽范围抛石加厚至1.5m。抛石护底前应对局部地形进行整平。近岸40m宽范围抛石1.5m厚进行接岸处理
4	沙家湾护岸工程	主体段断面0+000~断面0+100段，从枯水平台基线开始向河心抛石镇脚，镇脚宽度为40m，镇脚抛石厚度为1m。 主体段断面0+100~断面1+229段，由陆上护坡、枯水平台和水下镇脚三部分组成。陆上护坡采用生态护坡砖护面，下设砂垫层、无纺布和碎石反滤层以及排水盲沟，坡面设置排水沟、坡顶设置截流沟；枯水平台采用铺石和护面砖砌面结构，宽3m、厚1m；水下采用抛石镇脚，宽度为100m，抛石厚度为1.2m，其中，边缘20m宽范围抛石加厚至2.0m进行防冲处理，当水下地形陡于1:2.5时，先按1:2.5抛石补坡。 下游过渡段陆上铺石0.6m厚，下设无纺布，水下40m宽范围抛石1m厚
5	后江沱护岸加固工程	采用抛石结构。先对陡于1:2的部位进行抛石补坡，再从原护岸枯水平台开始向外20~76m宽范围进行抛石加固，厚度为0.5m

7.2.2 工程实施情况

宜昌至昌门溪河段航道整治一期工程主体工程施工期为24个月，建设维护期为12个月。根据工程建筑物工程量、施工水域作业条件等，宜昌至昌门溪整治工程计划用24个月时间完成主体工程及配套工程施工。工程于2014年10月正式开工，2016年9月主体工程交工验收，2019年完成竣工验收。

宜昌至昌门溪河段航道整治二期工程主体工程施工期为24个月，建设维护期为12个月。工程于2017年12月15日正式开工，至2019年10月主体工程完工，并于当年进行了交工验收，目前正处于试运行期间。

7.2.3 工程整治效果

从上述两个工程实施效果来看，工程的实施均保障了工程河段滩槽格局的稳定，滩体冲刷、汊道发展的现象得到了遏制，河段对水位的控制作用得以维持，同时航道条件有所改善，达到了设计阶段的预期治理目标。

一期工程实施后，关洲左汊进口基本保持稳定，5m线宽度维持在200m以上，芦家河水道沙泓进口区域航道条件显著改善，3.5m等深线扩宽约50m，能够达到200m以上，5m等深线由工程实施前的断开逐渐发展至目前宽度约160m，航槽稳定性显著增强。同时，关洲右汊进口及芦家河碛坝两处关键节点的稳定，对于防止本河段冲刷引起上游水位下降也有较为理想的作用。总体而言，工程实施后，枝城至昌门溪河段关洲左汊进口及芦家河碛坝淤积，关洲左汊大幅冲刷的现象得到了有效遏制，河道内部航道条件有所改善，河道自身对水位的控制作用得到巩固。

从二期工程完工以来的河道变化来看，工程实施后，河道内中沙咀边滩冲刷及南阳碛右汊发展的现象得到了初步遏制，工程河段较为理想的水深条件得以维持，航道条件基本稳定，其自身对水位的控制作用也得到了进一步巩固。

7.3 武安工程实践

7.3.1 工程方案

(1)建设标准和规模

工程范围为上起天兴洲长江大桥、下讫安庆皖河口的武汉至安庆段，全长386.5km；鉴于武汉至安庆河段内的蕲春水道、新洲—九江河段的航道整治前期研究工作已经开展，建设内容为在湖广—罗湖洲、沙洲、戴家洲、鲤鱼山、张家洲、马当、东流共7个滩段(包含11个水道)实施航道整治和疏浚。

①航道等级：Ⅰ级航道。

②航道尺度：6.0m×200m×1050m，部分重点碍航滩段航宽不低于110m，通航保证率为98%。

③代表船型：13000吨级内河货船，尺度为135m×25m×5.5m；750标准箱集装箱船，135m×25m×5.5m；10000吨级江海船，尺度为135m×23m×5.6m；2700kW+4×5000t顶推船队，尺度为198m×42m×3.8m。

(2)设计最低通航水位

根据汉口、九江水文站2013—2014年枯水期水位流量关系，由设计流量推求设计水位，并考虑未来5年、10年河床冲刷引起的水位降幅，研究确定设计最低通航水位为湖广—罗湖洲河段葛店处为9.32m，挖沟处为9.05m，沙洲水道为8.59，戴家洲河段为8.03m，鲤鱼山水道为6.47m，张家洲水道为5.05m，马当河段为4.46m，马当镇为4.28m，东流水道为3.77m。

(3)建设方案

工程建设内容主要包括三个方面:一是整治与疏浚工程,包括新建护滩带21道,已建护滩带加高5道,护底带(包括新建、已建护底带延长及加高)5道,坝体(包括新建、已建坝体延长及加高)10道,高滩守护工程(包括整治建筑物根部的护岸工程)14.4km,护岸加固14km,整治工程平面布置方案见表7-6;二是生态工程,包括生态工程包括疏浚弃土生态化利用、试点建设生态涵养试验区、生态友好型工程结构应用、生态工程水生生态监测;三是配套工程,配套建设航道整治工程建筑物示位标62座,调整16座。

工程平面布置方案列表 表7-6

序号	水道(河段)名称	工程名称	建设内容
1	湖广—罗湖洲河段	牧鹅洲边滩护滩带守护工程	在牧鹅洲边滩上修建3道护滩带,长度分别为613m(含勾头长268m)、967m(含勾头长336m)、727m;对护滩带根部高滩岸线进行守护,守护长度分别为345m、343m、867m
		刘家村高滩守护工程	对罗湖洲水道进口右岸的刘家村一带长3400m高滩岸线进行守护
		东槽洲右缘护岸加固工程	对东槽洲下段右缘长1128m已建护岸进行加固
2	沙洲水道	左汊护底工程	在左汊中段修建1道长1455m护底带,并对接岸处长480m高滩岸线进行守护
		、路家湾护岸加固工程	对右岸路家湾一带长888m已建护岸进行加固
3	戴家洲河段	池湖港边滩护滩带工程	在池湖港边滩修建2道护滩带,长度分别为690m、691m;对各护滩带根部长330m高滩岸线进行守护
		已建鱼骨坝延长工程	将新洲洲头已建鱼骨坝进行延长,延长长度为2736m;延长段头部高程为设计水位下1.5m、根部与已建鱼骨坝平顺衔接;在延长段新建5道齿形护滩,护滩带长度分别为144m、150m、151m、172m、206m
		乐家湾边滩控制工程	在直水道右岸乐家湾一带修建5道护滩带,长分别为490m(含勾头长150m)、668m(含勾头长150m)、524m、603m、1049m(含勾头长300m),其中4#、5#护滩带根部串沟区域为坝体,坝顶高程为设计水位下2m;对各护滩带根部长330m高滩岸线进行守护
		戴家洲右缘护岸加固工程	对戴家洲右缘长8336m已建护岸进行加固
		直水道疏浚工程	直水道进口段和出口段浅区进行疏浚,疏浚底高程为设计最低通航水位下6.5m。进口疏浚区域为喇叭口,宽度400~650m,出口疏浚宽度为200m
4	鲤鱼山水道	黄莲洲心滩已建护滩带加高工程	对黄莲洲心滩已建滩脊护滩带的上段长1270m护滩带进行加高,中段长1232m滩体进行护滩守护,脊坝坝头高程为设计水位上2m、尾部与护滩带平顺衔接;对4道齿型护滩带进行加高,长度分别为400m、387m、403m、813m,齿坝坝头高程为设计水位上2m、尾部与滩脊工程平顺衔接

续上表

序号	水道(河段)名称	工程名称	建设内容
5	张家洲水道	张家洲洲头守护工程	对张家洲洲头进行守护,长1665m
		官洲左侧护滩带工程	在官洲左侧新建1道护滩带,长度为585m(含勾头长50m)
		官洲夹护底带工程	在官洲夹进口新建1道护底带,长度为481m
		张家洲右缘大套口护岸加固工程	对张家洲右缘大套口一带长2951m已建护岸进行加固
6	马当河段	已建棉外洲顺坝加高工程	对已建棉外洲顺坝进行加高,头部、拐点、尾部高程分别为设计水位以上0m、2.5m、3m
		棉外洲中段护滩工程	对棉外洲中部进行守护,上端与已建顺坝尾部衔接,下端与已建左槽下段1#护底带头部相连,长度约1630m
		左槽中段潜坝工程	在左槽中段新建1道长1346m潜坝,坝顶高程为设计水位以下7.5m
		右槽进口疏浚工程	对棉外洲右槽进口段浅区进行疏浚,底高程为设计水位下6.5m
		瓜子号洲右缘中部护滩带工程	在瓜子号洲右缘中部新建3道带勾头的护滩带,长度分别为436m、390m、501m,其中勾头段长均为100m
7	东流水道	老虎滩护滩带加固工程	对老虎滩左缘已建护滩工程外缘及未守护的空挡区进行加固守护,工程总长4150m
		西港疏浚工程	沿西港现有深槽走向进行疏浚,底高程为设计最低通航水位下6.5m
		天玉串沟控制工程	在天玉串沟已建2道护底带区域新建2道护底带,长度分别为277m和271m
		玉带洲右缘高滩守护工程	对玉带洲右缘长4360m高滩岸线进行守护,守护工程与上游已建高滩守护工程衔接
		稠林矶以下高滩守护工程	对稠林矶以下长1635m的高滩岸线进行守护,守护工程与下游已建高滩守护工程衔接

本工程航道整治建筑物采用的主要构件为:D型联锁软体排、联锁块软体排、生态护坡砖、单元排、钢筋混凝土排头梁、钢丝网格、生态护坡砖、鱼巢砖和一次成型透水框架。不同类型整治建筑物结构设计方案见表7-7。

工程结构设计方案列表 表 7-7

序号	整治建筑物类型	工 程 名 称	结 构 设 计
1	筑坝工程	新建坝体	包括戴家洲河段已建鱼骨坝延长工程的8#和9#齿坝、张家洲水道0#齿坝和马当河段左槽中段潜坝。 对坝体进行护底防冲。护底采用D型系混凝土块软体排,宽度为180m,排上抛石1m厚压载,上下游侧采用抛透水框架或加厚抛石厚度的方式进行防冲处理,透水框架上下游宽度分别为15m和25m(按每平方米抛2层4架控制),抛石加厚的宽度为20m、厚度为1.5m。向河心侧边缘20m宽抛石加厚至1.5m。 坝体为抛石坝,顶宽为3~5m,上下游侧边坡分别为1:2.5和1:3,向河心侧边坡1:5
		已建坝体加高和延长	包括戴家洲河段已建鱼骨坝延长工程的脊坝,张家洲水道官洲洲头低滩梳齿坝加高工程的顺坝、1#~3#齿坝,马当河段棉外洲顺坝。 坝体加高:当原护底淤积幅度小于3m时,在加高的设计断面上方设置对应的抛石量;当淤积幅度大于3m时,重新护底,宽度为80~100m,抛石1m厚压载,边缘20m宽加厚至1.5m,轴线按高程或厚度抛石加高。加高坝体顶宽3~5m,边坡1:2.5~1:3,向河心侧边坡1:5~1:10。 坝体延长:采用D型联锁软体排护底,宽度为180m,排上抛石1m厚压载,边缘采用抛透水框架或加厚抛石厚度的方法进行放冲处理,宽度均为20m,透水框架按每平方米抛2层4架控制,抛石加厚至1.5m。 坝体为抛石坝或预制混凝土坝。预制混凝土坝顶宽为1m,抛石坝顶宽为5m,坝体头部边坡1:10,两侧边坡1:2.5~1:3
2	护滩工程	新建护滩带	包括湖广—罗湖洲河段牧鹅洲边滩1#~3#护滩带、戴家洲河段池湖港边滩1#~2#护滩带、乐家湾边滩1#~5#护滩带和戴家洲洲头已建鱼骨坝延长的10#~12#护滩带,张家洲水道官洲左侧护滩带,马当河段棉外洲中部护滩工程、瓜子号洲右缘中部8#~10#护滩带。 水下护滩采用D型联锁软体排,宽度为160~180m,排上抛石1m厚压载,上下游侧采用抛透水框架或加厚抛石厚度的方法进行放冲处理,透水框架上下游宽度分别为15~30m和25~40m(按每平方米抛2层4架控制),抛石加厚的宽度为20m、厚度为1.5m。轴线30m宽及向河心侧边缘20m宽抛石加厚至1.5m。 陆上护滩采用单元排,宽度为160~200m,轴线30m宽铺石1.5m厚压载,边缘采用预埋处理;对于滩体较为稳定或者滩体较高的部位采用放冲促淤网垫、网箱块石、促淤网箱等护滩结构。 对于在功能上有适当抬高河床地形或起到局部调整水流要求的,在护滩带轴线设置抛石坝体,顶宽3m,上下游侧边坡分别为1:2.5和1:3,坝头边坡1:5,当坝体高于4m时,在上下游坡脚均设置抛石棱体

续上表

序号	整治建筑物类型	工 程 名 称	结 构 设 计
2	护滩工程	护滩带加固	对老虎滩已建护滩的左缘进行加固。 空档区域采用D型联锁软体排护底，原7#、8#、9#和10#护滩带之间加固区域宽为70～90m，其他加固区域宽度为110～250m，排上抛石1m厚压载，边缘20m宽加厚至1.5m；与已建护滩衔接部位采用透水框架（按每平方米抛2层4架控制）、铺石（0.6m厚）等方式进行加固
		护滩带加高	对鲤鱼山水道黄莲洲护滩带上段进行加高。 采用抛石方式进行加高，在加高的设计断面上方设置对应的抛石量。加高坝体顶宽3m，边坡1:2.5～1:3，向河心侧边坡1:5～1:10
3	护底工程	新建护底带	包括沙洲水道左汊护底带、张家洲水道官洲夹2#护底带。 水下护底采用D型联锁软体排，宽度为160～180m，排上抛石1m厚压载，上下游侧采用抛透水框架或加厚抛石厚度的方法进行放冲处理，透水框架上下游宽度分别为15m和25m（按每平方米抛2层4架控制），抛石加厚的宽度为20m、厚度为1.5m。轴线30m宽及向河心侧边缘20m宽抛石加厚至1.5m。 陆上护滩采用单元排，宽度180m，轴线30m宽铺石1.5m厚压载，边缘采用预埋处理
		护底带加高	对东流水道天玉串钩内的2道护底带进行加高。 采用D型联锁块软体排护底，宽度为180m，排上抛石1m厚压载，上下游侧采用抛透水框架进行放冲处理，宽度分别为15m和25m（按每平方米抛2层4架控制）。轴线30m宽及向河心侧边缘20m宽抛石加厚至1.5m。 2#护底带轴线设置抛石坝体，顶宽5m，上下游边坡分别为1:2.5和1:3
4	高滩守护工程		包括湖广—罗湖洲河段牧鹅洲边滩1#～3#护滩带根部护岸和刘家村高滩守护工程，沙洲水道左汊护底带根部护岸，戴家洲河段池湖港边滩1#～2#护滩根部护岸和乐家湾边滩1#～5#护滩带根部护岸，张家洲水道张家洲洲头守护工程，东流水道玉带洲右缘和稠林矶以下高滩守护工程。 高滩守护工程采用斜坡式守护形式。枯水平台采用铺石+护面砖结构（张家洲洲头守护工程不设枯水平台），陆上护坡采用生态护坡砖、钢丝网格、无砂混凝土六角块，水下护底采用D型联锁软体排，陆上护滩采用单元排，宽80～250m，护底排上抛石0.8～1.5m厚压载，边缘20m宽加厚至1.2～2.2m
5	护岸加固工程		包括湖广—罗湖洲河段东槽洲右缘、沙洲水道路家湾、戴家洲河段戴家洲右缘和张家洲水道大套口护岸加固工程。 均采用抛石结构。抛石补坡边坡为1:2～1:2.5，抛石护脚厚度为0.6～1m，边缘10～20m宽加厚至1.5～2m
6	疏浚工程		戴家洲河段和马当南水道的疏浚采用自航耙吸式挖泥船，东流水道的疏浚采用绞吸式挖泥船。戴家洲河段直水道进口段挖槽宽度为400～650m、出口段挖槽宽度为200m，马当南水道右槽进口段挖槽宽度为100～300m，东流水道西港挖槽宽度为300m；疏浚底高程为设计最低通航水位下6.5m；挖槽边坡为1:5。疏浚土用于湿地营造，其中戴家洲河段剩余疏浚土抛于圆港下段深槽

生态工程建设情况见表7-8。

生态工程平面布置 表7-8

序号	建设内容		应用部位
1	疏浚弃土生态化利用		沙洲水道:在黄州心滩前沿中低滩区域进行生态固滩,面积约50万 m^2
			戴家洲河段:在戴家洲洲头护岸前部区域进行生态固滩,面积约65万 m^2
			东流水道:在老虎滩滩头已建护滩工程区域进行生态固滩,面积约31万 m^2
2	试点建设生态涵养试验区	增殖放流	戴家洲河段圆水道、张家洲水道北港、东流水道莲花洲港各放3次
		透空格栅鱼巢排	在北港凸岸串沟头部、莲花洲港上深槽头部各吊放4000件
		船舶交通流引导牌	张家洲水道进出口、东流水道进出口各设置1座
		宣传牌	圆水道左岸沿线布置2座,北港左岸沿线、莲花洲港左岸沿线各布置6座
		宣传册	设计、印刷、发放宣传册2000册
3	生态友好型结构应用	生态护坡砖	湖广—罗湖洲河段:牧鹅洲边滩护滩带根部护岸。 戴家洲河段:池湖港边滩护滩带根部护岸
		钢丝网格	湖广—罗湖洲河段:刘家村高滩守护工程。 沙洲水道:左汊护底带工程的根部护岸。 戴家洲河段:乐家湾边滩控制工程的根部护岸。 东流水道:玉带洲右缘高滩守护工程,稠林矶高滩守护工程
		透水框架	湖广—罗湖洲河段:牧鹅洲边滩护滩带排体边缘。 沙洲水道:左汊护底带排体边缘。 戴家洲河段:池湖港边滩护滩带工程、乐家湾边滩控制工程以及已建鱼骨坝延长工程的护底带排体边缘。 马当河段:棉外洲左槽中段潜坝护底边缘,顺坝尾部护滩带与左槽已建1#护底带衔接段,瓜子号洲右缘三道护滩带边缘。 东流水道:天玉串沟护底带排体边缘,老虎滩加固工程
		鱼巢砖	湖广—罗湖洲河段:刘家村高滩守护工程。 沙洲水道:左汊护底带工程的根部护岸。 东流水道:玉带洲右缘高滩守护工程,稠林矶高滩守护工程
		生态护坡植草	湖广—罗湖洲河段:牧鹅洲根部护岸和刘家村高滩守护。 沙洲水道:左汊护底带根部护岸。 戴家洲河段:池湖港边滩护滩带工程根部护岸,乐家湾边滩控制工程根部护岸。 东流水道:玉带洲右缘和稠林矶高滩守护工程
		防冲促淤网垫	张家洲水道:官洲左侧护滩带工程
		网箱块石	张家洲水道:官洲左侧护滩带工程
		无砂混凝土六角块	张家洲水道:张家洲洲头守护工程、官洲夹护底带工程
4	水生生态监测		全河段连续7个年度

7.3.2 工程实施安排

由于工程建设规模较大,工程总工期为42个月,其中工程建设期30个月,试运行期12个月。在施工顺序上,按照以下原则进行:

(1)对目前航道未达到标准的水道和航道条件已出现明显恶化迹象的水道,优先实施工程,同时考虑施工对通航的影响,关键工程安排在第一个年度实施,其他工程安排在第二个年度实施。

(2)对洲滩关联性较强的河段,先期实施起关键控导作用的工程,视河道调整情况继续优化方案、实施下期工程,关键工程安排在第一个年度实施,其他工程安排在第二个年度实施。

(3)护岸加固工程均为险工段,安排在第一个年度实施。

(4)疏浚工程主要是满足重点碍航滩段达到设计目标的要求,一般安排在第二个年度实施,对于戴家洲河段进出口均有疏浚工程的,为减小施工对通航的影响,错开施工,进口疏浚安排在第二个年度,出口疏浚安排在第三个年度的初期实施。

(5)临近环境保护敏感河段的工程避免集中施工;工程水上施工在当年10月至次年2月的枯水季节进行,避开鱼类产卵繁殖期、鱼苗摄食育肥期以及珍稀保护水生动物的活动高峰期(3—9月),其中抛石施工安排在10—12月。

(6)生态工程中生态护岸工程、水下鱼巢工程随整治工程一并实施,造滩工程与疏浚工程同步,在第二个施工年度实施完成,后续年度进行养护;生态涵养试验区建设工程贯穿整个施工期;水生生态监测贯穿整个施工期,并在工程竣工后的三年半时间继续进行监测。

(7)试运行期内根据建筑物运行情况和航道变化情况适时实施整治建筑物维护工程和维护性疏浚工程等。

武安工程已于2018年12月全面开工建设,预计2021年主体工程完工。

8 结　语

8.1 主要成果

(1)长江中下游宜昌至安庆河段占长江干线航道的三分之一以上,承上启下,是沟通长江流域东中西地区的交通运输主动脉。河段内河床组成差异大,河型众多,江湖关系复杂,河床演变频繁,防洪险工段、生态环境敏感区以及涉水设施众多。三峡工程蓄水后,来水来沙条件发生新的较大变化。按照长江干线航道建设相关规划,自20世纪90年代以来,共实施航道整治45项,致使航道条件不断改善,航道系统治理成套技术也逐步形成。目前航道最小维护水深3.5~6m。

(2)三峡运行后,宜昌至安庆河段水沙条件发生了新变化,主要表现为:年径流量无趋势性变化,输沙量急剧减小,但因水库"削峰补枯"作用,年内径流过程改变显著,非汛期径流增加;输沙量的沿程变化特点发生明显改变,三峡运行前沿程以监利水文站为界先减小后增大,三峡运行后沿程增大;宜昌站、枝城站年均悬沙中值粒径较三峡运行前减小,受沿程河床冲刷补给影响,沙市及以下水文站年均悬沙中值粒径较蓄水前有所增大;悬沙中值粒径沿程先增大后减小的变化特点没变,但最大值出现的位置上移,三峡运行前为螺山站、三峡运行后为监利站。而且,随着三峡蓄水进程的推进,水库对下游水沙的影响逐渐下延,目前对大通站的影响已较为明显;同时,由于区间支流的汇入,水库运行对水沙的影响程度从上至下衰减。

(3)三峡运行以来,宜昌至安庆河段总体上表现为冲刷。河床纵向冲淤变化特点主要表现为:砂卵石河段的冲刷强度先增大后减小,目前已经趋缓,同时河床冲淤呈不均匀分布,最强冲刷部位随着三峡蓄水进程的推进而下移;沙质河床河段以枯水河槽冲刷为主,冲刷强度呈增大之势,其中以荆江河段的冲刷强度最大,汉口至湖口河段的冲刷强度次之,城陵矶至汉口河段的最小。河床横向冲淤变化特点主要表现为:在砂卵石河段,枝城以上段主要在宜都、白洋附近的主河槽冲刷下切明显,枝城以下段中洪水流路汊道冲刷发展显著、2014年后断面形态变化不大;在沙质河段,不同河型的河床横向变化特点有差异。顺直河段以岸线崩塌、边滩刷低和移动、深槽冲淤为主,且主要发生在河道宽度较大的顺直河段;弯曲河段以"凸冲凹淤"为主,且主要发生在荆江河段;分汊河段以江心洲洲头低滩冲刷、中洪水流路汊道发展、江心洲贴流段高滩崩塌为主,且在荆江河段此变化较突出,越往下游此变化趋缓。

(4)三峡运行后,宜昌至武汉河段同流量枯水位总体呈下降之势,其中试验性蓄水期枯水位下降速度有所增大,且沙市站同流量枯水位下降速度最大、宜昌站次之。近坝的宜昌至城陵矶河段枯水位沿程变化特点为:在大埠街以上的砂卵石河段,水位下降幅度总体呈现中部小、两端大,其中枝城—毛家花屋附近水位降幅最小;大埠街以下河段,水位降幅沿程减小,近年水位下降速度明显增大。另外,葛洲坝电站日调节对宜昌至沙市河段水位产生影响，一方面，其影响程度沿程递减；另一方面，引起的水位变动符合波传播规律，峰值沿程依次出现，且高水位持续时间总体小于低水位时间，

(5)三峡运行以来，砂卵石河段的航道问题主要是宜昌枯水位变化影响葛洲坝枢纽船闸闸槛水深和下引航道水深，以及芦家河河段局部“坡陡、流急、水浅”。其中，主要受河床冲刷及下游水位下降影响，宜昌至枝城河段的同流量枯水位呈下降之势，但同时受三峡枯水期流量补偿影响，最枯水位总体有所抬升，至2018年基本满足了葛洲坝枢纽下游最低通航水位要求。试验性蓄水以来，芦家河河段淤沙浅滩问题逐渐消失，但受砂卵石与沙质河段冲刷速度、枯水位下降幅度差异的影响，芦家河河段枯水期局部“坡陡流急”问题加剧，威胁下行船舶航行安全。同时，卵石浅滩问题由“卵石河床高凸、难以冲刷下切”转变为“卵石局部输移、落淤形成卵石浅滩”致使局部水深有限、航宽不足。

(6)三峡运行以来，枯水流量补偿和清水冲刷总体有利于沙质河段航道条件改善，但部分河段的也发生了对航道条件不利的滩槽形态变化。在分汊河段，江心洲滩萎缩、支汊发展、局部崩岸等，致使汊道分汇流区和汊道内部航道水深条件变差；在城陵矶以上的弯曲河段，均发生“凸冲凹淤”变化，个别弯道主流发生了撇弯，致使弯道上段的凸岸侧深槽和弯顶以下的凹岸侧深槽交错发展，或深槽弯曲半径减小；在顺直河段，发生局部崩岸和边滩冲蚀，致使河道展宽，过渡段主流摆动空间加大，上、下深槽交错发展，部分顺直河段甚至已经形成双槽格局。

(7)根据长江中下游航运需求的区段性、航道特性的同属性、河床演变的相似性、三峡工程影响的统一性、上下游水道演变的关联性，并考虑河道安全行洪、生态环境保护等需求，航道治理宜按“生态优先、统筹兼顾，因势利导、系统布局，循序渐进、动态调整，建养并重、综合施策”原则开展系统治理。其中，砂卵石河段的航道治理思路为：综合施策，减淤、防冲、加糙、清障结合；分步实施，先减淤、防冲，相机加糙、清障。沙质河段的航道治理思路为：针对演变极为复杂、滩槽格局稳定性差、碍航较为严重的重点碍航水道，航道治理的重点是通过调整控制措施塑造优良滩槽形态；针对滩槽调整幅度及频度相对较弱、部分年份航道条件不满足的一般碍航水道，航道治理的重点是守护关键洲滩的基础上改善局部滩槽形态，加大促进浅区冲刷力度；针对滩槽格局较理想、现状航道条件尚好、但存在不利变化趋势的潜在碍航水道，航道治理的重点是守护有利滩槽形态，遏制不利演变的发展。

(8)针对宜昌至昌门溪河段内局部卵石浅滩“水浅、坡陡、流急”以及水位下降威胁葛洲坝船闸三江下引航道水深维持的航道问题，为实现3.5m×150m×1000m航道尺度通航，并为后期进一步提高航道尺度奠定基础，该河段航道治理通过实施芦家河碛坝头部鱼嘴和芦家河石泓、关洲右汊的支汊控制措施，守护了对上游宜昌水位控制作用最强的关洲、芦家河水道，防止下游沙质河段水位降幅大幅上溯传递，并改善了芦家河沙泓进口淤沙浅滩和关洲右汊进口水浅问题；通过实施中沙咀边滩和南阳碛虎滩工程、南阳碛右汊控制工程，维持了宜都河段自身的水位控制作用，并防止了局部弯道段水流条件恶化。

(9)三峡水库蓄水后荆江河段昌门溪至熊家洲河段普遍出现洲滩冲刷、岸线崩退、支汊冲刷，主流摆动空间增大，在分汊口门、弯道段及两弯道之间的长直或放宽过渡段的航槽不稳定性加大，浅滩水深较小。为遏制航道不利变化趋势，将航道尺度提高至3.5m×150m×1000m，该河段航道按照“守滩稳槽、局部调整”的思路进行治理，对存在不利变化、但目前航

道条件尚能满足规划要求的浅水道，包括斗湖堤水道、碾子湾水道、莱家铺水道、铁铺—熊家洲河段，采用守护型建筑物稳定浅滩河段航槽所依靠的洲滩及河岸，保持稳定的滩槽格局，以满足建设标准；对于滩槽形态不好、航道条件不能长期满足规划要求的水道，包括枝江—江口河段、太平口水道、周天河段、藕池口水道、窑监大河段，需要进行局部滩槽形态调整，使中、枯水主流流路保持基本稳定、一致，使浅滩段的冲、淤部位相对应，利用三峡水库清水下泄的有利因素和河道枯水水流归槽的固有特点加强冲刷能力，提高航道尺度，改善航道条件。

(10)为将武汉至安庆河段航道尺度提高至6.0m×200m×1050m，实现万吨级船舶可直达武汉，提升长江黄金水道功能，该河段航道治理是在充分利用已建工程的基础上，将航道整治工程与生态工程有机结合，进一步完善关键洲滩守护，基本稳定汊道分流比，结合疏浚工程，适当调整不良滩槽形态，提高中枯水航槽冲刷能力，改善航道条件。对于重点碍航滩段，包括戴家洲河段、马当河段、东流水道，总体规划、分步实施，先期以调整控制措施为主，辅以疏浚，促进优良滩槽形态的逐步形成，使航道水深增加至6.0m、航道宽度不低于110m；后期，根据整治效果，实施完善工程，实现6.0m×200m航道尺度标准。对于一般碍航滩段，包括湖广—罗湖洲河段、鲤鱼山水道、新洲—九江河段、张家洲水道，在守护关键洲滩的基础上改善局部滩槽形态，加大浅区冲刷力度，改善航道条件，提高航道尺度至6.0m×200m，但部分位于生态环境敏感区域的滩段航道宽度降至110m。对于潜在碍航滩段，包括沙洲、牯牛沙、蕲春、东北水道，减缓、遏制不利演变发展，维持较好航道条件，稳定和保持6.0m×200m的航道尺度。

(11)长江中下游航道整治建筑物主要包括护滩(底)带、中低水坝体、护岸和护岸加固，其结构设计遵循“适应性强、稳定耐久、生态环保、施工便捷、前后衔接、积极创新”原则。对于河床具有一定可冲性的河段，水下护滩(底)工程一般先采用软体排进行护底，并在护底排边缘设置不同宽度的透水框架起到防冲促淤的作用；陆上护滩工程一般采用单元排进行守护，边缘采用预埋块石的方式进行处理；筑坝为护底+抛石结构；护岸主要由枯水平台、陆上护坡、水下护底三个部分组成。对于河床抗冲性较强的砂卵石河段，水下护滩(底)工程一般采用抛石的方式进行护滩(底)，局部边缘流速较大的部位采用扭王字块进行防冲消能；陆上护滩工程一般采用铺石；抛石筑坝，局部边缘流速较大的部位采用扭王字块进行防冲消能；护岸主要由枯水平台、陆上护坡和镇脚三个部分组成。护岸加固工程均采用水下加抛块石的方式，加固的重点是坡脚。

(12)针对三峡工程蓄水后强冲刷条件、取排水设施制约、防洪险工段、不良地质条件等多因素影响，通过工程实践和试验研究，对传统结构进行了优化和创新，提高了护滩(底)结构的稳定性、施工效率、美观度和工程效益。在护滩(底)结构方面，研发了D型联锁软体排、透水框架预制及群抛工艺、新型仿生水草垫促淤结构、可控式促淤网箱结构；在坝体结构方面，研发了透水坝体结构形式、预制坝体、新型大型钢丝网笼结构；在护岸结构方面，提出了新型护面砖、排水垫、水平排水管、自嵌式挡墙、预制块体拼接式截流沟。

(13)疏浚工程挖槽断面主要包括挖槽宽度、深度及开挖边坡。对于提升航道尺度、增加过流量的疏浚，挖槽宽度一般大于设计航道宽度，且一般挖槽的上段宽度大于中下段；对于清除航槽内浅区的疏浚，挖槽的最大宽度与设计航道宽度一致。设计水深一般为航道设计水深加上一定的富裕水深，富裕水深根据河床的地质组成进行确定。砂卵石河段的开挖边坡一般取 1:1.5，沙质河床的开挖边坡一般取 1:5。砂卵石河段疏浚一般选择抓斗挖泥船进行施工；沙质河床疏浚一般选择自航耙吸挖泥船进行施工，其中部分具备条件的河段也可采用绞吸式挖泥船进行施工。

(14)长江中下游航道整治的生态措施以生境修复、生态固滩和生态涵养为主。生境修复是指通过创新和推广应用生态友好型工程结构，提高航道工程生态效益，主要研发和应用了钢丝网格、植生型钢丝网格、生态袋—钢丝网格、生态护坡砖、无砂混凝土六角块、特拉锚垫等生态护坡结构，单孔式和三面带孔的鱼巢砖，仿沙波软体排、防冲促淤网垫等生态护滩结构，堰坎式生态护底结构。生态固滩是充分利用疏浚弃土，并迁入"空间—功能"合理搭配的先锋植被组合，辅以草绳网格为主体的可降解的临时性固土措施，对植被不发育的滩面进行生态守护。生态涵养是选择合适水域，通过增殖放流、局部生境改良(如在微冲区域投放促进微生境改善的透空格栅鱼巢排)、船舶交通流引导、生态涵养试验区宣传等措施，在发展航道的同时，做好局部原生态的保护与涵养。

(15)近年来，为改善长江中下游航道条件，充分发挥长江水运优势，适应流域经济社会发展对长江水运的要求，长江干线宜昌至安庆段先后实施了长江中游荆江河段航道整治工程昌门溪至熊家洲段工程、长江中游宜昌至昌门溪航道整治一期和二期工程、长江干线武汉至安庆段 6 米水深航道整治工程共 4 项系统治理工程。荆江工程是长江中游实施的首个长河段系统治理工程，是突破长江中游碍航瓶颈的关键工程，于 2013 年 9 月正式开工建设、2014 年被交通运输部评为"全国内河航道生态环保示范工程"、2017 年通过竣工验收。该项工程提出的"固滩稳槽、局部调整"的总体治理思路以及相应的治理方案科学合理，大幅增强了荆江河段滩槽格局的稳定性，显著改善了荆江河段航道条件，实现了设计航道尺度标准，且大量的针对性的结构创新，保证了整治建筑物的稳定可靠，并践行了"绿色""和谐"的发展理念。宜昌至昌门溪一、二期工程是长江中游砂卵石河段航道系统治理的一部分，其中一期于 2014 年 10 月正式开工、2019 年竣工，二期工程于 2017 年 12 月正式开工、2019 年 10 月主体工程完工，目前正处于试运行期间。该工程抑制了水位控制的关键节点河段的航道边界不利变化，巩固了整治河段对水位的控制作用，为后续治理奠定了基础。武安工程是长江中下游首个按整疏结合原则进行治理的整治工程，于 2018 年 12 月全面开工建设，预计 2021 年主体工程完工。

8.2 展望

(1)三峡工程蓄水对长江中下游航道的深入影响将逐步显现，目前取得的认识还需要结合三峡影响变化进行完善。

目前三峡工程已运行 15 年以上，三峡蓄水对中下游航道的初步影响已经显现，砂卵石河段河床冲刷、枯水位下降，局部河道水浅、坡陡流急；沙质河段高滩崩退、中低滩冲刷萎缩、沿程水位不同程度下降，部分河段断面展宽、支汊发展、主航槽浅区淤积、航槽不稳，导致航道条件无法满足规划要求。

随着三峡工程蓄水对长江中下游河道影响的持续深入，长江中下游航道演变也将更为复杂，如清水下泄条件下河道床沙粗化对局部浅区的影响，中下游河道的冲刷极限和输沙平衡问题,坝下游河床恢复平衡过程的不同阶段如何影响航道条件,航道条件的变化趋势如何,上下游水道之间如何影响等。

三峡工程蓄水对长江中下游航道的影响有待持续跟踪分析。

(2)航道整治技术将在多目标协同方面取得长足发展。

河道功能众多,一般包括防洪、水资源应用(发电、工农业用水、生活用水等)、航运、生态、景观等。对于长江中下游河段航道治理而言,经历了20世纪90年代以前利用自然水深,局部辅以疏浚保航道畅通;90年代至2002年,以疏通重点碍航浅水道为主;2003年至今,主要通过实施航道整治工程改善航道条件。总体而言,航道建设目标主要以保证航道尺度、实现航运通畅为主,防洪、水资源应用等作为限制条件被综合考虑。随着时代发展,长江治理的外部限制条件更为复杂,因此,认清河道的防洪、水资源应用、生态、景观等功能,实现多目标协同下的航道整治技术发展,也是推动长江中下游航运科学发展的良好途径。

(3)长江大保护下生态航道建设持续发展。

大保护背景下河道治理不是不开发,而是要探索生态优先、绿色发展的新路子。因此,长江航道的治理和维护也需要正确处理好与长江生态环境保护的关系,不断创新航道建设和养护理念,走科学发展和绿色发展的道路。在长江航道的前期建设中,已开展了生态航道建设的探索,但目前在生态航道建设和养护上仍面临新问题。如基于传统航道整治的建设、运营、养护的模式,对象主要为混凝土、抛石和排布等结构,而新的生态结构、生态固滩、生态涵养区等建管养如何实现;目前生态结构、措施和相应工艺已初步在长江中下游开展应用,但基于长江中下游大流量、高流速、大深水的生态监测技术水平则有待进一步提高;同时长江中下游生态航道研究手段总体仍处于理论分析和经验阶段,相应基于生态水力学、河流水动力学及泥沙动力学理论基础的生态试验、数模及相应评价指标,仍是困扰生态航道建设的难题,有待进一步深入探讨。

参考文献

[1] 贾锐敏. 从丹江口、葛洲坝水库下游河床冲刷看三峡工程下游河床演变对航道的影响[J]. 水道港口,1996(03):1-13.

[2] 李宪中,陆永军,刘怀汉. 三峡枢纽蓄水后对荆江重点河段航道影响及对策初步研究[J]. 水运工程,2004(08):55-59.

[3] 江凌,李义天,孙昭华,等. 三峡工程蓄水后荆江沙质河段河床演变及对航道的影响[J]. 应用基础与工程科学学报,2010,18(01):1-10.

[4] 邓金运. 三峡建库对长江中下游航道的影响及对策研究[J]. 中国水利,2007,6:15-16.

[5] 唐金武,由星莹,李义天,等. 三峡水库蓄水对长江中下游航道影响分析[J]. 水力发电学报,2014,33(01):102-107.

[6] 长江航道规划设计研究院. 长江中游枝江—江口河段航道整治一期工程工程可行性研究报告[R]. 2008.

[7] 长江航道规划设计研究院. 长江中游沙市河段航道整治一期工程工程可行性研究报告[R]. 2008.

[8] 长江航道规划设计研究院. 长江中游瓦口子水道航道整治控导工程工程可行性研究报告[R]. 2009.

[9] 长江航道规划设计研究院. 长江中游马家咀水道航道整治一期工程工程可行性研究报告[R]. 2004.

[10] 长江航道规划设计研究院. 长江中游周天河段航道整治控导工程工程可行性研究报告[R]. 2005.

[11] 长江航道规划设计研究院. 长江中游藕池口水道航道整治一期工程工程可行性研究[R]. 2009.

[12] 长江航道规划设计研究院. 长江中游碾子湾水道航道整治一期工程工程可行性研究[R]. 1999.

[13] 长江航道规划设计研究院. 长江中游窑监河段航道整治一期工程工程可行性研究报告[R]. 2008.

[14] 长江航道规划设计研究院. 长江中游窑监河段航道整治一期工程工程可行性研究报告[R]. 2008.

[15] 长江航道规划设计研究院. 长江中游荆江河段航道整治工程昌门溪至熊家洲段工程初步设计报告[R]. 2012.

[16] 长江航道规划设计研究院. 长江中游宜昌至昌门溪河段航道整治一期工程工程初步设计报告[R]. 2014.

[17] 长江航道规划设计研究院. 长江干线武汉至安庆段 6 米水深航道整治工程初步设计报告[R]. 2018.

[18] 长江航道规划设计研究院. 长江中游典型浅滩演变规律与整治措施研究[R]. 2002.

[19] 江凌,李义天,孙昭华,等. 荆江工程蓄水后荆江沙质河段河床演变及对航道的影响[J]. 2010,18(1):1-10.

[20] 江凌,李义天,曾庆云,等. 上荆江分汊性为湾河段河床演变原因探讨[J]. 2010,6:73-80.

[21] 周祥恕,刘怀汉,黄成涛,等. 下荆江莱家铺弯道河床演变及航道条件变化分析. 人民长江[J]. 2013,506(44):26-29.

[22] Huaihan LIU, Ling JIANG, Huafeng CHAI & Guoping ZHANG. River bed evolution trend of Laijiapu riverbend downstream from Three Gorges Project[C]. 12th international symposium on river sedimentation. 2013. 9.

[23] Hua-feng CHAI, Cheng-cheng ZHOU, Wei XIA & Yuan-fang CHEN. Physical Model Experimental Investigation on Riverbed Evolution Trend Prediction with Different Model Sand [C]. 12th international symposium on river sedimentation. 2013. 9.

[24] Chengtao HUANG, Li ZHENG, Ming LI & Bi HE. Application of two-dimensional mathematical model in the Yangtze River Waterway Management[C]. 12th international symposium on river sedimentation. 2013. 9.

[25] 张为,李义天,江凌. 三峡水库蓄水后长江中下游典型分汊浅滩河段演变趋势预测[J]. 四川大学学报(工程科学版),2008,04:20-27.

[26] 朱玲玲,张为,葛华. 三峡水库蓄水后荆江典型分汊河段演变机理及发展趋势研究[J]. 水力发电学报,2011,5:108-115.

[27] 朱玲玲,张为,葛华. 长江中游宜昌—湖口河段浅滩分类研究[J]. 水力发电学报,2014,33(2):146-153.

[28] 徐静,李义天,崔正辉. 长江中游窑监大河段演变机理及发展趋势[J]. 水电能源科学,2012,9:108-110,187.

[29] 王秀英. 冲积河流航道整治设计参数确定方法研究[D]. 武汉:武汉大学博士学位论文,2006.

[30] 谢鉴衡. 河床演变及整治[M]. 2 版. 北京:中国水利水电出版社,1992.

[31] 钱宁,张任,周志德. 河床演变学[M]. 北京:科学出版社,1989.

[32] 窦国仁. 窦国仁论文集[M]. 北京:中国水利水电出版社,2003.

[33] 刘建民. 整治水位与整治线宽度及其走向的研究[J]. 水道港口,1998,4:1-13.

[34] 长江航道局. 航道工程手册[M]. 北京:人民交通出版社,2003.

[35] 闵朝斌. 关于最低通航设计水位计算方法的研究[J]. 水运工程,2002,1:29-33.

[36] 荣天富,万大斌. 略谈长江干流航行基面及其有关问题[J]. 水运工程,1994,8:27-30.

[37] 李万松. 水库调流下游河段航道整治使用设计方法[J]. 交通科技,2000,6:26-28.

[38] 王秀英,李义天,王东胜,等. 水库下游非平衡河流设计最低通航水位的确定[J]. 泥沙研究,2008,6:61-65.

[39] 李聪,邓金运,韩剑桥. 三峡水库蓄水后长江中游航道设计水位变化研究[J]. 水运工程,2015(02):95-100.

[40] 刘建民. 冲积性河流浅滩整治水位与整治线宽度确定[J]. 水道港口,2005(6):83-86.

[41] Andrew, E. D. Effective and Bankfull Discharges of Streams in the Yampa River Basin, Colorado and Wyoming[J]. Journal of Hydrology,1980,46(3-4): 311-330.

[42] 丁君松,王树东. 漫滩水流的水流结构及其悬沙运动[J]. 泥沙研究,1989,3:82-87.
[43] 唐存本. 黄河北干流航道整治线宽度的确定[J]. 泥沙研究,1990,1:40-46.
[44] 黄克中,钟恩清. 估算平原河流航道整治线宽度的理论与应用[J]. 泥沙研究,1991,2,69-72.
[45] 刘怀汉,高凯春,黄召彪. 长江中游荆江河段航道整治关键技术[M]. 北京:人民交通出版社,2005.
[46] 高凯春,黄颖,等. 长江中游航道整治参数关键技术研究[R]. 长江航道局,2010.
[47] 贡炳生. 卵石浅滩整治线宽度及整治水位的确定[J]. 水运工程,1978(02):15-18.
[48] 季永华. 整治水位和整治线宽度计算方法的探讨[J]. 水运工程,1988,6:21-24.
[49] 乐培九,李旺生. 冲积河流航道整治线宽度问题的研究[J]. 泥沙研究,1991,2:21-26.
[50] 卢汉才,刘建民. 论冲积性河流航道整治线宽度及丁坝高度的确定[R]. 南京水利科学研究院,1961.
[51] 张沛文. 论冲积性浅滩航道整治线宽度的确定[J]. 水运工程,1979,3:25-32.
[52] 邓金运. 三峡水库蓄水后荆江航道整治参数确定方法研究[J]. 中国水运:航道科技,2016,1:6-12.
[53] 武建中,卢志炎,盛晨兴. 我国疏浚业的现状与展望[J]. 中国水运,2017,2:14-16.
[54] 吴江平. 三峡蓄水后长江中游航道的演变及维护性疏浚方案分析[J]. 中国水运,2011,11:44-45.
[55] 张旭东,金震宇,刘红,等. 福姜沙北水道 12.5m 深水航道疏浚方案的难点与对策[J]. 水运工程,2017,11:146-151,185.
[56] 史卿,刘芳,周溪. 长江下游上巢湖至浏河口河段枯水期航道维护对策[J]. 水运管理,2017,39(07):32-35.
[57] 中华人民共和国行业标准. 疏浚与吹填工程设计规范:JTS 181-5—2012[S]. 北京:人民交通出版社,2012.
[58] Chen Zhong yuan, Wang Zhanghua, Finlayson Brianetal. Implications of flow control by the Three Gorges Dam on sediment and channel dynamics of the Middle Yangtze(Changjiang) River, China[J]. Geology, 2010, 38(11): 1043-1046.
[59] Yang, Y. P., Zhang, M. J., Sun, Z. H. The relationship between water level change and river channel geometry adjustment in the downstream of the Three Gorges Dam[J]. J. Geogr. Sci, 2018, 28(2), 193-211.
[60] Dai S Band Lu X X, Sediment load change in the Yangtze River(Changjiang): A review [J]. Geomorphology, 2014, 215(12): 60-73.
[61] 陈远芳,高凯春. 三峡工程下游宜昌至沙市河段河床冲刷预测[J]. 湖泊科学,1997,9(4):317-324.
[62] 易源. 抗日战争时期珠江流域西江上中游的航道整治[J]. 人民珠江,1992,5:47-48.
[63] 徐治中,李枫. 近几十年来东江下游航道水沙变化及河床演变特征[J]. 中国水运,2011,11(8):166-170.
[64] 彭鹏飞. 北盘江航道整治线宽度[J]. 水运工程,1993,10:32-35.

[65] 钟放平. 湘江航道建设中几个滩险的整治[J]. 湖南水利,1997,5:30-33.
[66] 张长海. 赣江南昌至湖口段航道特性和整治工程体会[J]. 水运工程,1995,8:19-24.
[67] 王宝儒. 汉江(襄樊至汉口)航道整治工程回顾[J]. 水运工程,1998,7:27-30.
[68] 雷培成,张雨耕. 汉江航道整治工程成就及思考[J]. 中国水运,1996,11:13-15.
[69] 唐日长. 下荆江裁弯对荆江洞庭湖影响分析[J]. 人民长江,1999,30(4):20-23.
[70] 赵志民,宁夕英. 浅议蜿蜒型河道裁弯取直工程[J]. 河北水利水电技术,2002,2:28-29.
[71] 谢小平,张松林,王永栋. 长江中游曲流河段河道的近代演化过程研究[J]. 第四纪研究,2008,2:326-331.
[72] 余新明,李雨晨. 长江中游调关水道演变规律及趋势分析[J]. 水道港口,2015,3:46-50.
[73] 唐峰,李发政,姚仕明. 三峡工程运用初期荆江河段调关弯道冲淤演变试验研究[J]. 长江科学院院报,2011,28(8):77-79.
[74] 周祥恕,刘怀汉,黄成涛. 下荆江莱家铺弯道河床演变及航道条件变化分析[J]. 人民长江,2013,1:32-35,74.
[75] 江凌. 三峡工程蓄水对尺八口水道航道条件的影响研究[R]. 2013.
[76] Einstein H ,Shen S . A study of meandering in straight alluvial channels[J]. Journal of Geological Research,1964,5239-5247.
[77] 张俊勇,陈立,王家生. 河型研究综述[J]. 泥沙研究,2005,04,76-81.
[78] Lewinv J, Brewerv P A. Predicting channel patterns[J]. Geomorphology, 2001, 40, 329-339.
[79] 梅军亚,毛北平. 三峡工程蓄水前后城陵矶至武汉河段水沙输移特性分析[J]. 应用基础与工程科学学报,2007,15(4),76-81.
[80] 尹学良. 河型成因研究及应用[J]. 泥沙研究,1999,12,13-19.
[81] 娄保锋,蒋静,刘成. 三峡水库蓄水后库区干流泥沙含量时空变化研究[J]. 人民长江,2012,43(12),14-16.
[82] 卢金友,黄悦,王军. 三峡工程蓄水运用后水库泥沙淤积及坝下游河道冲刷分析[J]. 中国工程科学,2011,13(7),128-136.
[83] 刘林,黄成涛,李明. 长江中游典型顺直河段交错边滩复归性演变机理[J]. 应用基础与工程科学学报,2014,3:445-456.
[84] 孙贵洲,刘常春. 长江中游界牌河段综合治理研究与实践[J]. 人民长江,2009,22:11-13.
[85] 熊小元. 长江中下游东流水道河床演变特性及趋势预测[J]. 水运工程,2014,4:125-132.
[86] 胡小亭. 长江东流河段河床演变分析及实施航道整治工程后对下游右岸的影响[J]. 水利建设与管理,2007,27(4):65-66.
[87] 柴华峰,黄召彪,海涛. 武穴水道航道整治工程坝体新结构研究[J]. 水运工程,2012,10:132-138.

[88] 张孝中,吴国恩. 堆石坝坝体填筑施工工艺及质量控制研究[J]. 科技资讯,2009,7:97-97.
[89] 谢卫东,王兴博,黄剑. 长江深水航道水下坝体抛石设备改造[J]. 水运工程,2018,550(S1):107-109,153.
[90] 柴华峰. 武穴水道航道整治工程坝体新结构研究[J]. 水运工程,2012,10:132-138.
[91] 应强. 丁坝水力学[M]. 北京:海洋出版社,2004.
[92] 于广年,王义安,章日红. 潜坝壅水规律研究[J]. 水运工程,2011,8:80-82.
[93] 文岑,赵世强. 锁坝下游的冲深计算[J]. 水利学报,2003,34(7):74-74.
[94] 张秀芳,王平义,梁碧. 护心滩鱼骨坝工程的紊动特性与水毁特征研究[J]. 水运工程,2010,2:149-152.
[95] 余帆,周克当,冯刚. 系接压载软体排在护岸工程中的应用[J]. 人民长江,2002,33(8):32-34.
[96] 汪玮,赵海升. 砂肋软体排与混凝土压载块软体排的比较[J]. 中国水运,2019,2:71-73.
[97] 王费新. 混凝土联锁块软体排压载块抗水流掀动稳定性研究[J]. 水运工程,2015,7:8-13.
[98] 周海,马兴华,田鹏. 水流作用下混凝土联锁块软体排压载失稳机理和计算方法[J]. 中国港湾建设,2014,9:11-16.
[99] 李若华,周春天,严忠民. 四面六边透水框架群减速效果的优化研究[J]. 水利水电快报,2003,24(11):13-15.
[100] 李滢莹. 浅谈密排钻孔灌注柱在防汛墙工程中应用[J]. 城市道桥与防洪,2010,2:106-107.
[101] 潘美元,李俊娜,尹崇清. 护岸设计原则和类型综述[J]. 中国水运,2018,11:110-112.
[102] 张强. 平顺护岸防冲工程类型及优选[J]. 水利规划与设计,2016,7:80-82.